KB111067

나는 내 운명

BECOMING THE ONE:

HEAL YOUR PAST, TRANSFORM YOUR RELATIONSHIP PATTERNS, AND COME HOME TO YOURSELF
by Sheleana Aiyana

건강한 사랑을 위한 내면아이 치유

나는 내 운명

BECOMING THE ONE

셸리나 아이아냐 지음 · 배민경 옮김

정신세계사

나는 내 운명

셀리나 아이야나 짓고, 배민경 옮긴 것을 정신세계사 김우종이 2023년 7월 28일 처음 펴내다.
이현율과 배민경이 다듬고, 변영옥이 꾸미고, 한서지업사에서 종이를, 영신사에서 인쇄와 제본을,
하지혜가 책의 관리를 맡다. 정신세계사의 등록일자는 1978년 4월 25일(제2021-000333호),
주소는 03965 서울시 마포구 성산로4길 6 2층, 전화는 02-733-3134, 팩스는 02-733-3144이다.

2023년 7월 28일 펴낸 책(초판 제1쇄)

ISBN   978-89-357-0464-4 03190

홈페이지 mindbook.co.kr | 인터넷 카페 cafe.naver.com/mindbooky
유튜브 youtube.com/innerworld | 인스타그램 instagram.com/inner_world_publisher

엄마, 우리의 영혼은 더 깊은 치유를 위해

이번 생을 함께하겠다고 선택했어요.

제가 다른 이들에게 봉사하기 위해 필요했던,

이번 생에서의 삶과 경험들을 선물해주셔서 감사합니다.

제게 관용을 가르쳐주시고,

즐겁게 노는 법을 알려주시고,

또 저의 치유 여정을 축하해주셔서 감사합니다.

사랑합니다.

차 례

지금 이 책을 집어 든 당신은 싱글일 수도, 연애 중인 커플일 수도 혹은 기혼자일 수도 있겠습니다. 당신의 현 관계 상태가 어떻든 이 글을 읽고 있다는 것은 누군가와 조금 더 좋은 관계를 맺어보고 싶다는 (혹은 좋은 사람을 만나 사랑을 주고받고 싶다는) 마음이 있어서겠지요. 저 역시 로맨틱한 사랑에 집착하며 관계 문제로 큰 고통을 겪은 적이 있어 당신의 마음에 조금이나마 공감할 수 있을 것 같습니다.

이 책을 쓴 셸리나 아이야나 역시 우리와 비슷했습니다. 그녀는 너무나도 불행한 어린 시절의 영향으로 바람직하지 않은 몇 차례의 연애와 결혼 생활을 겪으며 관계 문제로 힘들어했습니다. 하지만 충격적인 이혼을 경험한 후, 그녀는 시선을 외부에서 내부로 돌려 스스로를 치유하기 시작했습니다. 내면의 상처가 관계에서 문제를 유발하고 있다는 것을, 자신의 관계에는 어떤 '패턴'이 있다는 것을 인식한 것입니다. 바로 이때부터 그녀의 인생이 바뀌기 시작했습니다.

그녀는 치유에만 집중하기 위해 매력적인 남성들의 데이트 신청을 모두 거절했습니다. 그 대신 내면아이를 위로하고, 과거 경험에서 기인한 마음의 프로그램을 해체하고, 몸의 소리를 듣고, 자연과 연결되고, 자신이 어떤 상대방과 어떤 삶을 살고 싶은지를 명확히 그렸습니다. 외부 현실이 아닌, 오로지 내면에만 집중한 것이지요. 이렇게 많은 치유를 거친 후 그녀는 관계 패턴에서 벗어났고, 이상형에 부합하는 멋진 남성을 만나게 되어 현재까지 행복한 결혼 생활을 이어나가고 있습니다. 이뿐 아니라, 관계 문제로 고민하는 전 세계 사람들의 내면 치유를 돕는 안내자로서도 활동하게 되었지요.

셸리나의 사례처럼, 우리 모두에게는 지금 이 순간 치유를 선택할 권한이 있습니다. 설령 과거에 거지 같은 연애만 해왔더라도, 배우자와 하루가 멀다고 싸우더라도, 혹은 평생 연애 한 번 못 해봤더라도 앞으로도 계속 그렇게 살라는 법은 없다는 말입니다. 우리 안에는 사랑받고, 수용되기를 기다리는 내면아이들이 있습니다. 이 내면아이들은 자신을 알아주지 않으면 인간관계에서 불쑥 튀어나와 문제를 유발하기도 하고, 심지어는 자신을 바라볼 수밖에 없는 현실을 창조해 자기 존재를 알립니다. 이런 상황은 "나 좀 바라봐줘, 나 좀 사랑해줘" 하는 내면아이들의 외침과도 같습니다.

저는 관계 문제로 겪었던 시행착오와 고통을 다른 사람들은 조금이라도 덜 겪었으면 좋겠다는 바람으로 이 책을 기획하고 옮겼습니다. 관계 문제로 고통받고 있는 사람을 위한 내면치유 서적을 읽고 싶어서점을 샅샅이 뒤져봤지만, 국내에서는 그런 책을 찾을 수 없었기 때문이었습니다. 이런 의미에서, 부끄럽지만 독자 여러분들께 조금이라도 도움이 되기를 바라며 제가 겪었던 시행착오 이야기를 여기에 나누고 싶습니다.

저는 취직과 거의 동시에 자취 생활을 시작하게 되었습니다. 가족들과 함께하던 집에서 떨어져 나오니 가뜩이나 친구도 없는 저는 외로움이 이루 말할 수 없이 심했습니다. 그래서 외로움을 덜어줄 애인이 생기면 좋겠다고 항상 바랐었지요. 이런 갈망은 집착 정도로 심해져서, 눈을 뜨면 "연애를 못 해서 슬프다"라는 생각이 들었고 일과 중에도 순간순간 "애인이 없어서 불행하다"는 생각이 자주 들었습니다. 잠을 자기 전에도 "외로워서 죽고 싶다"는 마음이 들었지요.

한편, 업무 특성상 저는 온갖 자기계발서들을 접할 일이 많았습니다. 덕분에 꿈이 이미 이루어진 듯 생각하고 행동하면 실제로도 그것이 이루어진다는 '끌어당김의 법칙'이나 내면아이 치유, 마음공부 등의 개념을 공부할 수 있었습니다. 유튜브에 '외로울 때 하는 명상' 같은 키워드를 검색해서 음성 가이드를 따라 명상도 해보고, 거울명상도 해보고, 이미 애인이 생긴 듯 생각하고 행동하는 등 별별 방법들을 모두 따라 해보았지요. 하지만 그 어떤 것도 저의 외로움에 도움이 되지 않았습니다. ― 더 정확히 말하면 이것들의 핵심을 아직 받아들일 준비가 되지 않았던 것이었습니다.

그러던 어느 날, 여전히 사랑에 집착하고 있던 저는 사랑에 특화된 끌어당김의 법칙을 알려주는 서적이 없을까 하고 이런저런 외서를 살피던 중 류 시노하라$^{Ryuu\ Shinohara}$의 《사랑을 현실화하는 마법》(The Magic of Manifesting Love)*을 읽게 되었습니다. 책의 핵심은 간단했는데, 그것을 제가 이해한 대로 간략히 설명하자면 다음과 같습니다. "당신이 정말 원하는 것은 애인이 아니다. 애인이 생긴 그 상황에서 느낄 수 있는 '기분'이다. 그러니 왜 애인이라는 '외적인 상황'을 바꾸려 애를 쓰는가? 당신이 원하는 것이 '기분'이라면 그것은 당신 안에서 자체적으로 얼마든지 만들어내고 또 느낄 수 있다. 더 이상 외적인 상황이 어떻든 당신이 원하는 것을 손에 넣을 수 있다는 말이다."

위의 사실을 단순히 머리로만 이해한 것이 아니라 마음 깊이 깨닫게 된 저는 마치 망치로 머리를 맞은 듯 큰 충격을 받았습니다. 지난 몇 년간 그렇게 괴로워할 이유가 없었음을 크게 깨달았던 것입니다. — 그때 이 책이 준 핵심적인 깨달음은 지금까지도 제 마음속 소중한 보물로 남아 있습니다.

이후로 "애인이 없어서 불행하다" 등의 생각이 습관적으로 올라올 때면 저는 "맞다, 내가 원하는 건 그 상황이 주는 '기분'이지. 난 내가 갈망하는 그 기분을 나 자신에게 스스로 줄 수 있어" 하면서 사랑받는 기분, 더 이상 외롭지 않은 기분, 같이 무언가를 할 수 있는 사람이 있다는 기쁜 마음 등을 느껴주었습니다. 이제 외적 상황은 제게 큰 문제가 되지 않았습니다. 집착이 사라지니 사는 것도 훨씬 수월해졌습니다.

---

* 안타깝게도 이 책은 류가 타 언어로의 번역을 원하지 않아 출간할 수 없게 되었습니다.

마침 이 시기는 제가 바딤 젤란드의 《타프티가 말해주지 않은 것》을 편집하던 시기였습니다. 이 책에서는 '땋은머리 기법'이라는 것을 언급하면서, 특정 지점에 의식을 집중한 후 원하는 장면을 상상하면 그대로 이루어진다고 얘기합니다. 이미 이 기법을 현실에서 몇 번 성공한 적이 있던 저는 큰 집착 없이 재미로 "원하는 애인 상을 한번 상상해볼까" 하고 이를 시도해보았지요.

"우리 둘은 해 질 녘에 드라이브를 하며 제프 버클리^{Jeff Buckley}의 〈Calling you〉를 감상한다. 둘 사이에 오고 가는 말은 없지만 우리는 딱히 말하지 않아도 서로가 어떤 기분인지를 잘 알 만큼 마음이 잘 통하는 사이다…." 이것이 제가 그 당시 상상했던 미래의 제 모습이었습니다. 그러나 이 심상은 곧 제 머릿속에서 잊혀지고, 저는 다시 일상을 살아갔습니다.

류 시노하라의 책에서 큰 깨달음을 얻고 스스로에게 원하는 '기분'을 선사하며 살아간 지 1~2주가 지났을 때, 마침내 지금의 남자친구를 만나게 되었습니다. 역설적이게도, 사랑을 위해(외로움에서 벗어나기 위해) 치열하게 노력했던 3년이라는 시간 동안에는 현실에 아무 변화가 없었는데 고작 마음가짐 하나 달리하자 한 달도 안 되어 원하는 현실이 이루어진 것입니다.

어느 날, 저는 해 질 무렵 남자친구와 드라이브를 하고 있었습니다. 그때, 남자친구의 핸드폰과 연결된 차 스피커에서는 놀랍게도 제프 버클리의 〈Calling you〉가 흘러나왔습니다. ― 알고 보니 그 역시 이 가수를 좋아했습니다. 더 놀라운 것은, (어떤 독자님들은 믿지 않으실 테지만) 우리는 정말로 말하지 않아도 서로의 생각을 느낄 때가 있었습니다. 심지어 물리적으로 멀리 떨어져 있을 때도 그랬습니다. 혼자만의 착각이 아닌가 하여 몇 시경에 어떠한 기분을 느꼈는지 물어보면 남자친구는 제가 느꼈던 것과 똑같은 답을 했습니다.

아무튼, 이렇게 저는 그토록 원했던 애인을 사귀었습니다. 그것도 제가 심상화하며 그렸던 모습과 완벽히 일치하는 그런 애인을 말입니다. 여기서 "둘은 오래도록 행복하게 살았답니다. 끝" 하면 좋으련만, 관계라는 것은 그렇게 녹록지 않았습니다. 사귄 지 얼마 되지 않았을 때, 우리 사이에는 불화가 잦았습니다. 자세히 보면 그 불화의 중심에는 저의 외로움이 있었습니다. 지난 몇 년간 저를 괴롭혀오던, 애인이 생기면 없어질 거라 기대했던 바로 그 외로움 말입니다.

남자친구가 바빠서 데이트를 자주 하지 못할 때면 저는 외로움을 느꼈고, 또 버림받은 느낌을 느꼈습니다. 겉으로는 "바쁘니까 어쩔 수 없지. 이해하자" 하며 억눌렀던 그러한 부정적인 감정들은 예상치 못하게 불쑥 튀어나오며 우리 사이의 불화를 유발했습니다. 이럴 때 100퍼센트 솔직한 저의 밑바닥 마음은 이랬습니다. "뭐야, 외롭잖아?! 상대방이 외로움을 느끼지 않도록 잘 대해주는 것도 연인의 역할 아니야? 아, 짜증 나." 물론, 한눈에 봐도 잘못된 신념입니다. 하지만 이 신념은 의식하기 쉽지 않은 영역에 숨겨져 있어서 저는 진짜 제 마음이 뭔지 그동안 알지 못하고 있었습니다. 그러나 일단 한번 저의 가감 없는 속

마음을 인식하고 또 인정하고 나니, 이러한 신념이 연애 전에 가지고 있었던 "남자친구가 생기면 나의 모든 외로움은 사라질 것이다"라는 잘못된 생각에서 기인한 신념임을 알 수 있었습니다.

외부 현실을 내가 원하는 대로 창조하는 법을 알게 되고 또 그렇게 해서 실제로 그런 현실 속에 살아도, 저는 지긋지긋한 외로움과 그것에서 파생된 잘못된 신념들 때문에 행복할 수가 없었습니다. 외부 현실이 바뀌든 바뀌지 않든 외로움이라는 제 불행의 원인은 바뀌지 않았습니다. 이렇게 주춤하고 있을 때, 세상은 책*과 유튜브 영상, 마음공부 안내자들과의 만남 등 여러 경로를 통해 깊은 내면을 들여다보고 또 치유하는 법을 제게 친절히 알려주기 시작했습니다. 그들은 공통적으로 "느끼기 싫은 느낌에서 달아나지도, 그 느낌을 꾸짖지도 말고 그 안에 가만히 머물러보세요"라는 말을 했습니다.

또다시 남자친구가 바쁜 일정을 소화하느라 외로움이 찾아왔던 어느 날, 저는 습관처럼 저 자신에게 이렇게 말하고 있었습니다. "아, 또 외로워? 그만 좀 외로워라. 이런 느낌은 이제 신물이 나." 그 순간, 저는 지난 몇 년간 외로움으로 그토록 괴로워했으면서도 정작 '외로움으로 고통받는 나'는 외롭게 방치해두었다는 것을 깨달았습니다. 그래서 처음으로 그 느낌 안으로 들어가 가만히 외로움을 음미해보았습니다. 지금까지 나는 외로움을 물리치려고 전쟁을 벌이기만 했지 한 번도 이 느낌과 평화롭게 공존해본 적이 없었구나, 하는 생각이 들었습니다.

---

* 《하루의 사랑작업》이라는 책이 이때 큰 도움이 되었습니다.

그 순간, 처음으로 내면아이가 저에게 말을 걸어왔습니다. "나는 내 말을 들어줄 사람 딱 한 명, 너만 있으면 됐던 거였어." 아…. 그때의 오묘한 감정을 어떻게 설명할 수 있을까요. 지금껏 신경 써주지 못했던 그 아이에게 미안하고, 고맙고, 부끄럽고, 또 여태 잘 버텨준 그 아이가 대견했습니다.

내면아이의 이 한마디 말은 지금까지 있었던 그 모든 일들을 명확히 설명해주었습니다. 지난 몇 년간 저는 '내 말을 들어줄 사람'을 외부에서 찾고 있었습니다. 끌어당김의 법칙을 통해 외부에서 그런 누군가를 찾았다 하더라도 그 사람이 24시간 내내 저의 모든 감정과 생각과 말을 들어주고 또 공감해주는 것은 불가능한 꿈이었습니다. 그것은 나만이 해줄 수 있는 일이었습니다. 저는 내면아이에게 "이제 네 말을 귀기울여 들을게. 네게서 도망가지 않고 네 옆에 머무를게"라는 굳은 약속을 해주었습니다.

이 경험 후 저는 외로움에서 크게 해방되었고, 더 이상 잘못된 신념이 관계 속에서 무의식적으로 저를 조종하는 일도 없어졌습니다. 관계 패턴이 사라진 것입니다. 물론, 이것으로 저의 치유가 끝난 것은 아닙니다. 셸리나의 말처럼 100퍼센트 완벽한 치유란 이 세상에 없으니까요. 삶 속에서 어떤 한 문제를 해결하면 또 다른 문제가 수면 위로 올라옵니다. 그래서 우리는 일생 동안 스스로를 재발견하고 또 치유해나가야 합니다.

셸리나는 이 책에서 우리가 우리 삶과 관계의 주인으로서 사는 법을 알려줍니다. 그리고 그 과정에서 셀프 소마틱 힐링, 명상, 리추얼 등의 다채로운 방법을 곁들이지요. 이러한 방법들을 통해 우리는 단절되었던 머리, 가슴, 몸을 연결할 수 있으며 미처 알지 못했던 자신의 관계 스타일과 고유의 성격을 알게 됩니다. 그리고 가장 중요하게는, 나 자신을 사랑하게 되고 또 나 자신이라는 집으로 돌아가게 됩니다. 우리 모두가 애타게 돌아가기를 바라는 바로 그 집으로 말입니다.

저는 여러분이 이 책을 통해 조금이라도 고통을 덜 수 있기를 바랍니다. 이 책을 통해 지금껏 숨기고 거부해왔던 나 자신의 조각조각들을 다시 통합하고 받아들일 수 있게 되기를 바랍니다. 그리고 이 책을 통해 여러분이 진정으로 찾고자 했던 바로 그것을 찾게 되기를 진심으로, 진심으로 바랍니다.

— 2023년, 배민경

사람들은 종종 제게 "'운명의 상대(The One)*'를 찾고 싶어하는 사람을 위한 조언 좀 해주실 수 있나요?" 하고 묻습니다. 그래서 제가 일반적인 '운명의 상대' 개념에 동의하지 않는다는 대답을 하면 어떤 이들은 이에 실망하기도 하지요. 저는 진심으로 우리가 영혼 수준에서 연결된 파트너를 찾을 수 있다고 믿습니다만, '그 사람'을 찾는다는 생각에는 주요한 자기 제한적 메시지가 담겨 있습니다. "나는 다른 사람 없이는 불완전하다"는 것이 바로 그 메시지입니다.

우리는 관계를 맺고 사는 존재입니다. 즉, 우리는 관계를 맺

---

* the One이라는 단어에는 운명의 상대라는 뜻, 그리고 근원적인 실재를 뜻하는 일자一者라는 뜻이 있다. 이 책의 원제이자 저자가 진행하는 치유 프로그램인 'Becoming the One'은 책 전반의 내용으로 미루어 보이 '내기 나의 운명의 상대 되기', '신과 하나되기' 등으로 문맥에 따라 다양하게 해석될 수 있기에 본문에서 고유 명사로 번역했으며 the One도 문맥에 따라 그대로 번역했다. 이하 모든 각주는 역주.

도록 설계되어 있습니다. 마음속 깊이, 우리 모두는 진정한 사랑의 경험을 원합니다. 하지만 로맨틱한 관계는 우리를 정의할 수도, 우리를 완전하게 만들어줄 수도 없습니다. 그래서 나는 사랑을 찾는 사람들에게 언제나 "내면을 먼저 보라"고 대답합니다. 당신이 완벽하다는 것을 아는 데에는 다른 누군가의 확인이 필요하지 않다는 것을 기억하세요.

과거의 상처에 기반해 삶을 살아가거나 외적인 성취를 추구할 때, 우리는 데이트와 관계라는 것을 마치 성과처럼 생각할 수도 있습니다. 상대방에게 깊은 인상을 남기거나 그들이 나에게 계속 관심을 가질 만한 모습으로 나를 드러내는 것이죠. 하지만 나 자신이 아닌 다른 누군가인 것처럼 행동하면서 타인의 사랑을 얻을 수는 없는 법입니다. 우리 자신도 그것을 원하지는 않지요. 이렇게 하는 대신, 자신의 진가와 완전함을 자각한 채로 살아가면 나는 나 자신의 '운명의 상대'가 됩니다.

지난 몇 년 동안, 용기 있는 훌륭한 여성들 수천 명이 저의 관계 프로그램인 '비커밍 더 원Becoming the One'에 참여했습니다. 독신인 사람, 복잡한 관계 속에 있는 사람, 실연의 고통을 겪고 있는 사람 등 지금 자신의 상황이 어떻든 간에 많은 여성들은 이렇게 묻습니다. "제가 뭘 잘못하고 있는 걸까요? 왜 자꾸 관계가 끝이 나버리는 걸까요?"

저는 그들에게 이렇게 설명합니다. 당신이 독신이라고 해도,

혹은 사랑을 '똑바로' 할 수 없는 것처럼 느껴진다 해도 당신에게는 아무 문제가 없습니다. 상대방에게 '선택받지' 못했다고 해도 역시 당신에게는 아무 문제가 없습니다.

우리 중 많은 이들은 동화 같은 로맨스를 보고 들으며 자랐습니다. 그러한 로맨스는 우리가 읽었던 책, 우리가 봤던 영화와 텔레비전 광고 등 우리의 시선이 닿는 모든 곳에 있었으며 지금도 그러하지요. 우리는 선택받으려면 비현실적으로 '완벽해야' 한다고 배워왔습니다. 그리고 저기 어딘가에 우리를 구하러 오는 멋진 한 사람이 우리를 정신없이 사랑에 빠져들게 할 것이며 우리를 구해줄 거라고도 배워왔지요. 그러는 동안, 우리는 스스로를 더 매력적으로 만들려면 어떤 사람이 되어야 하며, 어떻게 행동해야 하는지 알려주는 데이트 전술과 문자 메시지 전략을 알게 됩니다.

그 과정에서 사랑받으려면 자기 자신을 저버리고, 자신의 필요를 접어두고, 다른 사람의 기대에 부응하기 위해 자기 자신을 굽혀야 한다고 배웠습니다. 우리에게는 우리 자신이 충분하지 않다는, 아니면 너무 과할지도 모른다는 메시지들이 계속해서 쏟아집니다. 이 모든 것은 사랑을 찾고 그 사랑을 지킨다는 명분으로 '자기 자신을 저버리는' 문화에 그 핵심이 있다고 할 수 있습니다.

건강한 사랑은 당신 자신을 버리라거나 포기하라고 하지 않습니다. 또, 당신의 주요한 성격을 바꾸라거나 결점을 숨기라고도 하지 않습니다. 건강한 사랑은 당신이 자기 자신을 가장 깊은 수준에서 알도록 합니다. 왜냐하면 의식적인 관계는 파트너를 만났을 때 시작되는 것이 아니라 당신이 자신과의 관계를 우선시하기로 결정하는 순간부터 시작되는 것이기 때문입니다.

이 책은 당신 자신을 선택하는 것에 관한 책입니다. 이 책은 당신이 자신의 힘을 되찾게끔 상기시켜주며, 사랑이 다양한 형태로 나타날 수 있음을 알려줍니다. 결국, 자기 자신과의 건강한 관계는 우리가 삶 속에서 바라는 다른 모든 사랑, 즉 깊은 우정, 가족 간의 강한 유대감, 일에 대한 열정 그리고 로맨틱한 사랑의 연료가 됩니다.

인생을 살다 보면 우리가 통제할 수 있는 건 자기 자신 외에는 거의 없습니다. 우리는 파트너가 우리 앞에 언제 나타날지, 파트너와 얼마나 긴 시간 동안 함께할지 통제할 수 없지요. 우리가 앞으로 할 작업은 삶이 우리에게 어떤 일을 가져다주든지 간에 나 자신이라는 집에 머물러 있는 것입니다. 즉, 관계를 맺고 있든 그렇지 않든 즐거울 권리, 힘을 가질 권리를 주장하는 것이죠.

《나는 내 운명》은 잃어버렸거나 단절되어 있는 나의 일부를 되찾아달라는 나 자신의 초대입니다. 또, 나 자신의 가슴과 더 깊은 관계를 발전시키고 내면을 치유하기 위한 여정이기도 하지요. 가치관, 관계의 목표, 꿈 등 자신에게 중요한 것들이 무엇인지를 발견함으로써 당신은 스스로를 잘 인식하는 상태, 자신감을 가진 상태에서 사랑을 선택할 수 있습니다.

우리 모두에게는 사연이 있다

제가 태어나서 가장 처음으로 배운 사랑은 배신, 버림받음, 학대로 물들어 있었습니다. 저는 어린 시절 대부분을 남자를 두려워하며 지냈고, 아버지를 만나본 적이 없었습니다. 엄마와는 감정적으로 연결될 수 없었으며 자주 보지도 못했습니다. 나중에, 저는 제가 위험한 사람들에게 매력을 느낀다는 것을 알게 되었습니다. 마음속 경보음이 울리긴 했지만 혼돈에 너무나도 익숙해져 있던 탓에 다른 선택을 내릴 수가 없었지요.

스무 살이 된 저는 중독성이 강한 약물과 술로 고통을 잠재우며 많은 시간을 보냈습니다. 저는 엄마가 자살하려 하는 모습을 여러 번 봤고, 자살과 살인으로 인해 친한 이들을 많이 잃었으며 성폭력, 중독, 노숙, 가정 학대를 견뎌냈습니다. 제 이야기는 저라는 존재의 일부입니다. 이런 경험들이 저를 이 길로 이끌었습니다. 과거에 고통받았고 지금도 고통받고 있는, 하지만 제가 그랬듯 치유되고 회복될 기회를 가져보지 못한 이들의 이야기들을 바다라고 한다면, 제 이야기가 그 바다에 속한 한 방울의 물과 같다는 것을 저는 잘 알고 있습니다.

저는 치유가 누구나 가질 수는 없는 특권이자 선물이라는 것을 인정하고 싶습니다. 저의 바람은 스스로를 치유하는 각자가 다른 사람에게 봉사할 수 있는 자신만의 길을 찾는 것입니다. 우리는 스스로를 치유함으로써 세상의 뜻깊은 변화에 기여할 수 있습니다.

저의 진정한 치유 여정은 제가 스물여섯 살이 되어서야 시작되었습니다. 이혼, 그리고 제가 심혈을 기울여 쌓아뒀던 마음의 벽과 방어막이 무너진 것이 치유 여정의 큰 계기가 되었습니다. 이때 저는 탄트라^{tantra}*, 연금술, 융^{Jung}의 그림자 작업, 의식적 관계를 함께 공부하게 될 영적 스승을 만났으며 결국 그의 제자가 되었습니다. 저는 하페^{rapé}, 캄보^{kambo}, 사낭가^{sananga}를 포함한 아마존 지역의 식물로 만든 많은 약물들과 DMT, 실로시빈^{psilocybin} 같은 환각제를 거쳐 마침내 저에게 맞는 약물인 아야후아스카^{ayahuasca}**를 찾게 되었습니다. 그러면서 기도하고, 시를 쓰고, 치유에 전념했습니다. 저는 의도적으로 저 자신과의 관계에 집중했고 내면 작업에 집중하기 위해 매력적인 남자들의 수많은 데이트 신청을 거절했습니다.

그 이후로 의식적인 관계, 커플 소통, 가족체계 작업, 대대로 내려오는 가족 트라우마 치유, 소마틱 힐링^{somatic healing}***을 독학하고 연습하는 데 많은 시간을 썼습니다. 제가 온라인 커뮤니티인

---

* 탄트라 수행의 의미는 개인마다, 전통마다 다를 수 있다. 그러나 일반적으로 탄트라 수행은 인간 경험의 다양한 측면들을 통합함으로써 인간과 신성의 통합을 추구하는 영적이고 철학적인 길을 말한다. 탄트라 수행에는 명상, 호흡, 요가, 성적 수행 등이 포함되며 의식, 현존, 신성과의 일체감을 키우는 것이 이러한 수행의 목적이다.

** 아마존 토착민들이 영적 의식을 치를 때 사용하는 약물. 변성의식 상태를 유발한다. 아야후아스카를 마시면 자신의 감정과 사고방식을 검토할 수 있는 깊은 성찰의 시간을 가질 수 있다고 한다.

*** 신체와 신체적 감각, 경험 등에 초점을 맞춘 치유 방식을 말한다. 몸과 마음은 깊이 연결되어 있으며 신체적 경험, 감정, 생각 역시 서로 영향을 미친다. 소마틱 힐링은 몸의 타고난 능력을 활용해 몸 그 자체를 치유하고, 개인이 신체적 감각 및 경험을 더 잘 인식할 수 있게 도와준다.

라이징 우먼Rising woman을 만들게 된 것은 인생에서 바닥을 찍었던 경험과 관계 패턴을 치유했던 저의 경험 때문이었습니다. 지금 저와 저의 팀은 이 커뮤니티에서 매달 수백만 명에게 의식적인 관계와 자기 치유에 대한 교육을 제공하고 있습니다.

저는 수년간 라이징 우먼을 운영하고, 또 저의 관계 프로그램을 통해 사람들을 지도하면서 많은 사람들이 고전적인 딜레마에 빠져 있다는 것을 알게 되었습니다. 그 딜레마란 바로, 머리로는 누군가가 나 자신에게 전혀 맞지 않는 사람임을 잘 알고 있으면서도 그런 유의 파트너를 계속해서 추구하는 것입니다.

건강한 사랑과 소통의 본보기가 되는 가정에서 자랐다면 예외일 수도 있습니다. 이것이 어떤 법칙은 아니니까요. 하지만 우리 대부분은 훈련된 반응에 끌려다니며 결국에는 우리를 지치게 하고, 아프게 하고, 좌절시키고, 어쩌면 사랑이란 건 나에게는 허락되지 않는 게 아닐까 하는 두려움에 빠지게 만드는 관계 패턴을 반복합니다.

우리 문화는 패턴을 깨버리거나 그것에서 해방되는 것에 집중하지만 저는 우리가 숨기고, 부정하고, 거부했던 우리 자신의 부분들을 '통합하고 받아들일 때' 진정한 변화가 시작된다고 믿습니다. 우리는 패턴을 인식하고, 이러한 패턴이 과거 경험 중 어디에 뿌리를 두고 있는지를 이해함으로써 이들을 의식적으로 변화시킬 수 있습니다.

우리가 원하는 사랑을 창조하기 위해서는 새로운 이야기가 드러날 수 있는 여지를 만들어야 하며, 우리가 더 나은 것을 받을 가치가 있는 사람이라고 믿어야 합니다. 더 나아가, 우리가 살면서 경험했거나 봐왔던 것과 상관없이 건강한 관계를 창조하는 것이 가능하다는 진실을 우리 몸에 내재화할 필요가 있습니다.

과거에 형성된 습관적인 반응에 끌려다니면서 삶을 살아가고 있다면 자신의 패턴이 무엇인지 정확하게 파악하는 것이 힘들지도 모릅니다. 어쩌면 당신은 지금 다람쥐 쳇바퀴 도는 듯한 삶을 살고 있을 수도 있습니다. 이루어질 수 없는 사랑을 좇기도 하고, 상대를 과하게 돌봐주거나 불행 속에서 구해주려 노력하는 패턴에 갇힌 채로 말입니다. 아니면 파트너가 다른 사람에게 한눈을 팔거나, 당신을 지루해하거나, 잠수를 타면서 관계가 고작 몇 개월밖에 지속이 안 되는 패턴이 있을 수도 있습니다. 어쩌면 우리는 끝내야 할 관계를 질질 끌고 있을 수도 있고, 상대방을 너무 많이 참아주고 있을 수도 있습니다. 우리는 너무 과하게 퍼주는 사람일 수도 있고, 누군가에게 좋아하는 감정이 들면 진짜 자기 모습을 숨기는 사람일 수도 있습니다. 그동안에 당신 자신을 가장 필요로 하는 사람, 즉 나 자신을 내팽개쳐 두고 말입니다.

만약 데이트 혹은 관계 문제에 있어서 계속 같은 벽에 부딪히고 있다 해도, 그것이 당신이 어딘가 잘못되었다는 증거는 아닙니다. **오히려 그것은 당신이 과거 언젠가, 사랑받으려면 나 자신을 희**

생해야 한다고 배운 적이 있다는 증거입니다.

이는 고통스럽고, 종종 좌절스럽기도 한 패턴인 동시에 당신이 사랑을 포기하지 않았다는 증거이기도 합니다. 또, 깊은 마음속 당신의 한 부분은 자신이 원하는 것을 가질 수 있음을 직감적으로 알고 있다는 증거이기도 합니다.

우리 대부분은 사랑받기 위해 자기를 희생하거나 자신의 본모습을 바꾸려 하는 행위가 곧 자신의 힘을 관계에 내주는 행위임을 모르고 있습니다. 우리는 상대에게 선택받기 위해 굳이 고투하지 않아도 된다는 사실을, 우리에게는 상대를 선택할 수 있는 힘이 있다는 사실을 잊어버렸습니다. 이 책에서 당신은 자신의 과거와 화해하는 법, 관계 패턴을 치유하는 법을 배우게 될 것입니다. 이로써 스스로를 완전히 표현하게 될 것이고, 스스로와의 관계 그리고 타인과의 관계 속에서 자신이 내린 선택을 존중할 수 있게 될 겁니다.

변화하라는 부름

치유 작업은 절대 예전으로 돌아가고 싶지 않다고 결정한 순간부터 시작됩니다. 어떤 이들에게는 인생의 바닥을 찍었을 때, 움켜쥘 것이 아무것도 남지 않았을 때 이런 순간이 찾아옵니다. 또 어떤 이들에게는 더 이상 다른 누군가를 위해 살 수는 없다는 것을 인지했을 때 이런 순간이 찾아오기도 합니다. 그 같은 행동을 통해 나 자신과의 필수적인 연결과 내 영혼이 열망하는 것을 잃게 되기 때문입니다. 고통스럽긴 해도, 이런 어려운 순간은 진정한 변화를 위한 촉매제가 되어줄 수 있습니다.

과도기를 경험하고 있을 때 활용할 수 있는 영적 치유법들은 아주 많습니다. 인생의 오래된 과거사들을 뇌줄 수 있으려면 우리는 반드시 은유적인 죽음을 겪어야 합니다. 즉, 온전히 느껴야 할 어떤 것이 남아 있다면 그 안으로 깊이 다이빙해 들어가 느껴지는 것들에 몸과 마음을 내맡기면서 진정한 변화가 나타나도록 허용해야 합니다. **심적 고통, 실망, 좌절은 선물이 될 수 있습니다. 우리가 변화에 가장 열려 있는 순간들이 바로 이런 순간들이기 때문입니다.**

이것은 나 자신을 '부수어 열(break open)' 수 있는 기회입니다. 제대로 기능하지 않는 부분이 있다면 그것을 인정하고, 완전히 다른 시도를 해볼 기회인 것이죠.

시간을 되돌릴 수는 없습니다. 이미 일어난 일은 변화시킬 수 없으며, 과거로 돌아가서 가장 고통스러웠던 경험이 일어나지 않게 막을 수도 없습니다. 하지만 좋은 소식은, 당신의 치유는 다른 누군가가 아닌 당신의 손에 달려 있다는 것입니다. 당신은 과거에 묶여 있을 필요가 없습니다. 당신은 앞으로 나아갈 다른 길을 선택할 수 있습니다.

'비커밍 더 원'의 길

당신은 이 책을 읽으며 자신의 조건화된 행동들을 알아보고, 사랑에 대한 신념을 재검토해보고, 자신의 진짜 욕망이 무엇인지 확실히 알게 될 겁니다. 이런 과정을 통해 사랑을 하고 삶을 살아가는 동안 다른 누구도 아닌 '당신'이 원하는 바를 의식적으로 선택할 수 있습니다.

당신은 자존감과 내적 자각을 계발하기 위한 내면아이 치유 방법을 배우게 될 것입니다. 당신만의 경계선과 핵심 가치를 세움으로써 더욱 굳건해지고, 소신을 당당히 말하고, 스스로를 진실하게 드러내면 사람들이 당신을 더 사랑하게 된다는 사실을 알게 될 것입니다. 자연 그리고 영(spirit)과의 관계를 공고히 하는 한편으로, 당신은 자신의 몸과 직관에 다시 연결될 수 있게끔 도와주는 방편들을 계발하게 될 것입니다. 저는 그 과정에서 단순하면서도 강력한 명상법 및 신체적 연습법을 당신에게 알려드릴 것인데, 이러한 명상법과 연습법은 스스로를 진정시키거나 오르락내리락하는 감정적 기복을 수월하게 넘어가는 능력을 키우는 데 좋습니다. 또, 이런 연습들은 몸과 직관에 다시 연결되는 과정에서 외적인 것에 집착하거나 자기 자신을 잃어버리지 않게 도와줍니다.

우리는 다른 사람들(또는 완벽한 파트너)에게서 찾으려 했던 특성들과 사랑을 스스로 체험하는 법, 그리고 나 자신이 나를 위한 운명의 상대가 되는 법을 함께 배워갈 것입니다. 이것이 의식적이고 건강한 관계를 끌어당기는, 혹은 그러한 관계를 세우는 첫 번째 주요 단계입니다.

나 자신과 깊은 관계를 맺지 못하면 파트너와도 깊은 관계를 맺을 수 없습니다. 나 자신의 격한 감정을 온전히 느끼는 방법을 모른다면 다른 사람이 편히 머물 수 있게 곁을 내어줄 수도 없습니다. 위험한 상대에게 매력을 느낄 수밖에 없다면 진정으로 의식적인 파트너 관계를 끌어당길 수 없습니다. 열심히 노력하지 않아도, 우리 자신을 버리지 않아도 사랑받을 수 있음을 모를 때도 마찬가지입니다. 의식적인 관계를 맺기 위해서는 건강한 사랑을 함께 창조할 수 있는 기회를 잠재적, 고의적으로 방해할 수 있는 우리의 가슴과 마음을 정화해야 할 필요가 있습니다.

본디 관계라는 것은 성장하고, 치유하고, 즐길 수 있는 장이 되어야 합니다. — 하지만 이런 것들이 우리의 전부가 될 수는 없지요. 당신은 현 관계 상태 혹은 과거의 실패한 관계에 의해 정의되는 존재가 아닙니다. 당신이 지금까지 만났던 모든 파트너는 당신의 스승이 될 수 있는 잠재력을 가지고 있습니다. 하지만 그런 관계들로부터 교훈을 얻기 위해서는 죄책감과 수치심으로부터 나 자신을 해방하고, 그것들을 있는 그대로 수용해야만 합니다.

당신은 자유로워질 자격이 있으며 자기 자신에게 편안함을 느낄 자격이 있습니다. 당신은 자신의 가치를 알 자격이 있으며 관계 속에서 당신이 원하는 것을 요구할 자격이 있습니다. 의식적인 관계가 무엇인지 그 '개념'을 논리적으로 이해하는 것만으로는 부족합니다. 당신은 그것을 직접 경험해볼 필요가 있습니다. **자기 자신과의 관계는 당신이 사랑을 주고받을 수 있는, 튼튼하고 충실한 기반이 됩니다.**

누군가를 위해 이 작업을 하지 마세요. 자기 자신을 위해 하세요. 그러면 설령 오래되고 익숙한 삶이 끝나고, 관계가 막을 내리고, 모든 게 무너진다 해도 자신이 안전하며 보호받고 있다는 사실을 믿을 수 있습니다. 또, 우리 모두의 내면에 거하고 있는 신성한 사랑과 연결되어 있다는 사실을 믿을 수 있습니다.

저는 이 책 전반에서 저의 유년 시절과 성인이 되어 관계를 맺을 때 겪었던 여러 인생사를 적어두었습니다. 저의 인생길은 심적 고통과 상실로 가득했지만 저는 그 경험들을 통해 진정한 자기 사랑, 평화 그리고 남편과의 광대하고도 부드러운 사랑에 이르는 길을 찾았습니다. 지금의 남편 벤Ben과 결혼 준비를 할 수 있기 전까지, 저는 풀어놓아야 할 과거의 짐을 정말 많이 가지고 있었습니다. 이 책에서 저는 치유 과정과 그 과정에서 제가 알게 된 방편들을 여러분과 공유할 것입니다. 이런 경험과 방편들은 라이징 우먼의 프로그램들에 영감을 주었습니다.

저는 또한 과거가 우리에게 어떤 영향을 미칠 수 있는지, 우리가 치유되면 어떤 일이 일어날 수 있는지를 보여주는 내담자들의 이야기도 적어두었습니다. 내담자들의 이름과 약간의 세부 사항들은 그들의 사생활과 기밀을 지켜주기 위해 변경했습니다. 다른 이의 이야기 속에서 우리 자신을 바라보면 깊은 치유가 일어날 수 있습니다. 우리가 지금 헤쳐나가고 있는 일이 무엇이든 간에, 우리가 절대 혼자가 아니라는 사실을 상기시켜주기 때문입니다.

저는 주로 여성들과 함께 이런 일을 하고 있지만 저의 작업은 성별과 상관없이 타인과 관계 맺고 사는 모든 사람에게 적용됩니다. 성적 지향이나 성 정체성이 어떻든 상관없습니다. 독신이든, 커플이든, 이별했든, 고통스러운 데이트를 반복하고 있든 상관없습니다. 당신이 이 책에서 얻을 수 있는 배움은 특정 파트너나 관계 상태를 초월하는 것입니다.

커플이라 해도 이러한 연습들이 독신일 때와 똑같이 유익하며, 깨달음을 준다는 사실을 당신은 알게 될 것입니다. 이 책의 가르침을 활용하면 내가 정말로 원하는 것이 무엇인지 명확히 알 수 있으며, 어떻게 하면 관계 속에서 더 힘 있는 사람이 될 수 있는지 알 수 있습니다. 지금 내가 정말로 내게 맞는 관계를 맺고 있는 건지 확신할 수 없다면, 이 책이 앞으로 나아갈 방법을 찾도록 도와줄 것입니다. 즉, 그 누구도 아닌 나 자신에게 충실한 태도를 기초로 하여 살아가게끔 도와준다는 말입니다.

저는 당신의 마음과 영혼이 열망하는 것이라면 무엇이든 가질 수 있다는 것을 당신이 알았으면 좋겠습니다. 늦은 때라는 것은 없습니다. 저는 당신이 당신 자신, 자연 그리고 당신의 가슴이 지닌 지혜와의 신성한 연결로 다시 통합되기를 기도합니다. 이렇게 된 당신은 자신이 언제나 존중과 진실에 기반을 둔 사랑을 창조할 수 있고, 또 항상 그럴 자격과 능력이 있었음을 당신 존재의 모든 세포로써 기억하게 될 것입니다.

1부

나 자신과의
관계 되찾기

집은 다른 사람 또는 당신 밖의 어떤 장소가 아닙니다.

집은 당신이 내면에 지니고 있는 사랑입니다.

그것은 당신이 이미 완벽하다는 기억입니다.

그렇습니다, 당신의 상처와 과거의 흉터까지도 말입니다.

당신은 사랑을 좇을 필요가 없습니다.

자기 자신인 사랑을 기억하기만 하면 됩니다.

치유 여정

제가 세 살이었을 때, 엄마는 스물다섯 살밖에 되지 않았습니다. 우리는 저소득층이 사는 지역 끄트머리의 막다른 골목에 있는 반지하 집에 살았습니다. 그 집에는 하얀 벽의 화장실 하나와 두 개의 침실 그리고 1980년대에서 90년대의 집 대부분이 그랬듯, 엷은 갈색 장판이 깔린 부엌이 있었습니다. 엄마는 유리로 만들어진 천사 조각상, 유니콘 이미지, 식물들을 수집했습니다. 바닥에서부터 천장까지 온 집안을 식물이 뒤덮고 있었지요. (저는 자랑스럽게도 엄마를 닮아 식물을 잘 기릅니다.) 엄마는 어린 시절의 끔찍한 학대를 견뎌낸 생존자였습니다. 엄마의 과거는 신체적, 성적 학대와 배신, 버림받음, 방치로 물들어 있었지요. 이런 과거 때문에 엄마는 우울증과 복합성 외상 후 스트레스 장애(C-PTSD)로 대단히 힘들어했습니다.

엄마는 종종 낮에는 잠을 자고 밤이 되면 술을 마시러 나갔습니다. 저는 집에 혼자 남겨진 채 여러 공상을 했지요. 술에 취해 속이 메스꺼운 상태로 집에 돌아온 엄마는 밤 동안 화장실 바닥에 웅크려 있었고, 저는 그런 엄마에게 담요를 덮어주곤 했습니다. 가끔은 쿠키 굽는 쟁반에 치약, 칫솔, 수건을 담아 가져다주기도 했습니다. 숙취에 시달리는 엄마를 보살피기 위해 최선을 다한 것이었지요. 또 다른 때에는 엄마가 화가 잔뜩 난 채로 집에 돌아온 적도 있었습니다. 엄마는 소리를 지르며 주먹으로 벽을 쳤고, 우리의 사진이 담긴 액자를 가져와 땅에 내팽개치며 그것을 부숴버렸습니다. 깨진 유리와 함께 아수라장이 된 집에 앉아, 부서진 액자를 무릎에 올려 둔 채 울던 제가 기억납니다.

엄마와 보낸 아름다운 순간들도 있었습니다. 엄마는 감정적으로는 아이와 같이 순진해서, 어떻게 놀아야 재밌는지 정말 잘 알고 있었지요. 우리는 풍선껌 씹기 시합, 꾸미기 놀이를 하고 뒤뜰로 소풍을 가기도 했습니다. 그 모든 혼돈과 감정적 보살핌의 부재에도 불구하고, 엄마는 저의 모든 것이었으며 저는 엄마를 아주 깊이 사랑했었습니다. 저는 아버지를 만나본 적이 한 번도 없었기 때문에 우리는 둘만의 작은 세상을 만들었습니다. 밤중에 저는 종종 제 침대에서 나와 엄마 침대로 기어들어 갔습니다. 그러고는 엄마 몸으로 제 팔과 다리를 꼭 감쌌지요.

제게는 절대 잊지 못할 밤이 있습니다. 저의 인생이 송두리째 바뀐, 제게 있어 안전과 사랑이라는 것의 의미를 영원히 뒤바꿔버린 그런 밤이었습니다. 엄마는 제 옷을 따뜻하게 입히더니 차 앞좌석에 저를 태웠습니다. 장시간의 운전 끝에 우리가 도착한 곳은 크고 하얀 집이었습니다. 엄마는 그곳 진입로에 차를 댄 뒤 엔진을 켜둔 채 저를 그 집 현관까지 데려다주었습니다. 현관에는 제가 한 번도 본 적 없는 한 남자와 여자가 나와 있었는데, 엄마는 그들의 팔에 저를 안겨준 뒤 뒤돌아서 자신의 차로 돌아갔습니다. 저는 몸부림을 치며 엄마가 자동차 전조등의 흐릿한 빛 속으로 사라질 때까지 "엄마!"하고 소리쳤습니다. 엄마가 탄 회색 해치백 쉐보레는 후진하더니 어둠 속으로 달려가버렸습니다. 슬프고, 무섭고, 외로웠습니다. 저는 그때 그 순간이 마음속에 선명히 남아 있습니다. 제가 가진 '버려짐의 상처'의 근원이 된 이 순간은 제 세상이 송두리째 바뀌어버린 순간이기도 했습니다.

　이 일로 인해 저는 성인이 되어서도 상대방이 위험한 사람임을 알려주는 여러 적신호들을 무시하며 인간관계를 맺게 되었습니다. 저는 계속해서 불건전한 관계를 맺는 저 자신을 발견했는데, 이러한 관계는 제 어린 시절을 갈가리 찢어버린 혼돈을 반영하는 것이었습니다. 저는 이룰 수 없는 사랑을 좇았고, 어떤 면에서는 사랑하기에 위험한 사람들에게 끌렸습니다.

과거는 반복된다

저는 스물여섯 살이었고, 저의 상처를 반영해주는 사람과 불행한 결혼 생활을 1년째 하고 있었습니다. 우리는 서로 다른 나라 사람이었고, (저는 캐나다인이고 그는 미국인이었지요) 국경 출입국에서는 국경을 왔다 갔다 하는 일을 멈추지 않는다면 우리를 여행자 블랙리스트에 올릴 거라며 위협했기 때문에 우리는 결혼했습니다. 결혼 결정을 할 때, 저는 상당히 주저했었습니다. 우리 관계에 로맨틱함이라고는 하나도 없었습니다. 이제 와 생각해보면 우리는 진심으로 사랑했던 게 아니었습니다. 우리는 그저 관계 때문에 힘들어하는, 놓아버리기가 너무 무서운 어떤 것에 매달리고 있는 두 명의 젊은이였습니다. 지금은 우리 둘 다 어린 시절에 생긴 깊은 상처가 있으며, 각자의 어머니에게서 상당한 영향을 받았다는 것이 확실히 보입니다. 우리 둘이 엮이게 된 이유가 바로 이런 점 때문이었습니다.

우리의 관계는 완전히 엉망이었습니다. 우리는 계속 싸웠고, 속궁합도 별로였으며 서로에게 매력을 느끼지도 못했습니다. 우리는 서로가 나아가지 못하게 막는 역할을 했습니다. 그는 종종 우울해하며 자기 의심으로 점철되어버리는, 불안하고 의존적인 사람이었습니다. 반면 저는 상대를 관리하고, 돕고, 바꾸고 싶어하는 구원자였습니다. "나는 다 안다"며 모든 것을 스스로 처리하는 그런 사람이었지요.

시간이 흐르면서 저는 점점 더 덫에 걸린 느낌이 들었고, 잘못된 인생을 살고 있다는 느낌을 떨쳐버릴 수가 없었습니다. 이 관계를 끝내고 싶다는 생각이 제 마음속에 가득 차 있었지만, 저의 오만과 자만이 그러지 못하게 막았습니다. 저는 그가 저를 필요로 한다고 믿었습니다. 종종 불안감에 어찌할 바를 몰라 하는 그에게 해결책을 알려주며 그에게 개입하는 것이 제 일이라 확신했지요. 저는 그가 물건을 훔치고 거짓말을 한다는 것을 알고 있었지만 계속해서 스스로의 직감을 무시했고, 불편한 느낌이 몸속에서 소용돌이치도록 내버려두었습니다. 우리는 함께 사업을 운영했습니다. 하지만 그는 대부분의 날들을 늦은 오후가 될 때까지 잠을 자거나 지하실에 있는 컴퓨터 앞에 앉은 채 보냈습니다. 그는 새로운 경험을 더 많이 하고 싶다며 불평했지만 우리는 그럴 수 있는 상황이 아니었고, 저는 그가 원하는 것을 해주기 위해 돈을 더 많이 벌어야 한다는 심적 압박을 느꼈습니다. 저는 그를 부양해주는 유일한 사람이라는 짐을 짊어졌고, 그에게 너무 과한 것을 해주고 있었습니다. 우리는 서로가 서로에게 익숙한 패턴 안에 머물 수 있도록 해주고 있었습니다. 궁극적으로, 이 패턴은 우리를 갈라놓았지요.

잘살아보려 노력한 지 몇 년이 지나고, 뭔가가 정말로 바뀌어야 한다고 느꼈을 때 우리는 마지막 시도로 우리의 관계를 사유롭게 풀어놓기로 했습니다. 어쩌면, 정말 어쩌면 이 방법이 통해서 열정과 사랑이 되살아날지도 모른다는 생각이었습니다. 그래서 저는 그가 미국에 있는 그의 친구들을 만나러 갈 수 있게 표를 끊어주었습니다. 그리고 결국, 그는 제게서 멀리 떠나 있는 동안 한때 데이트했었던 상대와 만났습니다. 제가 남편과의 결혼 생활에서 별 유대감을 느끼지 못한 것을 감안해보면 당연한 일일 수도 있지만, 질투는 별로 나지 않았습니다. 오히려 안도감이 들었습니다. 압박감도 줄었고, 다시 숨을 쉬는 듯한 기분이 들었습니다. 저는 반드시 그를 돌봐야 한다는 책임감의 족쇄 없이 저 자신으로서 존재할 수 있었습니다.

블라인드 사이로 비치는 달빛을 받으며 침대에 누워 있던 어느 날 밤, 저는 천장을 보며 그가 다른 사람과 사랑에 빠지면 좋겠다고 생각했습니다. 그러면 죄책감을 가지지 않아도 되고, 그를 아프게 하지 않을 수 있었습니다. 다른 누군가가 그를 보살펴주면 저는 자유로워질 수 있었습니다. 혼자가 된다는 생각을 하자 해방감과 흥분이 느껴졌습니다! 이런 식의 숨 막히는 삶은 더 이상 살고 싶지 않았습니다.

저의 이런 바람은 현실이 되었습니다. 몇 달도 되지 않아 그는 우리 둘 다 알고 있는 한 여성과 순식간에 정열적인 관계가 되었고, 그렇게 끝이 났습니다. 그는 떠났습니다. 그 둘은 깨어 있는 모든 시간을 함께 보냈습니다. 그는 물건을 가지러 왔다가 다시 떠나곤 했습니다. 비록 제가 요구한 일이긴 했지만 제 마음속 어린 소녀는 질투, 두려움, 버림받은 느낌을 느끼기 시작했습니다. 갑자기 이 상황이 더 이상 괜찮지 않아졌습니다. 그가 떠나가면 좋겠다고 바라던 그 모든 밤들과 덫에 걸린 기분은 기억에서 사라지고, 공황 상태에 빠져 그를 되찾아야 한다는 긴박한 마음이 커졌습니다. 저는 스스로를 놔버렸고 저 자신을 잃었습니다. 저는 그를 간절히 원했고, 되돌릴 수 없을 정도로 분쟁을 크게 키웠습니다.

폭발적인 언쟁과 혼돈 속에 몇 달이 지났습니다. 어느 따뜻한 여름날, 그는 마지막으로 자신의 짐을 챙기러 집으로 돌아왔습니다. 바깥에서는 그의 여자친구가 자신의 빨간 SUV 차량을 타고 그를 기다리고 있었습니다. 저는 그의 뒤를 따라 집을 돌아다니면서 소리를 질러댔고, 그는 몹시 흥분해서 자신의 물건들을 가방 안으로 던져 넣은 후 앞문으로 뛰쳐나갔습니다. 저는 맨발로 그를 쫓아 밖으로 나가 그 둘에게 다시는 오지 말라고 소리를 질렀습니다. 그가 차 조수석에 뛰어올라 타자 차는 서둘러 달려갔습니다. 혼자 가로수길 한가운데에 서 있던 저는 여러 감정과 두려움에 빠져들었습니다. 그는 함께였던 우리의 삶을 버렸습니다. 갑자기 저를 낯선 사람들의 품에 안겨주고 간 엄마의 기억이 떠올랐습니다. 그때 저는 엄마가 차를 타고 떠나버리기 전까지 나를 버리지 말라며 몸부림치고, 소리치고, 울었습니다. 저는 더 이상 어른 셸리나가 아닌, 세 살짜리 셸리나였습니다. 버림받은 느낌, 혼자가 된 느낌이 들었고, 두려웠습니다.

그때, 마치 정수리가 열리는 듯한 느낌이 들면서 내면 깊은 곳에서 이런 속삭임이 들려왔습니다. "이건 저 사람에 대한 게 아니야, 너에 대한 거지." 안도감이 밀려왔습니다. 제가 다시 괜찮아지기 위해서는 그가 저를 위해 무언가를 해줘야만 하는 게 아니라는 사실에서 오는 그런 안도였습니다. 제가 느끼는 고통은 너무 오랫동안 돌봄받지 못한 상태로 남겨진 과거의 상처에서 기인한 것이었습니다. 내면의 상처는 "너는 충분하지 않아. 너는 영영 고장 났어. 누가 너를 원하겠니?" 같은 신념을 은밀히 갖고 있습니다. 하지만 그 순간, 저는 제가 이 고통스러운 상태에서 스스로 빠져나올 수 있는 내적인 힘을 지니고 있다는 것을 알았습니다.

우리의 이별 그리고 최종적인 이혼에는 시간이 오래 걸렸으며, 그 긴 과정은 참 고통스러웠습니다. 저는 모든 것을 잃었습니다. 그와 캘리포니아에 살 때 입양했던, 제가 너무나도 사랑한 고양이 마야Maya는 코요테들에게 잡혀갔습니다. 전 남편은 저를 여러 면에서 배신했고 저의 모든 돈을 가져갔으며, 제게 빚더미만을 안겨주었습니다. 저는 몇 년간 그를 쫓은 끝에 그의 서명 없이 이혼을 하기 위해 법원들을 거쳤습니다. 다시는 내 돈을 되찾을 수 없다는 것을 깨달은 저는 그가 행동을 바꾸기를 기다리지 말고 빨리 일을 처리해서 손해를 최소화한 다음 새 출발에 초점을 맞출 때라는 것을 받아들였습니다.

바로 이것이 관계 패턴이 작동하는 방식입니다. 제 어린 시절 이야기와 첫 번째 결혼이 얼마나 유사한지 보세요. **익숙한 감정적 테마를 계속해서 마주하지만, 자신이 패턴에 빠져 있다는 것을 인식하지 못하는 경우는 참으로 흔합니다.** 우리 대부분은 어린 시절의 상처가 성인이 되어 맺은 관계로까지 이어진다고 생각하지 않습니다. 또, 가장 큰 관계 문제가 대개 오래된 상처를 치유하려는 무의식적 시도라고 생각하지도 않습니다.

제가 관계 패턴에 빠져 있는 사람들과 맨 처음 작업을 시작할 때, 사람들은 이렇게 말합니다. "저는 패턴이 전혀 안 보이는데요. 그 경험들은 각기 다른 것들이었다고요!" 물론 관계마다 그 내용은 아주 다를 수도 있습니다만, 우리가 모든 관계 속에 들여오는 '핵심적인 감정 테마'에 초점을 맞추는 것이 중요합니다. 핵심적인 감정 테마는 어딜 가든 우리를 따라오는 부정적인 신념 또는 이야기입니다. 예를 들어, 제 첫 번째 결혼 생활의 끝은 어린 시절부터 아주 익숙했던 무언가를 거울처럼 반영해주었습니다. 저의 핵심적인 감정 테마는 버림받음과 배신이었으며, 여기에는 "나는 모든 것을 혼자 해야 해, 다른 사람을 돌보는 사람이 되어야 해, 혼자 책임져야 해"라는 이야기도 같이 붙어 있었습니다.

이 책 전반에서 당신은 자신의 관계 패턴을 푸는 방법 그리고 그것을 천천히 변화시키는 방법을 배우게 될 것입니다. 관계 패턴과 이어져 있는 과거의 기억을 다시금 떠올릴 때는 자신의 몸과 동조되는 연습을 하고, 마음속에 무엇이 떠오르든 스스로를 연민의 눈으로 바라봐주면서 호기심을 가져주세요. 물론 이것은 쉽지도, 편안하지도 않을 겁니다. 하지만 이 과정은 당신만의 내적 진실과 진정한 자유를 체현할 수 있는 길이 됩니다. 저는 당신이 관계 패턴의 중심부를 향해 여정을 떠난다는 것이 기쁩니다. 당신은 이 여정을 통해 그 패턴을 풀어낼 것이며, 당신이 살고 싶어하는 그 삶을 마침내 살게 될 것입니다.

나 자신과의 관계

확실하게 정리해보겠습니다. 이 책에서의 저의 임무는 당신이 사랑을 찾을 수 있도록 도와주는 것이 아니라, '당신 자신'이 사랑임을 상기시켜주는 것입니다. 그렇다고 해서 제가 의식적인 파트너 관계를 나쁘게 생각하는 것은 아닙니다. ─ 저는 이런 관계가 멋지다고 생각합니다! 또, 저는 의식적인 파트너 관계를 통해 영적인 길을 걷고 있는 중입니다. 하지만 우리는 하루에도 열두 번, 파트너를 찾고, 결혼하고, 아이를 갖고, 오래오래 사는 게 행복한 삶일 것이라는 신념에 사로잡히곤 합니다. 우리는 관계에, 파트너를 찾는 것에 너무 집중하는 경향이 있습니다. 그러면서 우리는 "사랑받으려면 이런 사람이 되어야만 한다"고 생각하는 그 사람이 되기 위해 스스로를 비틀고 일그러뜨립니다.

저는 당신이 완벽한 파트너를 만나려고 노력하기보다, 자기 자신의 내면을 들여다보기를 바랍니다. 이제는 당신이 스스로와 깊은 사랑에 빠지는 걸 생각해볼 때가 됐습니다. 이제는 내 사회적 지위가 어떻든 간에, 내 인생에는 나만의 특별한 의미가 있다는 걸 생각해볼 때가 됐습니다. 만약 외부로 모든 에너지를 쏟거나, 로맨틱한 관계를 찾겠다는 단 하나의 의도만을 갖고 치유 작업에 전념한다면 요점을 놓친 것입니다.

자기 자신과의 관계는 당신이 앞으로 맺을 모든 관계 중에서 가장 중요한 것입니다. 애정을 주고받는 관계, 즉 파트너 관계를 창조하기 위해 온갖 것을 다 시도해볼 수는 있지만 우리가 영원히 지속될 거라 생각하는 그 파트너 관계는 언제든 끝날 수 있습니다. 그래도 무서워하지는 마세요. 약속하건대, 저는 냉소적인 사람은 아닙니다. 우리는 우리가 언제 죽을지도 모르고 있습니다. 탄생부터 죽음까지 쭉 관계를 맺고 있을 수 있는, 우리가 보장할 수 있는 유일한 한 사람은 결국 우리 자신입니다. 우리는 외적 관계에 집착하기보다 내적 관계를 발전시키는 데 시간을 쓸 필요가 있습니다. 또, 우리가 찾는 사랑이 외부에만 있지는 않다는 사실을 인지할 필요가 있습니다.

당신은 자기 자신이라는 운명의 상대에게로 되돌아옴으로써 당신이 원하는 삶과 관계를 창조하는 데 꼭 필요한 토대를 얻게 될 것입니다. 그리고 이를 통해 가슴이 열망했던 연결을 경험할 수 있을 것입니다.

우리를 슬픔과 불행의 고리에 가둬두는 관계 패턴을 치유하려면, 먼저 자기 자신과의 관계를 더 공고히 해야 합니다. 우리는 바로 여기서부터 치유 작업을 함께 해나갈 겁니다.

'치유 작업'을 한다는 게 뭘까?

치유는 꿈에서 깨는 것과도 비슷합니다. 이별, 이혼, 각종 힘든 고비들을 통해 변화가 시작되지요. 저는 즐거운 인생을 살고 있는 사람 중 치유 작업을 해야겠다고 마음먹은 사람을 본 적이 거의 없습니다. 대개, 치유 작업은 우리가 어떤 패턴에 진절머리가 나서 그 패턴으로부터 빠져나오려고 노력할 때 시작됩니다. 치유는 과거를 잊거나 지우는 것이 아닙니다. 치유는 과거를 '통합하는' 것입니다.

트라우마와 고통스러운 기억들은 그저 마음의 문제에 불과한 것이 아닙니다. 그것들은 우리의 몸에 남아 있습니다. 그것들은 세포적 수준에서 신체에 저장되어 있고, 심지어 우리 이전의 세대에서부터 계승되어 내려오기도 합니다. 우리가 함께 치유 과정을 시작할 때는 치유 과정이 마음을 휙 바꿔서 달라지겠다고 결정하는 그런 간단한 일이 아님을 반드시 인지해야 합니다. 우리의 패턴이 반복되는 이유는, 그 패턴이 우리 몸 안에 깊이 뿌리 내리고 있기 때문입니다. 이 책을 읽는 우리가 반드시 걸어가야 하는 길, 우리가 착수할 치유 작업은 몸, 마음 그리고 영을 한데 엮는 것입니다.

치유 여정이란

- 과거를 애도하고 상실해버린 것을 애도하는 것

- 정체되어 있는 관계들을 놓아버리는 것

- 변화의 과정을 겪는 동안 불확실성을 허용하는 것

- 과거를 바꿀 수 없다는 사실을 받아들이는 것

- 타인과 나 자신을 용서하는 것

- 그동안 억눌렀을 수도 있는 격한 감정을 온전히 느끼는 것

- 고통, 기억, 트라우마를 몸 밖으로 꺼내는 것

- 나의 깊은 민감성을 인정하는 것

- 다시 사랑을 신뢰하는 법을 배우는 것

- 무엇을 얼마나 주었는지 혹은 했는지에 따라 나의 가치를
  매기는 행위를 그만두는 것

- 나의 생각을 관찰하는 것 그리고 마음에게 내 행동을 통제
  할 힘을 덜 주는 것

- 나는 이미 완전하다는 사실을 기억하는 것

치유의 길은 종종 다른 모든 것이 걷혔을 때 나타납니다. 약속이 깨지고 사랑을 잃었을 때, 안다고 생각했던 모든 것이 와르르 무너졌을 때 말입니다. **이런 순간들은 우리가 더 깨어 있는 존재가 될 수 있도록 준비시켜주는 깊은 절망과 부서짐의 순간입니다.**

치유의 길은 사람마다 다르다

예전에 제게는 '만년 싱글'인 친구가 하나 있었습니다. 그녀는 누군가와 장기 연애를 할 수 있기를 간절히 원했지만 온갖 방법을 다 써봐도 석 달 이상 연애를 할 수가 없었습니다. 한편, 저는 두 번째 약혼을 한 상태였고 저만의 고민이 있었습니다. 이전에 겪었던 관계 문제를 또다시 겪게 된 것입니다.

트리거^{Trigger*}가 당겨졌을 때, 보통 저는 도망가거나 적어도 도망에 관한 공상을 했습니다. 저의 마음은 산속으로 사라지는 것, 세상으로부터 안전하게 숨겨져 있는 숲속 오두막집에서 은둔자처럼 사는 것, 다시는 방해받지 않고, 평화롭고 완벽하게 혼자 사는 것에 관한 훌륭한 환상을 속삭였습니다.

그에 반해, 저의 친구는 깊은 외로움에 고통스러워하며 5년을 보냈습니다. 그녀는 싱글인 자신을 경시하며 누군가와 관계를 맺는 것이 얼마나 행복한 일인지를 제가 모르고 있다는 것과 혼자라는 것이 얼마나 끔찍한 일인지를 종종 얘기하곤 했습니다. 그것은 사실이었습니다. 저는 멋진 파트너를 만나는 큰 축복을 받았습니다. 하지만 당시의 저에게 있어 누군가와 관계를 맺는다는 것은 혼자 있는 것보다 더 힘든 일이었습니다. 왜냐하면 관계를 맺는 것은 스스로를 보호하고 타인과 거리를 유지하려는 저의 본능

---

* 총의 방아쇠를 의미하는 단어로, 과거의 경험을 떠오르게 만들어 그것을 다시금 경험하게 만드는 자극을 말한다.

을 부추겼기 때문입니다. 어떻게 보면 저와 제 친구는 둘 다 각자의 자리에서 최선을 다해야만 했습니다. — 그녀는 혼자서도 완전해지는 법을 배워야만 했고, 저는 친밀한 관계를 밀어내는 것이 아닌, 그 안에서 편안히 있을 수 있는 법을 배워야만 했던 것이죠.

나중에 보니, 제가 해야 할 가장 깊은 내면 작업은 관계 '안'에 있었습니다. 마침내 관계에서 벗어나고 싶은 충동을 꺾고, 그로부터 도망가기를 그만두었을 때 제가 발견한 것은 고립에 관한 환상이 아닌, 사랑 가득한 결혼과 친밀한 공동체였습니다.

우리는 종종 뭔가 다른 것을 원하는 마음이나 비교하는 마음에 사로잡히기 때문에 자신의 현실에 저항하곤 합니다. — 우리는 지금 당장 자신이 가진 것과 반대되는 것을 원합니다. 다른 사람들이 가진 것 또는 우리가 가져야만 한다고 믿는 그것을 원하는 거지요. 하지만 삶은 당신의 스승입니다. 당신의 관계 상황이나 환경이 어떻든 당신은 바로 지금, 여기서 치유될 수 있습니다.

다음과 같은 생각들은 가라앉히세요. "파트너가 생기면 진짜 삶이 시작될 거야", "관계라는 건 너무 무서워", "난 충분하지 않아", "일이 원래 이렇게 되면 안 됐는데". 저는 무언가를 받아들이는 일이 쉽다거나 눈만 깜짝하면 다 놓아버릴 수 있는 경지로 올라갈 수 있다고 말하는 것이 아닙니다. 당신의 현재 상황은 그다지 힘들 만한 상황이 아니라고, 무언가를 열망하거나 원하는 일은 그만둬야 한다고 주장하는 것도 아닙니다. 저는 당신이 무언가를 원하고 있을 때, 그 마음을 알아차린 뒤 "내 인생은 잘못되었다"라는 신념에 매여 있기보다는 "지금 나는 정확히 내가 있어야 할 지점에 있다"고 생각해보기를 바랍니다.

솔직히 말씀드리자면, 저는 특히나 큰 상실의 아픔과 고통을 겪고 있는 사람들의 상황을 모르는 채로 이런 말을 할까 봐 종종 움찔할 때가 있습니다. 비극적인 사건은 실제로 일어나며, 그러한 사건은 실로 엄청난 충격이 될 수 있습니다. 이런 순간에는 '옳다'는 느낌도 들지 않고, 다 이유가 있어서 일어나는 일이라는 생각도 들지 않습니다. 저는 비극적인 사건을 겪은 사람들이 이런 식의 철학을 받아들여야 한다고 생각하지 않습니다. 하지만 일단 한번 우리가 고통과 비통, 상실의 깊은 끝자락에 다다르면 우리는 그 안에 있게 됩니다. 내면 말고는 아무 데도 갈 데가 없습니다. 지금 우리는 다음과 같은 선택에 직면해 있습니다. 가라앉기 아니면 헤엄치기, 마음 닫기 아니면 마음 열기, 억울해하기 아니면 성장하기. 기꺼이 배우려는 열린 마음으로 고통을 뚫고 나간다면 영영 알 수 없으리라 생각했던, 내가 겪은 일의 의미가 무엇인지를 발견할 수도 있습니다.

큰 변화는 종종 더 많은 변화를 불러오기도 합니다. 도미노 효과지요. 그 과정 중 낡은 이야기와 신념들을 놓아버리며 자기 자신의 어떤 부분들을 의심해보는 것은 정상적인 일입니다. 몇몇 친구들을 정리하는 것도, 혼자 지내는 시간이 필요하다는 사실을 알게 되는 것도 정상적인 일입니다. 변화가 일어나며 종종 큰 슬픔이 찾아오기도 합니다. 뭔가 새로운 것이 나타나면 당신 삶의 나머지 어떤 것은 죽어야 하기 때문입니다. 변화의 시간은 우리의 에너지와 함께 고도의 통찰력을 요구합니다. 자기 자신을 믿고, 당신이 이 시기 동안 내린 선택을 믿으세요. 그 선택이 모두에게 합당한 것이어야 할 필요는 없습니다. 당신에게만 합당한 것이면 됩니다.

만약 당신이 자기 자신의 새로운 부분과 만나게 됐다면, 그 부분들이 발전할 수 있도록 마음을 여세요. 우리 모두는 배워야 할 교훈이 있기 때문에 여기 존재합니다. 어쩌면 우리 중 일부는 관계 속에서 가슴을 여는 법, 마음의 벽을 무너뜨리는 방법을 배우는 중일 수도 있습니다. 또, 우리 중 어떤 사람은 스스로를 완전히 그리고 완벽히 사랑하는 법을 배우고 있을 수도 있습니다. 우리는 어쩌면 관계 속에서 무언가를 배워야 할 수도 있고, 싱글로 지내며 무언가를 배워야 할 수도 있습니다. ― 이런 상황은 영원히 고정된 것이 아니며, 임시적일 수도 있습니다. 둘 중 어떤 쪽이 되었든 간에 모두 훌륭합니다.

관계 패턴을 치유하는 것은 복잡다단한 과정입니다. 당신의 여정은 당신만의 것이며, 당신의 영혼은 삶을 겪고 교훈을 배우기 위해 여기 있는 것입니다. 천천히 해도 좋다고 스스로에게 말해주세요. 서두를 이유는 하나도 없습니다. 한 걸음 한 걸음, 한 숨 한

숨. 당신은 치유되고 있습니다.

'더 원'이 된다는 것의 의미

수조 원대의 자기 계발 시장은 "원하는 것을 갖기 위해서는 나 자신을 바꿔야 한다"는 아이디어를 판매하고 있습니다. 우리는 파트너를 만들려면 자기 자신을 숨기는 게임을 해야 하며, 매력적으로 보이기 위해서는 자신의 성격에서 '바람직하지 않은' 면들을 없애버려야 한다는 가르침을 받아왔습니다. 그 결과, 당신은 진짜 자기 자신으로서 존재하는 것과 바깥 세상이 당신에게 말해왔던, 이상적인 모습의 당신으로 존재하는 것 사이에서 갈등을 느꼈을 수도 있습니다.

이 책 《나는 내 운명》과 저의 모든 작업은 "사랑받으려면 나 자신을 바꿔야 하고 고쳐야 한다"는 아이디어에 대한 하나의 대응입니다. 또, 이 책은 자기 수용에 대한 책이기도 합니다. 사랑하기 힘들 것 같은 나 자신의 어떤 부분들은, 사실 나 자신의 일부로 받아들여질 자격이 충분하기 때문입니다. 이것은 더 이상 필요 없는 모든 것들, 즉 나 자신이 아닌 다른 사람이 되려는 고투, 노력, 완벽주의, 압박감 같은 것들을 문밖에 내버릴 하나의 기회입니다.

이 책 전반에 걸쳐 나오는, 당신을 본성과 연결시켜줄 리추얼ritual과 가르침들은 당신이 살아 있는 모든 존재들과 하나라는 앎을 다시금 일깨우기 위한 것들입니다. 식물, 동물, 숲, 강, 바다 그리고 모든 창조물들은 내 안에 있습니다. 자연과 다시 연결되는 것은 신성으로, 조건 없는 자기 사랑으로 돌아가는 길입니다.

《나는 내 운명》은 저의 대표적인 온라인 프로그램에서 영감을 얻어 쓴 책입니다. 146개국 3만 명이 넘는 사람들이 성공적으로 이 프로그램을 마쳤고, 매달 수천 명이 이 여정을 새로 시작하고 있습니다. 저는 다음의 세 가지 치유 목적을 염두에 두면서 이 책을 썼습니다.

1. 당신의 온전함을 알고, 당신 자신과의 다정하고 안정된 관계를 발전시키는 것
2. 과거와 화해하고 상처를 치유하는 것
3. 관계와 관련한 전체론적 치유법과 영적인 연습법을 알려주는 것, 더 충실한 관계의 기반을 창조하는 것.

《나는 내 운명》과 관련 없는 것

- 관계에 관한 잔꾀들
- 나 자신을 고치기(당신은 망가지지 않았습니다)
- 파트너를 만들기 위한 가짜 자신감 가지는 법
- 긍정적인 생각과 의도로 소울메이트 현실화시키기
- 상대방이 나와 함께 있고 싶어하게끔 조종하는 빙법
- (과거 혹은 현재의) 파트너를 바꾸는 방법 알아내기

《나는 내 운명》과 관련 있는 것

- 나 자신과의 관계 공고히 하기
- 내면 작업을 통해 과거 통합하기
- 관계 패턴을 이해하고 치유하기
- 관계 속에서 진짜 내 모습 드러내는 법 배우기
- 나의 열망, 핵심 가치, 경계선을 정확히 알기
- 의식적인 관계를 준비하기 위한 기초 작업하기
- 이 거대한 우주 속 모든 살아 있는 존재들과 내가 하나임을 기억하기
- 나의 모든 과거 자아들을 위한 연민과 스스로를 수용하는 마음 내기

내면 작업을 진행하면서 유념해야 할 몇 가지

가슴에 너그러워지기

내면 작업을 하는 동안에는 아주 오랫동안 숨겨져 있었던 자신의 어떤 면을 발견할 수도 있습니다. 또 수치심, 죄책감, 슬픔 등과 같은 불편한 감정들을 마주해야 할 수도 있습니다. 가끔, 우리는 치유의 시간을 가지려고 하자마자 난관에 부딪혀서 치유를 포기하기도 합니다. 우리는 책을 책장에 다시 꽂은 다음, 이전에 불편한 감정들이 올라올 때마다 했던 어떤 행동을 다시 하기도 합니

다. 저는 치유 과정 중에 불편한 감정을 느껴도 괜찮다는 것을 당신이 정말로 알았으면 좋겠습니다. 이런 감정들은 당신이 노력하고 있다는 뜻입니다. 그러니 잠시 쉬었다가 계속하면 됩니다.

술과 중독성 물질 끊는 것을 고려해보기

과거를 탐구하고 자신의 관계 패턴을 마주하는 동안에는 당신의 안녕을 위해 분별력을 높은 수준으로 유지하는 것이 지혜로운 일이 될 것입니다. 당신의 에너지를 낮출 수 있는 것, 당신을 낮은 수준으로 끌어내릴 수 있는 것이라면 무엇이든 멀리하세요. 술과 중독성 물질을 끊는 것을 고려해보세요. (그것이 당신 삶의 일부라면 말입니다.) 대신 이것들을 물, 허브차, 자연식품, 자연과 함께하는 더 많은 시간으로 대체해보세요. (바다, 강, 숲, 산, 정원 등은 치유를 위한 성소가 될 수 있습니다.)

나를 최우선으로 두기

치유 과정 전반에서 혼자만의 시간을 받아들이고, 스스로를 돌보는 법을 연습하고, 나 자신을 최우선으로 두는 일은 상당히 중요합니다. 만약 친구, 가족, 파트너에게 너무 퍼주는 경향이 있거나 그들을 과하게 돌봐주는 역할을 맡고 있다면 그것은 '나 자신'을 최우선으로 둬야 함을 상기시켜주는 일이 될 수 있습니다. 내 몸 안에서 안전함을 느끼고, 나의 가치를 확고히 하는 법을 배우기 위해서는 나의 필요에 귀를 기울이고 나의 안녕을 우선에 둬야 합니다.

글쓰기

이 책에 나와 있는 활동과 글쓰기 주제는 당신이 자신의 진실을 향해 나아갈 수 있도록 도와줍니다. 저는 책을 읽는 동안 글을 쓰는 것을 권장하는데, 이렇게 하면 책에 있는 내용들을 잘 따라갈 수 있을 뿐 아니라 책을 읽으며 떠오르는 것을 탐구하거나 다시 살펴볼 수 있습니다.

《나는 내 운명》을 같이 읽을 사람을 찾거나 독서 모임 나가기

이 여정을 함께하고 싶은 친구들이 당신 주변에 있을 수도 있습니다. 당신이 배운 것에 관해 차를 마시며 상대방과 이야기할 수 있는 시간을 매주 한 번씩 만들어보세요. 아니면 독서 모임을 만드는 것도 치유 과정 중에 정서적 지원을 받을 수 있는 한 방법이 될 수 있습니다.

계획표 버리기

모든 것을 알아내거나 완벽하게 치유되기 위해 서두를 필요는 없습니다. 이 내적 작업을 존중의 마음으로 대해주세요. 그리고 치유를 일생 동안 해나가야 할 연습으로 받아들이세요. 배움에는 끝이 없습니다. 빨리 진전을 보겠다고 스스로를 압박하지 마세요. 당신을 보살피는 이 과정이 느리고 부드럽게 펼쳐지도록 놔두세요.

즐길 수 있는 여유 가지기

치유에 강박을 갖지 마세요. 물론, 치유는 정말로 아름답습니다. 많은 사람들이 깊은 내면 작업에 들어가 자신의 과거 트라우마를 정리하고 조상 대대로 물려받았던 내적 장애물을 치워냈으니까요. 하지만 이 모든 게 다 무엇을 위한 것이었는지 까맣게 잊을 정도로 치유에 너무 집중하지 않도록 유념해야 할 필요도 있습니다. 우리는 더 큰 즐거움과 유대감을 경험하기 위해 치유를 하고 있습니다! 그러니 놀고, 웃을 수 있는 여유를 가지세요. 그리고 한 걸음씩 과정을 겪고 있는 자기 자신을 인정해주세요.

나의 영성 탐구하기

이 과정은 당신이 영과 연결되어 있음을 기억할 기회입니다. 이 책에서의 '영(spirit)'은 우리 내면에 있으며 모든 곳에 있는 조건 없는 사랑, 광대한 근원을 나타내는 말입니다. 우리는 이 연결을 꿈속에서나 명상 중에 느낄 수 있으며 자연 속에 고요히 있을 때도 느낄 수 있습니다. 하지만 어떤 사람에게는 영보다는 '신', '근원 에너지', '어머니 자연'과 같은 용어가 더 편하게 느껴질 수 있습니다. 바라건대, 제가 이 책에서 어떤 종교적인 맥락을 갖고 얘기하는 것이 아님을, 당신은 영과의 관계가 어떤 것인지를 자유롭게 탐구할 수 있음을 알아주셨으면 합니다.

변화를 두려워하는 것은 정상입니다.

하지만 두려움에게 인질로 붙잡혀 있지는 마세요.

두려움을 알아차리고, 꼭 그래야만 한다면 그것을 안고 가세요.

자신의 어둠을 마주 보세요.

그리고 빛이 보일 때까지 걸어가세요.

2장

관계는 나로부터 시작된다

노처녀의 역사가 우리에게 그리 잘 알려져 있지는 않지만, 노처녀는 일종의 문화적 아이콘입니다. 노처녀(spinster)라는 단어는 1300년대에 만들어진 것으로, 실을 자아서(spun) 자신의 생활비를 스스로 버는 비혼의 여자를 나타내는 말이었습니다. 1800년대가 되자, 노처녀로 산다는 것은 독신 여성들이 지닌 자부심의 은밀한 원천이 되었습니다. 여성 대부분이 남성에게 경제적으로 묶여 있었던 그 당시로서는 여성이 결혼을 하지 않고 살아가는 것 자체가 특권이었지요.

시간이 지나면서 가부장적인 시대가 찾아오자 노처녀라는 단어는 왜곡되어 부정적인 의미를 지니게 되었습니다. 하지만 사실, 자주적이고 독립적인 삶을 살았던 이 여성들은 강한 힘을 지니고 있었습니다. 그들은 자신의 운명을 개척하면서 불필요한 결혼을 하기보다는 독신으로 남겠다고 결정했습니다. 설령 결혼을 선택했다 하더라도, 그들은 사랑하는 사람과 결혼의 본래 목적인 파트너 관계를 이룬 것에 만족하며 살았습니다.

오늘날에도 많은 여성들이 "나의 가치는 나의 관계 상황에 달려 있다"는, 가부장적으로 프로그램된 생각들을 여전히 마음에 품고 살아갑니다. 하지만 이는 진실이 아닙니다. 로맨틱한 관계를 맺느냐 맺지 않느냐에 따라 달라지는 정체성은 우리가 영혼 수준에서 갈망하는 깊은 친밀감을 느낄 수 없게 합니다.

만일 당신이 "내가 싱글이라는 상황은 나의 가치에 영향을 미친다"고 믿으면서 싱글로 사는 것을 두려워하고 있다면, 당신은 자존감이 부족하며 스스로의 삶을 무의식적으로 방해하고 있을 확률이 높습니다. 아니면 당신의 최상의 잠재력을 실현하는 데 도움이 되지 않는 관계를 어떻게든 유지하기 위해 스스로를 내버리고 있는 상태일 수도 있지요. 저는 저의 프로그램에서 올바른 의도로써 '내면 작업'을 하겠다고 결정하는 일의 중요성을 강조합니다. 다른 사람을 고치는 일, 상대가 내게 더 많은 관심을 주도록 설득하는 일, 애인을 사귀는 일과 같은 외적 목표가 중심이 되어서는 내면 작업이 이루어질 수 없습니다. 내면 작업을 할 때는 자기 자신에게 전념하는 마음이 첫 번째, 즉 최우선이 되어야 합니다.

자기 자신과 의식적인 관계를 맺은 만큼 타인 그리고 주변의 세상과도 의식적인 관계를 맺을 수 있습니다. 의식적인 관계는 도달해야 할 어떤 것이 아니라, 삶의 한 방식입니다.

만약 파트너를 만들고 싶다거나 당신이 아끼는 누군가와의 관계를 치유하고 싶다면 그것도 괜찮습니다. 하지만 과거에 받은 상처, 원망, 불안 패턴 또는 친밀감에 대한 두려움이 뒤섞인 바다에서 허우적대고 있다면 파트너를 만들 수도, 관계를 치유할 수도 없습니다. 우리 모두는 지름길을 좋아하지만, 패턴을 치유하는 문제에 있어서는 지름길이란 없습니다. 나 자신으로 되돌아가는 것만이 참되고 진정한 사랑으로 향하는 유일한 길입니다. 나 자신으로 되돌아간다는 것은 곧, 잊어버리거나 묻어버렸던 나의 일면들을 되찾아 마침내는 나라는 사람을 전적으로 존중한다는 것입니다. 우리는 자신의 마음, 감정, 현실에 근본적인 책임을 져야 합니다.

나라는 사람이 누군지, 내가 원하는 것은 무엇인지 앎으로써 확고하게 기반을 다지면 자신의 열망에 대한 목소리를 낼 수 있습니다. 이렇게 되었을 때, 당신이 선택하기만 한다면 당신은 다른 사람과 파트너 관계를 맺을 수 있습니다. 그리고 이렇게 맺게 된 파트너 관계는 당신이 가슴속에서 맺어왔던, 자기 자신과의 풍요롭고 조화로운 관계를 반영하는 그런 관계가 될 것입니다.

나 자신과 올바른 관계 맺기

당신이 내뿜는 에너지는 상당히 중요합니다. 누군가가 스스로를 거부하는 마음을 가지고 있을 때, 우리는 그것을 느낍니다. 또, 누군가가 스스로에 대해 자신이 있고 편안하게 느끼고 있으면 우리는 그 사람에게 끌릴 수밖에 없습니다. 물론 이런 것이 처음부터 확 눈에 띄지는 않습니다. 하지만 우리는 자기 자신 혹은 타인이 현실에 저항하며 살아가고 있음을 깊은 내면으로 알고 있습니다.

물론 증상은 사람마다 다르게 나타나겠지만 무의식적으로 자기 자신을 방해하는 패턴, 다른 사람들이 자신의 경계선을 좌지우지하도록 놔두는 것, 자기 의사를 표현하지 않는 것, 자제력을 잃은 느낌, 생각을 심하게 많이 하는 것, 과하게 독립적인 것, 동반의존(codependence)*, 감정조절장애 등이 자신의 진정한 본성과 어긋

---

* 자신을 필요로 하는 상대에게서 자신의 존재 가치를 느끼는 사람과 상대에게 의존하려는 사람이 만나 이루어지는 관계. 전자의 경우 역시 자신의 존재 가치를 지키기 위해 상대에게 의존하는 면이 있다.

나 있다는 주된 지표입니다. 가장 강력한 모습의 자기 자신이 되려면 스스로를 믿는 법을 배워야 하고, 나에게 맞는 사람과 환경으로 나를 인도해줄 영적 기반을 계발해야 합니다.

우리가 데이트나 사랑과 관련해 마주하게 되는 많은 장애물들, 예를 들어 관계가 특정 지점에서 더 이상 진전되지 않는 정체 패턴 같은 것들은 우리 자신의 어떤 면이 스스로를 방해하고 있기 때문입니다. 자기 자신과 의식적인 관계를 맺으면 우리는 더 다가가기 쉬운 사람, 생생히 살아 있는 사람, 관계 속에서 진정으로 자기 모습을 표현할 수 있는 사람이 될 수 있습니다.

나 자신과 이러한 관계를 맺는 것은 나의 생각을 지켜보고 내 몸과 감정에 재연결되는, 느리고 점진적인 배움의 과정입니다. 다시 말해, 이것은 나의 욕구, 감정, 꿈, 숨겼거나 거절당했던 부분들, 나의 빛 혹은 어둠 ─ 나의 일부인 모든 것들 ─ 을 의식하여 자기 억압의 에너지를 자기 수용의 에너지로 바꾸는 과정입니다. 이렇게 하면 당신은 진정한 자기 자신을 더 내보일 수 있으며 다른 사람들이 있는 그대로의 당신을 볼 수 있도록, 그런 당신을 사랑할 수 있도록 허용할 것입니다.

건강한 내적 관계의 시작

- 자신감과 자기 신뢰 쌓기: 나 자신을 완전히 알기
- 나 자신을 위한 시간 갖기: 자연 속에 있기, 호흡 알아차리

기, 몸의 소리를 듣기

- 나에게 깊은 자비심 갖기: 내 마음의 벽과 울타리를 사랑과 공감으로써 만나보기
- 감정 표현하기: 감정 배후에 있는 감정의 목소리를 들어주기
- 나의 역량 파악하기: 쉬어야 할 때가 언제인지 알기
- 과거의 나 용서하기: 실수에 대해 너그러운 마음을 갖고 여정을 계속해나가기
- 나의 진실한 가치 지키기: 나의 진실에 충실한 태도로 인생을 이끌어나가기
- 나 자신 표현하기: 내가 아끼는 사람들과 나의 연약한 속마음에 관해 이야기하면서 열린 대화 나누기
- 도움 요청하기: 도움이 필요할 때 친구에게 기대거나 지도자와 얘기하기

더 안정적인 나 자신이 되기 위한 일곱 가지 데이트

스스로를 더 많이 알아갈수록 몸으로 느껴지는 안정감도 더 커집니다. 안정감과 내적 자신감을 키우려면 자기 자신과의 데이트를 하라고 제가 권하는 이유도 이 때문입니다. 어쩌면 당신은 이미 혼자 있는 시간을 완전히 즐기고 있을 수도 있습니다. 만약 그렇다면 당신이 할 일은 더 의도적으로 그 시간을 보내는 것입니다. 만약 혼자 시간을 보내는 게 힘들다면 나 자신과의 데이트를

정기적으로 연습해보세요. 이 연습은 당신의 자존감을 높여주고, 자기 자신과 새로운 방식으로 연결될 수 있도록 도와줍니다.

데이트 시간은 하루 종일이 될 수도, 한나절이 될 수도, 30분이 될 수도 있습니다. 이 시간은 나 자신과의 관계를 공고히 하는 습관을 만드는 데에 도움이 될 겁니다. 아래에 나와 있는 나 자신과의 데이트 주제를 한 가지 혹은 그 이상 고른 뒤 매주 실천해보세요. — 자신만의 데이트 아이디어를 떠올려봐도 좋습니다.

- 명상, 심상화 또는 호흡 연습하는 시간 가지기
- 좋아하는 노래에 맞춰 육감적이고 장난스러운 춤 추기
- 허브 목욕을 한 뒤 몸에 오일을 발라 스스로 마사지하기
- 예술의 밤을 열어 직관적인 그림 그려보기
- 단체 수업에 등록하여 사람들 사귀기
- 나 자신에게 멋진 저녁을 만들어주거나 나가서 저녁 먹기
- 나 자신과 이상적인 데이트하기

내 마음 관찰하는 법 배우기

이 책을 어느 정도 읽어보았으니, 저는 당신에게 연습 하나를 제안하고자 합니다. 이 연습은 자신의 마음을 관찰하고, 생각에 끌려다니는 사람이 되기보다는 그것을 지켜보는 사람이 되는 연습입니다. 자신의 마음을 지켜보면 스스로를 의식하는 능력도 커

집니다.

마음은 끊임없이 오만 가지 생각과 이야기들을 만들어냅니다. 마음은 우리가 겪은 모든 경험에 의미를 갖다 붙이고, 미래의 일을 예측하는 자동적인 틀을 만듭니다. 이것이 바로 우리의 마음이 안전을 확립하려는 방식입니다. 하지만 과거가 현재에 영향을 미치도록 놔두고 있는 한, 우리는 삶이 자연스레 펼쳐지도록 하기보다는 이미 결정지어진 대본을 따라 살게 되기 때문에 이러한 안전의 느낌은 거짓된 것입니다.

바로 이런 이유로, 자신의 생각을 모두 믿지는 말아야 합니다. 생각에 따라 즉시 행동하기보다는 속도를 늦추고 심호흡을 한 다음 스스로에게 이렇게 물어봐야 합니다. "이 생각이 진실이라고 느껴지는가? 아니면 이 생각은 과거의 경험에 기반한 것인가? 그것도 아니면 이 생각은 아무 의미 없는 것인가?" 그러면 그 생각에 반응할지 그것을 놓아버릴지 결정할 수 있습니다. 자기 관찰은 내면 작업과 자기 자신을 알아차리는 연습에서 필수적입니다. 스스로를 관찰할 때는 판단하고, 비판하고, 탓하는 마음이 아닌 호기심과 연민의 마음으로 관찰해야 합니다.

차차 책을 읽어나가면서 그리고 자신의 마음을 관찰하는 법을 배우면서, 당신은 자신의 생각 중 어떤 것들은 스스로를 지키기 위해 존재한다는 것을 알게 될 겁니다. 에고ego는 바로 이 지점에서 생겨납니다. 에고는 당신의 자아상과 정체성을 지키기 위한 방어 메커니즘으로 작용합니다. 고통의 가능성으로부터 당신을 보호하기 위해서지요. 하지만 당신의 자기 보호 기제와 방어적인 생각들 중 몇몇은 사실 당신을 사랑과 분리시키고 있으며, 당신을 온전히 표현하지 못하도록 막고 있습니다. 가끔 당신의 생각들은 이렇게 말할 것입니다. "사랑을 받아들이는 것은 안전하지 않아", "진정한 나 자신으로 존재하는 것은 안전하지 않아." 이 생각들은 애정과 인정을 얻기 위해서는 자기 자신의 진실을 억눌러야 한다고 말하기도 하지요. 저는 당신이 진정한 자신으로 존재하는 연습, 기꺼이 자신의 연약한 모습을 인정하는 연습을 하면 좋겠습니다. 우리는 이 과정 안에서 어느 정도의 위험을 감수할 겁니다. 사람들에게 진정한 당신을 보여주기 위해서는 솔직하게 자신의 속내를 드러내는 것이 중요하기 때문입니다.

우리는 종종 패턴 속에 갇히기도 하고, 마음이 이야기를 지어내게 놔두기도 합니다. 그리고 그 이야기대로 행동하고 사랑으로부터 우리 자신을 단절시킴으로써 잠재의식적으로 그 이야기를 입증하려고 합니다. 이렇듯 통제를 통해 안전한 느낌을 만들고자 시도하는 것은 우리의 마음입니다. 이 패턴에서 해방되려면 반드시 '주시자 의식'(패턴을 바라보는 사람이 되는 것)이라 불리는 것을 연습해야 하며 미지에 순응해야 합니다. 우리는 생각 패턴과 습관이 떠오를 때 그것들을 애정 어린 시선으로 관찰할 수 있으며, 그간 계속해서 반복하도록 훈련되어왔던 부정적인 반응과 거리를 둘 수 있습니다. 사실상 자신을 의식할 수 있는 사람과 그럴 수 없는 사람의 유일한 차이는 자신의 생각과 진실을 구분하고, 마음에 이의를 제기할 능력의 유무입니다.

다음에 부정적인 생각, 비판, 판단이 생겨나면 깊은 호흡을 하며 스스로에게 이렇게 물어보세요.

- 나의 어떤 부분이 이러한 판단으로 나 자신을 보호하고 있을까?
- 나의 어떤 부분이 이러한 생각으로 내 주변을 통제하려 하고 있을까?
- 이 생각은 사랑에서 나온 것일까 아니면 두려움에서 나온 것일까?

만일 마음을 관찰하는 법을 배우지 않는다면, 우리는 결국 모든 두려움과 비판과 판단을 믿어버릴 것입니다. 우리 마음이 만들어낸 문제는 우리가 세상을 경험하는 방식을 형성할 때까지 계속 커집니다. 어떤 경우에는 이것이 우리의 생계에 해가 되거나 불이익이 되기도 합니다. 트라우마와 두려움은 우리 마음에 몰래 기어들어 집을 짓고 삽니다. 그러니 주의를 충분히 기울이지 않는다면 우리는 트라우마와 두려움에 휩싸인 채 삶을 살아가게 될 수도 있습니다. 만약 당신이 마음을 가만히 내버려둔다면 마음은 당신이 가치 없고 사랑받을 수 없는 존재라고 말하면서 온갖 거짓말을 속삭일 겁니다. 어둠을 믿지 않는 방법을 배우려면 연습이 필요합니다. **치유 작업은 이야기에 집착하지 않은 채로 그것들을 관찰하는 법을 배우는 작업입니다.**

나 자신과의 내적 관계가 모든 관계의 기초다

과거에 받았던 상처들과 훈련된 두려움의 반응은 관계 속에서 고개를 쳐듭니다. 치유되기 위해 여전히 우리의 사랑과 관심이 필요한 부분들이 있다는 신호인 것이죠. 만약 우리가 아는 것이 혼란뿐이라면 우리의 관계도 혼란스러울 것입니다. 만약 우리가 보고 배운 것이 기만, 배신, 모순뿐이었다면 우리의 관계 역시 같은 것을 반영할 것입니다. 우리 모두는 관계 패턴을 가지고 있으며, 치유 작업을 마치기 전까지는 모든 상호작용 속에서 이 패턴들을 계속 재현할 것입니다. 심신이 안정되어 있고 내적 중심이 잘 잡혀 있을수록, 우리가 내면에 만들어왔던 그 편안한 느낌을 그대로 반영해주는 관계를 맺을 공산도 커집니다.

자아 가치감(self-worth)과 자존감은 '모든' 관계 속에서 나 자신을 나타내는 방식에 영향을 미칩니다.

자존감을 높이고, 그동안 단절된 채 살아왔던 자기 자신의 일면들과 관계를 공고히 하는 일은 모두 통합이라는 목적을 위한 것입니다. 통합된 당신은 가슴 중심적인, 온전한 자기 자신을 완전히 표현하게 되고, 또 체현하게 됩니다. 이런 당신은 감정적으로 예민해지고 연약해질 권리, 감정에 동조될 권리를 되찾음으로써 세워집니다.

관계 문제 대부분은 여러 불안들, 즉 자기 의견을 주장하는 것에 대한 두려움, 혼자 남겨지는 것에 대한 두려움, 사랑받지 못하는 것에 대한 두려움, 외로움에 대한 두려움에서 기인합니다. 하지만 당신이 더 이상 공허함을 채우거나 스스로를 의심하는 목소리를 잠재우기 위해 다른 사람을 필요로 하지 않을 때, 당신의 관계가 어떻게 달라질지 상상해보세요. 즉, 호혜적인 사랑을 나눌 사람을 찾겠다는 단 하나의 목표로 관계를 추구하는 것이죠. 관계를 인정받음의 원천으로 이용하게 되면 다른 사람 속에서 자기 자신을 쉽게 잃어버립니다. 또, 자신이 열망했던 감정을 느끼는 수단으로 관계를 이용하게 되면 외부에 너무 기대게 됩니다. 그러면 우리는 더 이상 내면 세계에 대한 어떠한 관리도 하지 않게 되지요. 관계가 인정 또는 안정감의 주요 근원이라고 여기면서 거기에 너무 기대면 그 관계는 거래적인 관계가 됩니다. 그러면 위험을 알리는 적신호를 완전히 알아차리거나 나만의 경계선을 지키지 못할 것이고, 진정으로 긍정적인 변화를 만들지도 못할 것입니다. **바로 이런 점 때문에 건강하고 의식적인 사랑이 당신으로부터 시작되는 것입니다.**

우리는 자신이 어떤 대상에 마음이 끌릴지를 선택할 수 없습니다. 하지만 치유 작업은 우리가 어떤 사람 혹은 어떤 것에 마음이 끌리는지에 대해 상당히 깊은 영향을 미칠 수 있습니다. 치유 작업의 가장 중요한 부분은 자기 자신에게서 안정감을 느끼는 것입니다. 그러면 우리는 되풀이하여 똑같은 상황에 빠져들지 않으면서도 최상의 내 모습과 공명하는 사람, 장소, 환경을 선택할 수 있습니다.

끌림 치유하기

한 여성은 제게 이런 말을 했습니다. "저는 똥차 수집가예요." 제가 물었습니다. "똥차 수집가요? 그게 뭔데요?" 그녀가 대답했습니다. "그러니까, 사귈 사람을 잘 고를 수 있는 안목이 없어서 계속 잘못된 사람을 고르는 거요." 그때부터 저는 그녀와 비슷한 말을 하는 수천 명의 여성을 관찰했습니다. 그들은 건강하고 의식적인 관계를 열망하고는 있지만 여전히 감정적으로 교류할 수 없고 아주 회피적이며, 성장하기를 크게 꺼리는 사람들에게 끌리고 있었습니다. 이들은 안정적인 사람을 만나면 지루해했지요. 이런 좌절스러운 악순환 때문에 어떤 이들은 사랑 문제에 관해서는 스스로를 신뢰할 수 없다고 느끼기도 합니다. 우리는 흔히 익숙한 것을 선택하곤 합니다. 그것이 불만스러운 상황에 가만히 머물러 있는 것을 뜻한다고 해도 말입니다.

어쩌면 당신은 실질적으로 자신에게 건전한 상대가 되어줄 수 있는 그런 파트너에게 영영 끌림을 느낄 수 없을까 봐 걱정했을 수도 있습니다. 저도 공감합니다. 하지만 동시에, 저는 당신이 건전한 사람에게 끌림을 느낄 수 있다고 확신합니다. 솔직히 말하자면 저도 20대 시절 내내 위험하지만 성적으로 매혹적이라고 느껴지는 사람들에게 계속해서 끌렸습니다. 저는 안정성과 안전한 느낌이 지루했고, 지속적이고 건강한 관계를 맺기 위해서는 훌륭한 섹스와 열정을 포기해야 한다고 믿었습니다. 저의 패턴은 '나쁜 남자'를 만나는 것이었습니다. 나쁜 남자를 만나며 마음이 망가질 대로 망가지면 다시 '착한 남자'로 마음을 회복했지요. 저는 30대가 되어서야 벤을 만났습니다. 이때 저는 어린 시절의 상처에 대한 깊은 내면 작업을 하고 나서, 사랑을 하며 얻을 수 있는 것들에 대한 저의 제한적인 신념들을 명확히 보게 되었습니다. 그리고 이런 단순한 깨달음을 얻었습니다. "제한적인 신념들은 거짓이다." 저는 저와 똑같이 말하는 수많은 여성들과 작업을 같이했습니다. 그들은 훌륭한 섹스, 열정, 잘 맞는 성격, 원활한 소통, 서로를 향한 헌신 모두를 원했습니다. 약속하건대, 이 모든 것이 다 가능합니다!

흥분을 느낀다고 해서 그 흥분에 따라 행동해야만 한다는 것은 아니라는 점을 기억하는 것이 중요합니다. 누군가에게 끌림을 느낀다는 것이 곧 무엇인가를 해야만 한다는 뜻은 아니지요. 당신은 굳이 섹스를 할 필요도 없고, 호기심이나 열정, 욕망, 열망이 느껴지지 않는 사람과의 관계를 추구할 필요도 없습니다. 에너지는 그저 에너지일 뿐이며 당신의 몸으로 느껴지는 모든 느낌은 당신의 것입니다. 당신은 치밀어 오르는 모든 끌림을 따르는 대신, 그 에너지를 운용하여 자신의 창조성과 내면 작업의 연료로 쓰겠다고 선택할 수 있습니다.

우리의 끌림은 고정되어 있는 것이 아닙니다. 끌림은 계속 성장하며 바뀌고 있는 우리의 내적 관계를 반영합니다. 누군가에게 끌림을 느낄 때 자기 관찰을 하면 할수록, 스스로에 대해 더 많은 것을 배울 수 있습니다. 이것이 우리가 끌림을 느끼는 사람의 유형을 바꾸는 첫 단계입니다.

올바른 관계에 동조되기

설렘이 가득한 관계 초기는 매우 열정적인 시기입니다. 이때는 신이 나서 파트너가 될 수도 있는 그 사람의 자질을 꼼꼼히 확인해야 한다는 사실을 잊어버립니다. 아직은 데이트 초기 단계이며, 서로를 더 알아가야 한다는 점을 까먹는 것이지요. 내가 어떤 사람인지, 내 꿈이 무엇인지, 내 목표가 무엇인지, 파트너 관계에서 내가 주고 싶은 것과 받고 싶은 것이 무엇인지에 대해 그 사람과 더 깊은 대화를 해봐야 합니다.

상대를 꼼꼼히 알아보면 이 파트너 관계가 나와 정말로 조화를 잘 이루고 있는 것인지, 아니면 그저 성적으로만 끌리는 것인지를 구분할 수 있습니다. 이 둘 사이에는 큰 차이점이 있습니다. 어떤 사람에게 상당한 성적 매력과 끌림을 느낀다 해도 그 사람과 함께 파트너 관계의 더 깊은 단계까지 나아가기는 힘들 수도 있습니다. 우리 중 많은 이들은 습관적으로 관계 초기에 느껴지는 설렘을 추구하며, 그 강렬한 느낌이 영원히 계속되어야 한다고 생각하는 잘못을 저지릅니다. 하지만 관계 초기의 설렘은 언젠가 끝이 납니다. — 자연의 섭리가 그렇게 설계해두었습니다. 하루 종일 새로운 사랑에 들떠서 섹스만 한다면 결국 많은 일을 이룰 수 없게 되고, 책임감도 가질 수 없으며, 가족을 보살필 수도 없습니다!

하지만 장점도 있습니다. 관계 맺는 법을 일종의 영적 수행으로서 배워가면 훨씬 더 심층적인 감정들을 느낄 수 있습니다. — 시간이 흐르면서 받게 될 이 선물은 처음에 느꼈던 즐거움과 흥분의 호르몬을 훌쩍 뛰어넘을 만한 것입니다. 당신이 열망하는 유형의 관계를 맺기 위해서는 당신 스스로가 그런 관계에 어울리는 사람이 되어야 합니다. 그리고 그런 사람이 되기 위해 할 수 있는 일 중 하나는 자신의 가슴, 몸, 마음과 명확하고 직접적인 소통을 하는 것입니다. 이것이 가능해지면 당신은 파트너 관계의 모든 단계에서 의식적일 수 있습니다.

반면, 수많은 과거의 고통을 숨겨두고 있는 사람이라면 초기 데이트 단계 이상으로 누군가를 받아들이기가 힘들 수도 있고, 이 문제에 대해 상당히 조심스러울 수도 있습니다. 만약 당신이 마음을 꽉 닫은 채 살아왔다면, 당신이 사랑에 마음을 더 열 수 있도록 내면 작업이 도움을 줄 것입니다. 만약 당신이 관계에 급하게 뛰어드는 경향이 있다면, 내면 작업은 당신이 좀더 느긋해질 수 있도록 도와줄 것입니다. 이렇게 내면 작업을 하면 당신이 더 깊이 알아보고 싶은 사람을 만났을 때 당신은 충분히 준비된 상태가 되어 있을 겁니다.

자기 연민 가지기

정신을 차리고 깨어나서 치유 여정을 시작하기 전까지는 반복적인 악순환에 오랫동안 빠져 있기가 쉽습니다. 이에 대해 부끄러워하지 않아도 됩니다. 따져보면 같은 패턴을 반복하며 살아왔던 것이 오히려 더 이치에 맞는 일입니다. 왜냐하면 어떤 면에서, 우리는 과거에 일어났던 일에 대한 해결을 원하고 있거나 상처를 치유하려 하고 있기 때문입니다. 자신의 사랑 패턴을 알아가는 동안, 왜 전에는 이걸 몰랐을까 하고 자책하거나 시간을 되돌려 과거를 바꾸려 하기보다는 스스로에게 연민의 마음을 가지고 앞으로 나아가세요. 그리고 당신의 인생 경험에서 배울 점을 찾아보세요.

기억해야 할 것들

- 나 자신과의 관계는 내가 살면서 맺는 모든 관계의 기반이 됩니다.

- 내면 작업을 하기 위해서는 나의 마음, 감정, 현실에 대한 근본적 책임을 져야 합니다.

- 지금 진정한 나 자신과 약간 동떨어져 있다고 느껴져도 괜찮습니다. 마음을 너그럽게 가지고 스스로에 대한 자비를 연습하세요.

- 나 자신과의 관계를 재건하는 것은 내 생각을 관찰하는 법을 배우고, 내 몸과 감정에 다시 연결되는 점진적인 과정입니다.

- 관계 패턴을 치유하는 것은 나 자신을 고치는 일이 아니라 나의 온전함을 되찾는 일입니다.

우리는 기분이 더 나아지기 위한 혹은 어떤 것을 덜 느끼기 위한

전략을 짜는 데 너무 많은 시간을 할애합니다.

내 안에서 지금 나타나는 감정이 무엇이든

그냥 그것들을 온전히 느껴보는 것은 어떨까요?

그것들을 환영할 수 있나요?

어린아이 혹은 소중한 것을 대하듯

그 감정을 사랑으로 보살필 수 있나요?

같은 방식으로, 슬픔과 비통을 사랑해줄 수 있나요?

우리는 감정에 꼬리표를 붙이고,

감정을 온전하게 표현할 수 없도록 스스로를 제한합니다.

좋음, 나쁨, 긍정적임, 부정적임, 너무 격함…

우리는 어떤 것을 받아들이고 어떤 것을 거절해야 할까요?

이 모든 것은 미지 속으로 여행을 떠날 수 있는

우리의 능력치를 반영합니다.

만일 우리가 이런 꼬리표들을 기꺼이 떼어버린다면,

남는 것은 에너지뿐입니다.

3장

몸의 지혜로 되돌아가기

인지하고 있든 아니든, 우리 모두는 에너지에 민감한 존재들입니다. 예를 들어, 어느 곳을 걸어 다니다 왠지 안 좋은 느낌을 느끼는 것은 몸이 에너지에 반응한 것입니다. 기분 좋은 기운이 감돌고 있음을 느끼는 것 역시 몸이 에너지에 반응한 것입니다. 하지만 우리는 논리를 우선시하고, 감성적인 성향에 '약함, 잘 흔들림, 믿음직하지 못함'이라는 프레임을 씌우는 문화 속에 살고 있습니다. 이런 문화가 몸이라는 집에 거하는 것을 어렵게 만들긴 했지만, 스스로에게 힘을 부여하고 자신만의 단단한 기반을 세우는 방법을 통해 자신의 민감성에 다시금 다가가는 것은 충분히 가능한 일입니다.

2장에서는 마음을 관찰하는 법을 이야기했습니다. 이번 장에서는 몸 그리고 에너지적 환경으로 의식적인 관계를 창조할 수 있는 길을 개척해볼 것입니다. 그러면 몸의 지혜와 다시 연결되고, 모든 감정을 분별 없이 온전히 느끼는 능력을 키울 수 있을 겁니다.

우리가 내면 작업을 하며 마주할 수 있는 가장 어려운 문제는, "자기 진정(self-soothe)은 어떻게 하는 것인가?" 또는 "내면 작업 중 떠오르는 격한 감정, 에너지, 느낌들은 어떻게 처리하는가?"와 같은 문제들입니다. 자신의 몸과 조화를 이루고 있지 않으면 스스로에 대한 불신과 수치심을 불러오는 방식, 몸과의 더 큰 단절을 만들어내는 방식으로 반응할 수도 있습니다. 우선, 몸으로부터의 단절은 종종 자신의 분노 또는 슬픔을 거부하거나 불신하는 이유가 되기도 합니다.

하지만 몸에 귀를 기울이고 자신의 감정 하나하나를 온전히 느껴줄 수 있다면 더 안정적이고 자기 표현적인, 자신감 있는 사람이 될 수 있습니다. 몸에 거하는 것은 치유에 있어, 그리고 나의 진실로 돌아가는 데 있어 핵심적인 요소가 됩니다. 몸에 거하게 되면 자신의 경계선, 핵심 가치, 직관을 스스로 알아차릴 수 있게 됩니다. 이 책을 쭉 따라가다가 뭔가가 어려워질 때면, 여기에 나오는 연습과 가르침에 의지함으로써 내적 중심을 바로잡을 수 있습니다.

우리는 왜 몸에서 느껴지는 감정을 외면하는가

많은 이들이 삶의 아주 이른 시기에 자신의 몸에서 느껴지는 감정을 외면합니다. ─ 이는 종종 유년 시절의 트라우마, 학대, 버림받음에서 기인하며 감정적 방치도 한 원인이 될 수 있는데, 이러한 감정적 방치는 사랑이 많은 부모님 밑에서 자랐다고 하더라도 충분히 일어날 수 있는 일입니다. 이에 대한 대응인 폭식, 운동 중독, 제한적 음식 섭취 장애, 중독성 물질의 사용, 과도한 분석, 감정을 억제하는 논리로 돌아가기, 친밀감 회피 등은 모두 스스로를 둔감하게 만들고 몸에서 느껴지는 감정을 외면하려는 시도일 수 있습니다. 따라서 패턴에 가로막힌 기분이 들고 우리가 원하는 변화를 만들 수 없을 것 같다고 느낄 때, 우리의 몸은 치유를 위해 더 많은 지원이 필요할 가능성이 큽니다.

아이였을 때, 우리의 신경계는 갈등, 접촉, 연결 그리고 분노, 슬픔, 기쁨, 즐거움 등의 감정에 어떻게 반응할지에 대한 체계를 만듭니다. 어렸을 때 큰 사건을 겪었다면 신경계가 딱딱하게 굳거나, 아양을 떨거나(남의 비위를 맞춤), 마음을 닫아버리거나, 투쟁-도피(fight-or-flight)* 모드에 들어갈 수 있습니다. 우리의 몸은 이에 적응해 성인이 되어서까지 과거의 트라우마적인 경험이 마치 아직도 일어나고 있는 것처럼 계속 반응할 수도 있습니다. 치유를 위

---

* 야생에서 호랑이를 마주한 것과 같은, 급격한 스트레스를 주거나 생존을 위협하는 상황에 대한 반응으로, 싸우거나 도망치기 위해 교감 신경이 활성화되는 현상을 말한다.

한 방편, 시간 또는 적절한 공간이 없다면 신경계가 트라우마를 놓아주는 데 필요한 자극을 받을 때까지 이 감정적인 악순환에 갇힐 수 있습니다.

이렇게 되면 나 자신을 믿는 것이 어렵고 혼란스럽게 느껴질 수 있습니다. 어쩌면 우리는 "몸이 하는 말은 믿을 수 없다"고 생각할 수도 있습니다. 몸이 언제 과거의 두려움에 반응하는 것인지, 또 언제 실제 위협에 반응하는 것인지 확신할 수 없기 때문입니다. 하지만 우리 몸에서 느껴지는 모든 감각은 메시지입니다. 몸의 메시지들을 인정하기 위해 알아야 할 것은 오직 이뿐입니다. 그 위협이 진짜이든 그렇지 않든 별로 중요하지 않습니다. 만약 당신이 안전하다고 느끼지 못한다면, 그것은 몸이 당신에게 변화를 요구하는 것입니다. 천천히 그리고 고요히 몸의 소리를 들을 수 있는 환경 혹은 장소로 들어가 몸이 당신에게 전하려고 하는 메시지에 반응해보세요.

우리는 몸의 감각을 무시하거나, 정당화하거나, 고칠 필요가 없습니다. **그저 불편한 감각을 온전히 느끼는 법을 배우는 것, 몸이 원하는 대로 움직일 수 있게 놔두는 것이 곧 치유입니다.** 감정에 저항하면 결국 불편함을 더 오래 붙잡고 있게 되며, 악순환을 끝낼 수 없게 됩니다. 저항은 피로, 신체적 통증, 불안, 스트레스로 나타날 수 있습니다. 몸의 소리를 듣게 되면 몸에 축적된 감정들을 어떻게 배출할 수 있는지 직감적으로 알게 됩니다. 어쩌면 우리는 흔들고, 점프하고, 공중 발차기를 하거나 베개에 주먹질을 하고, 뛰쳐 나가고, 다리를 문지르거나 마사지하고, 물에 풍덩 빠지고 싶다는 충동을 느낄 수도 있습니다. 이 모든 행동은 우리가 에너지를 처리하도록 도와주는, 우리 몸이 본래 갖추고 있는 지성을 보여주는 예시들입니다.

우리 중 많은 이들이 몸에 거하기보다 머리에 거하며 사는 경향이 있습니다. 몸에 거한다는 것은 곧 느낀다는 의미입니다. 두려움, 불안, 스스로가 무가치하다는 느낌과 함께 대대손손 물려받은 가족 트라우마를 몸에 지니고 있다면 느낀다는 것은 정말로 무서운 일이 될 수 있습니다. 하지만 주로 머리에 거하면서 몸과 단절되면 내적 앎과도 단절됩니다. 모든 문제가 어떤 것에 대해 세세하게 생각한다고 해서 해결되지는 않습니다. 나의 몸은 나를 위한 지혜의 아름답고도 지적인 근원입니다. 온전히 존재한다는 것은 나의 머리, 몸, 가슴이 나를 인도하기 위해 조화를 이루며 일하고 있다는 의미입니다. 깊이 연결된 머리, 몸, 가슴은 통합된 존재, 영적인 존재가 만들어낼 수 있는 눈부신 결과입니다.

머리에 거해 있을 때의 모습

- 왜 이런 느낌이 드는지 즉시 분석하려 함
- 감정은 논리적이지 않기 때문에 감정을 부정함
- 몸 중심 언어를 억제하고 생각 중심 언어를 사용함: "내 생

각에는" vs "내가 느끼기에는"

- 무언가를 느끼지 말라고 스스로를 설득함
- 왜 이런 감정을 느끼는지 정당화하려고 노력함
- 자신의 감정에 대해 과할 정도로 많이 설명함
- '둔감한' 느낌 혹은 감정적으로 단절된 느낌
- 감정과 감정표현을 나약한 것 또는 수치스러운 것으로 봄
- 감정에 대한 평정심을 가치 있게 여김
- 감정이 아무 가치나 목적을 지니고 있지 않다는 듯이 '사실'에만 초점을 맞춤

몸에 거해 있을 때의 모습

- 내면에 동조되어 있으며 감정이 떠오를 때를 알아차리고 그것에 이름을 붙임: "나는 슬픔/분노/기쁨/긴장을 느낀다."
- 몸의 감각이 어디서 느껴지는지 위치를 알아내고, 그 감각을 감별함: "나는 배에서 긴장을 느낀다. 내 가슴은 위축된 느낌이 들고 턱에서도 긴장이 느껴진다."
- 어떤 생각이 났을 때 "내 생각에는"이라고 하고 어떤 것을 느꼈을 때 "내가 느끼기에는"이라고 말하며 둘의 차이를 알고 있음
- 느낌과 감각을 정당화할 필요 없이 있는 그대로 존재할 수 있도록 허용함

- 몸속 에너지가 움직일 수 있는 기회를 만듦(춤추기, 베개에 대고 소리 지르기, 울기, 심호흡하기)

머리, 몸, 가슴의 연결이란

- 생각, 감각, 감정을 구분 지을 수 있음
- 어떤 결정을 내리기 전이나 대화를 시작하기 전, 강렬한 감정을 처리하기 위한 시간과 공간이 필요하다는 것을 인지할 수 있음
- 몸을 신뢰하고, 나를 위한 몸의 메시지를 자기 판단 없이 탐구함
- 마음이 이야기를 지어내거나 스스로에 대해 비판적일 때 그것을 알아차리고 호흡으로 돌아감
- 생각을 너무 과하게 하고 있거나 두려움과 걱정의 소용돌이 속에 빠져 있을 때 이를 알아차리고 몸에 현존함
- 격한 감정에 압도되어 있을 때 호흡 연습, 내면아이 심상화를 하며 스스로를 진정시키거나 지원을 요청함
- 때에 따라 감정과 논리를 모두 가치 있게 여김
- 삶 속에서 마법 같은 일이나 직감, 설명할 수 없는 동시성이 일어날 수 있다고 생각함

거짓 자아의 근원

어렸을 때 우리는 어떤 것이 안전한 감정이며 어떤 것이 거절, 수치, 조롱 또는 무력감이라는 결과를 낳는 감정인지 배웠습니다. 우리 중 많은 이들은 자신의 감정을 다루는 방법 때문에 벌을 받기도 했습니다. 어쩌면 '얌전히 굴' 때까지 혼자 남겨졌을 수도 있습니다. 어린 인간이었던 우리의 뇌와 신경계는 보호자와 계속 동조되어 있었습니다. 우리는 큰 감정 기복을 이겨낼 수 있도록 도와주고, 무언가를 느껴도 괜찮다고 가르쳐주고, 내 감정에 압도되었을 때 내 얘기를 들어줄 보호자가 필요했습니다.

하지만 대부분은 이런 양육을 받지 못했기 때문에, 우리는 다른 방법들로 세상에 적응했습니다. 우리가 필요로 하는 사랑과 관심을 얻을 수 있는, 혹은 사람들과 멀어져 필요를 충족하지 못하는 고통으로부터 보호받을 수 있는 방법을 찾은 것이지요. 생애 첫 관계인 보호자와의 관계 초기에 우리는 '적응하는 자아' 또는 '거짓 자아'를 형성하기 시작합니다. 거짓 자아는 '가면' 또는 '방패'로 불리기도 합니다. 우리는 트라우마 혹은 상처받거나 배신당한 감정에 대한 반응으로 가면을 씁니다. 그리고 더 이상 '진짜 자아'를 드러내지 않습니다. 진짜 자아를 드러내는 것이 안전하지 않음을 배웠기 때문입니다.

종종 우리는 성인이 되어서도 계속 가면을 쓰는데, 그러면 건강한 관계를 맺는 것이 어려워집니다. 우리는 경계심을 갖고 방어적인 사람이 되거나 마음을 닫아버리기도 하며, 자신의 진실을 억누르기도 합니다. 어쩌면 우리는 내심 사랑과 관심을 갈망하고 있으면서도 겉으로는 냉담한 사람처럼 보일 수도 있습니다. 또, 속으로는 꽤 감성적이고 남의 시선을 의식하고 있지만, 표면적으로는 거칠고 가혹한 사람일 수도 있습니다. 우리는 사랑을 찾거나 사랑을 유지하는 것에 대해 불안해하고 있기에, 진심이 아닌 말이나 행동을 하기도 합니다.

생존자의 가면

저는 어린아이였을 때 매우 감성적이었고, 제 가슴속에서 너무나 큰 공감과 연민의 물결이 이는 것을 느낄 수 있었습니다. 저는 제 주변에 있는 모든 사람이 사랑을 느낄 수 있게 해주고 싶었고, 제가 만난 모든 동물들을 치유해주고 싶었습니다. 하지만 무엇보다도 제가 원했던 것은 엄마를 고통으로부터 구해주는 것이었습니다.

제가 세 살이었을 때, 엄마는 늦은 밤에 저를 깨우곤 했습니다. 저를 안은 엄마는 울면서 자신의 트라우마적인 과거 이야기들을 들려주었습니다. 그 당시 눈물을 흘리던 엄마가 얼마나 괴로워했었는지 기억이 납니다. 저는 엄마의 고통스러운 학대 이야기를 저의 작은 몸으로 소화해내야 했습니다. 저는 혼란스러웠고, 그 이야기에 완전히 압도되어 버렸습니다. 할머니가 엄마를 아프게 했듯, 사람들이 왜 자신이 사랑하는 누군가를 아프게 하는 건지 이해할 수 없었지요. 저는 엄마의 고통을 치유해주기 위해 엄마를 돌보는 것이 저의 일이라고 느꼈습니다.

시간이 지나 제가 열두 살이 되었을 무렵, 저는 신체적, 정서적으로 여러 번 버림당하는 것을 견디며 살아왔었습니다. 또, 위탁 가정에서 신체적으로 유린당한 경험도 있었습니다. 엄마가 중독, 우울증, 자살 시도와의 싸움을 벌이는 것을 지켜봤었던 저는 이제 약물로 스스로를 둔감하게 만드는 습관이 들기 시작했습니다. 제 안의 감성적인 어린 소녀는 방어기제를 만들어 딱딱하게 굳어버렸고, 경계심이 많아졌습니다. 저의 방어막을 뚫을 수 있는 사람은 아무도 없었습니다. 저는 화가 많아지고 거칠어졌으며, 방어적인 못된 사람이 되었습니다. 저는 누구의 말도 듣지 않았고, 아무리 애를 써도 사랑을 받을 수 없었습니다.

저는 '생존자*의 가면'을 썼습니다. 생존자의 가면이란, 연약하면 안전할 수 없다고 믿을 때 전형적으로 쓰게 되는 가면입니다. 이 가면은 우리를 지켜주고, 엄청나게 독립적인 사람의 분위기를 풍기게 해줍니다. 하지만 궁극적으로, "난 나 말고 아무도 필요 없어"라는 만트라는 가장 도움이 절실했을 때 받았던 상처 또

---

* 국내에서는 생명이 위험한 상황에서 살아남은 사람만을 생존자라고 칭하는 경향이 있지만, 더 넓게 보면 충격적인 사건을 목격 또는 경험했거나 그러한 사건을 지속적으로 겪어온 사람도 생존자에 속한다.

는 실망에 대한 대응입니다. **생존자 유형의 사람들은 관계에서의 유대감을 포기하고, 자기 보호를 최우선으로 삼도록 훈련됩니다.**

저는 공격적이고 거칠었는데, 이런 성향은 저의 감성적인 본성과 작은 몸집 때문에 남에게 이용당한 적이 너무 많았기 때문이었습니다. 저는 "나는 그런 것 따위 신경 안 쓴다"는 것을 세상에 알리는 가면을 썼습니다. 감성으로부터 저 자신을 완벽히 단절시켰으며 남이 함부로 건드리거나 상처를 줄 수 없는 그런 사람인 체했습니다. 하지만 터프한 외면과는 달리, 저는 너무나 큰 고통 속에 있었습니다. 저는 혼란스러웠고 두려웠으며, 인정과 사랑을 간절히 원하고 있었습니다. 학교 선생님들과 부모님들은 제게 '나쁜 아이'라는 딱지를 붙였습니다. 왜냐하면, 제가 자랐던 곳에서는 '나쁜 아이들'만 위탁 가정에 맡겨졌기 때문입니다. 어른들은 저를 안전하게 지켜주려고 있는 사람들이 아니었습니다. 그들은 저를 비난하기 위해 있는 사람들이었습니다. 제 마음속에 안전한 사람이란 없었고, 세상과 맞서는 저만이 있을 뿐이었습니다.

그래서 저는 도망갔습니다.

싸웠습니다.

약과 술로 고통을 잠재웠습니다.

위험한 사람들과의 이루어질 수 없는 사랑을 좇았습니다.

저의 가장 깊은 깨어남은 이혼이라는 사건에서 촉발되었습니다. 그때 저는 마침내 얼마나 많은 고통이 제 몸 안에 갇혀 있는지를 알아차렸습니다. 또, 제가 얼마나 깊이 스스로를 내버렸었는지도 알게 되었으며, 깊은 마음속에서는 제가 얼마나 민감한 사람인지도 알게 되었습니다.

우리가 쓰고 있는 가면을 인식하는 것은 우리에게 가장 강력한 힘을 부여해주는 치유 단계가 될 수 있습니다. 자신의 진정한 감정을 숨기거나 관계를 외면하는 방식에 대한 책임감을 가질수록, 우리는 이런 방패들을 치워버리고 철벽같은 방어체계를 풀게 됩니다. 그리고 자신의 민감성을 나타내기 위한 첫걸음을 떼어볼 수 있습니다. 마침내 이런 가면들이 전혀 필요 없어질 때까지 말입니다.

지금까지 여러 가면들은 당신에게 꽤 쓸모가 있었습니다. 어떤 경우에는 이런 가면들이 생존을 도와줬을 수도 있습니다. 하지만 이제, 당신은 당신만의 경계선과 연약한 면 모두를 보일 수 있는 방식으로 자신의 감정과 새로운 관계를 쌓게 될 것입니다.

감정 바라보기

좋은 감정이나 나쁜 감정 같은 것은 없습니다. 감정은 에너지일 뿐입니다. 그저 왔다가 가지요. 우리가 그 감정들에 저항하지 않고 우리 안에 머무르도록 한다면 감정들은 빠르게 지나가 변화될 것입니다. 하지만 우리가 감정을 억누르고 거부한다면 그것들은 더 큰 힘을 갖게 되어 다른 방식으로 표출될 것입니다. 즉, 몸의 긴장이나 감정조절장애(혼돈의 느낌, 혼란스러운 상태, 분열된 상태 또는 불명확한 상태) 같은 것들로 표출된다는 말입니다.

어떤 감정을 느끼게 됐을 때, 맨 처음에는 본능적으로 그것을 '해결'하려 할 수도 있습니다. 하지만 그러는 대신, 그 감정들이 우리의 행동을 지배할 수 없도록 하면서 감정과 함께 현존하는 법을 배워보세요. 감정을 통제할 수는 없지만 ― 그럴 필요도 없고 말입니다 ― 그 감정에 어떻게 반응할지는 선택할 수 있습니다.

감정이 올라온 순간, 처리할 수 없을 정도로 너무나 강렬한 그 감정에 압도될 때도 있습니다. 그래도 괜찮습니다. 모든 감정의 근원을 바로바로 파고들 필요는 없으니까요. (영영 그 핵심을 파고들지 않아도 괜찮고 말입니다.) 우리는 감정의 분석을 너무 중시한 나머지 거기에 집착하게 됩니다.

가끔은 그걸 머릿속에서 치워버리고 몸을 움직이는 것이 최고의 행동이 될 수도 있습니다! 춤추기, 달리기, 걷기 또는 직관적인 움직임 같은 것들이 모두 몸속 에너지를 작업하는 방법, 당신의 상태를 자연스럽게 바꿔줄 수 있는 방법입니다. 또 다른 때에는 '느리기(slowness)'라고 불리는 방법을 쓸 수도 있습니다. 느리기는 그냥 쉬면서 마음의 끼어듦 없이 몸의 처리 과정을 그대로 놔두는 것입니다. 이렇게 하면 안정된 상태에서 어떤 행위를 하거나 의식적인 결정을 내릴 수 있을 징도로 훨씬 여유로운 기분이 듭니다.

분노와 슬픔의 기본값

수백 명의 내담자들과 작업을 해보니, 스트레스를 받는 상황이나 갈등 상황에 놓여 있을 때 여성들이 나타내는 기본 감정은 크게 두 가지가 있었습니다. 하나는 분노(불), 나머지 하나는 슬픔(물)이었습니다. 우리 중 많은 이들은 방어적인 태도를 보이고 경계함으로써 분노를 표현하거나, 상대를 소유하려 하고 상대가 죄책감을 갖게 만듦으로써 슬픔을 표현하는 것이 기본값이 되어 있습니다.

만약 당신이 불 원소에 가까운 사람이라면 마음의 벽을 허물고 자신의 연약한 속마음과 부드러움을 더 많이 드러냄으로써 물 에너지를 들여오는 연습을 하는 것이 좋습니다. 반면, 당신이 스스로의 화를 차단해버리고 슬픔과 눈물만을 허락하는 편이라면, 당신은 확고한 경계선을 세울 수 없는 사람일 수 있습니다. 또, 자신이 원하는 것을 직접적으로 요구하기보다는 무의식적으로 다른 사람에게 죄책감을 심어주는 사람일 수 있으며, 관계 문제에서 자신의 감정을 감당하기 힘들어할 수도 있습니다. 불 에너지가 적고 물 에너지가 과도한 상태가 지속되면 어떤 행동을 취하는 대신 깊은 감정에 휩싸임으로써 교착 상태에 빠질 수 있습니다. **우리는 물과 불 사이에서 일어나는 건강한 약동을 원합니다. 이 둘이 적절히 조화를 이루어야 연약해져도 괜찮다는 허용의 마음을 낼 수 있으며, 가장 중요한 순간에 자신이나 다른 사람들을 위한 주장을 강하게 펼**

칠 수 있습니다.

큰 슬픔 또는 분노로부터 자기 자신을 분리시키는 일에 대부분의 삶을 바쳐왔다면, 이러한 새로운 감각들을 느끼는 것이 엄청난 혼란을 만들어낼 수도 있습니다. 이런 감정들 중 어느 것도 급하게 헤쳐 나갈 필요가 없다는 걸 알아두세요.

지금 당신의 지배적인 감정이 분노라면, 분노를 온전히 느끼는 시간을 가지세요. 그러면 자신의 내면 세계에 더 깊이 들어갈 수 있습니다. 만약 지금 이 순간 당신의 지배적인 감정이 슬픔이라면, 슬픔으로부터 배우세요. 그리고 감정이 흘러가게 놔두세요. 그러면 그 너머로 옮겨갈 수 있습니다. 꼭 기억해야 할 것은, 감정은 에너지이며 이 에너지가 흘러가게끔 허락할 때 변화가 일어난다는 점입니다.

분노 받아들이기

우리는 분노를 부정적인 것으로 보고, 심지어 무서운 것으로 보기도 합니다. 이는 '건강한 분노'의 본보기가 부족하기 때문입니다. 우리는 분노를 위험한 것으로 생각하게 되었습니다. 이는 과거사를 통틀어 봤을 때, 분노가 우리의 가족 체계 그리고 그 밖에서 소리 없는 배신과 비밀을 통해 분열을 일으키거나 폭력적이고 파괴적인 상황을 만들었기 때문입니다. 하지만 건강한 분노는 이것들과는 다릅니다.

분노는 다른 감정들만큼이나 신성하고 타당한 감정입니다. 우리가 아픈 이유는 분노를 느낀다는 사실 때문이 아니라, 너무나 자주 그것을 막아버리기 때문입니다. 우리는 분노가 폭발적이고 병적인 형태 또는 자제력을 잃어버리는 형태로 삐죽 튀어나올 때까지 그것을 막아버립니다.

분노는 또한 슬픔, 수치심, 두려움, 불안감 등 표면 아래에 깔려 있는 다른 연약한 감정들의 문지기 역할을 하기도 합니다. 이런 감정들이 우리를 종종 고통스럽게 만들긴 하지만, 연약한 감정들 각각은 우리 자신에 대해 무언가를 말해줍니다. 예를 들어, 두려움은 우리가 무언가를 조심해야 할 때임을 알려주거나 우리가 특정 결과에 얼마나 집착하고 있는지를 알려줍니다. 또, 불안감은 우리가 어떤 부분에서 스스로에 대한 신뢰를 쌓아야 할 필요가 있는지를 드러내줍니다.

다른 무엇보다, 분노는 경계선이 침범당했음을 알려주는 내적 신호입니다. 책임감 있게 행사하기만 한다면 분노는 자신의 진실하고 올바른 느낌에 동조되기 위해 어떤 행동을 취해야 할 때, 그 불을 지펴주는 연료가 될 수 있습니다. 그러나 분노가 우리에게 힘을 주는 게 아니라 오히려 우리를 잠식해버릴 때, 우리는 분한 마음이 넘쳐흐르는 상태에 갇혀버리게 됩니다. 분노를 느끼는 것이 당신을 덜 영적으로 만들지는 않습니다. 사랑, 슬픔, 즐거움, 격한 분노 등의 감정은 지구상에서 살아가는 인간이라는 존재의 일부입니다.

감정을 억누르면 온전한 표현으로부터 자기 자신을 자동적으로 차단하게 됩니다. 그러면서 창조성, 생명력, 열정, 온전함이 저해되고 제한됩니다. 분노는 문제가 아닙니다. 진짜 문제는 고통을 만들어내는, 분노를 다루는 능력의 부족과 분노에 대한 인간의 반응입니다. 통합된 존재, 온전한 존재가 되기 위해서는 내면에서 타오르는 불을 수용하고, 건강한 방식으로 분노를 바라보고, 충동을 조절하는 법을 배우는 것이 필수입니다.

내면의 불과 균형이 틀어진 느낌이 든다면 그라운딩grounding을 도와줄 수 있는 흙과 물의 원소를 활용하면 됩니다. 심호흡을 하고, 걸으러 나가고, 바다에 먹을 감으러 가거나 샤워를 하고, 양말과 신발을 벗고 맨발로 땅을 느끼면서 몸으로 돌아오세요. 우리 모두는 감정적인 흥분 상태로부터 진정할 시간이 필요합니다. 감정적으로 흥분한 상태에서 명료하게 생각하거나 부드럽게 의사소통할 수 있는 사람은 없습니다. 만약 감정적인 상태가 되었다면 나 자신의 에너지를 온전히 느끼고 내적 중심을 잡을 수 있는 여유를 좀 가지세요.

분노를 느낄 때 스스로에게 물어볼 것들

- 이 상황에서 내가 괜찮지 않다고 느낀 것은 무엇인가?
- 내가 안전하고, 존중받고 있으며 중요한 사람이라는 느낌

을 받기 위해 필요한 것은 무엇인가?

- 나는 내 진실을 억누르고 있는가?
- 나는 이 사람 또는 상황에 내 에너지를 쏟지 말아야 할 필요가 있는가?
- 나는 행동을 취할 필요가 있는가?
- 분노 외에 내가 보여주기 두려워하는 다른 감정이 있는가?
- 내 분노 이면에는 어떤 감정들이 있는가?
- 지금 나는 정말로 나 자신을 지켜야 할 필요가 있는가? 아니면 나의 방어기제가 발동된 것인가?
- 이 갈등 또는 이 상황은 과거로부터 온 것인가?
- 내 분노 이면에 있는 부드럽고 연약한 마음을 탐구해봐야 할 때인가?

슬픔 받아들이기

우리는 감정 공포증이 있는 문화 속에서 살아가고 있습니다. 분노가 거부되었듯, 슬픔도 종종 거부되며 과하게 병 취급을 받고 있습니다. 슬픔은 회복과 치유에 꼭 필요한, 필수적인 감정입니다.

비통함을 경험한다는 것은 이제는 옛말이 되었습니다. 우리는 그것을 무언가 기리고 기억하는 시간으로 바라보기보다는, 자동적으로 우울증의 증상으로 바라보는 시대에 살고 있습니다. 우리는 우는 것은 약한 것이라는, 슬픔은 불필요한 감정이라는 말을 종종 들어왔습니다. 특히 뉴에이지 영성의 세계에서는 분노, 슬픔, 비통의 터널을 지나는 것의 가치를 묵살하면서 그 반대편에 이르기 위해 '좋은 기분'을 과하게 강조하는 경향이 있지요. 힘든 감정의 경험을 건너뛰는 것은 사람을 병적인 측면들로 이끌지만, 감정을 처리하는 것은 사람을 치유로 이끕니다. 슬픔은 쓸모없지도 않고 무의미하지도 않습니다. 슬픔은 곧 정화입니다. 눈물이 흐르게 허용하고, 정화 과정을 기뻐하고, 나 자신에게 참을성을 가지세요.

우리는 종종 슬픔에 저항하곤 합니다. "만약 슬픔을 느끼게끔 스스로를 허용한다면 나는 그 감정에 갇히게 될 거야" 하고 두려워하면서 말입니다. 그리고 이런 두려움에는 타당한 면이 있습니다. 슬픔은 물 같은 감정이기 때문에 고여 있는 느낌, 진창인 느낌, 압도적으로 강력한 느낌일 수 있습니다. 세차게 흐르는 강, 폭포, 홍수를 생각해보세요. 슬픔은 속도를 늦추고, 무언가를 하기보다는 '있음'의 상태로 들어가라는 메시지입니다. 하지만 슬픔이 고통으로 바뀐 것을 알아차렸다면, 또는 슬픔이 당신과 다른 사람들 간의 연결을 오랫동안 방해하고 있다고 느낀다면 슬픔이 지금까지 당신을 장악해왔던 것이며, 이제 그것에 침식되기 시작한 것입니다. 이런 경우, 움직이는 것이 약이 될 수 있습니다. 춤추고, 스트레칭하고, 노래를 부르고, 부산스러워지세요. 불 에너지와 접촉하세요. 사람들과 유대감을 쌓고 그들에게서 도움을 받으세요.

슬픔을 느낄 때 스스로에게 물어볼 것들

- 지금 이 순간, 어떻게 하면 나 자신에게 부드러워질 수 있는가?
- 내가 슬픔을 느끼는 몸의 부위는 어디인가?
- 내 슬픔이 전하는 말이 있는가?
- 나는 무엇을 정화하는 과정에 있는가?
- 강한 소유욕을 가지고 있다면, 내가 충족시키고자 하는 나의 더 깊은 욕구는 무엇인가?
- 슬픔 외에 내가 느끼는 것을 두려워하는 감정이 있는가?
- 도움을 요청한다면 기분이 나아질까?
- 내 에너지를 변화시켜야 할 때인가? 아니면 여전히 나는 정화 과정 중에 있는가?

감정적 통합의 네 원소

당신이 흙, 불, 공기, 물이라고 상상해보세요. 각각의 원소들은 각기 다른 내적 측면들을 만들어냅니다. 또, 이들 각각은 삶을 살아나가는 방식에 있어 중요한 역할을 합니다. 우리가 천성적으로 어떤 한두 가지 원소를 더 잘 표현할 수 있다고 해도 — 바로 이런 점이 우리를 독특하게 만들지요 — 네 원소를 적절한 비율로 사용할 줄도 알아야 합니다. 한두 가지 원소들에만 너무 의존하면 우리가 열망하는 생명 에너지의 특정 측면들을 놓칠 수 있기 때문입니다. 어떤 사람은 자존감(흙)이나 성적 표현(불)을 열망할 수도, 또 어떤 사람은 창조성(공기)이나 깊은 친밀감(물)을 열망할 수도 있지요.

우리 대부분은 가장 편안하게 느끼는 원소 상태를 선호하고, 덜 친숙하다고 느끼는 원소 상태와는 접촉하지 않습니다. 예를 들어, 불 원소는 어떤 일을 용감히 헤쳐나갈 수 있도록, 꾸밈없이 솔직한 사람이 될 수 있도록 돕는 원소이며, 뭔가가 잘못되었다는 생각이 들면 자신의 주장을 강력히 내세울 수 있도록 돕는 원소입니다. 우리 중 많은 이들은 불 원소와 단절되어 있습니다. 우리는 자신의 주장을 내세우거나 경계선을 세우면 사랑과 단절될까 봐 두려워합니다. 또, 자신에게 주어진 상황이 만족스럽지 않더라도 그것을 받아들이지 않으면 아무도 없이 홀로 남겨질까 봐 두려워하기도 합니다. 그래서 우리는 만족스럽지 않은데도 만족하는 척하면서, 이것이 왜 받아들일 만한 것인지 변명을 하곤 합니다. 하지만 불의 에너지가 올바르게 사용되면, 그 에너지는 관계를 불태워버리는 것이 아니라 오히려 무엇이 용인되고 무엇이 용인되지 않는지를 파악하여 환경을 약간씩 조정합니다.

아래에 나오는 각 원소에 대한 설명을 읽으면서 당신이 가장 많이 의존하고 있는 원소가 무엇인지 알아보세요. 끌리는 원소를 결정했다면, '성장 기회' 부분을 읽으면서 다른 원소들을 체현하는 법을 배워보세요.

흙: 안정적인, 자기 진정 능력이 있는, 차분한, 이성적인, 완고한, 현존하는, 온화한, 보살피는, 구현하는, 직관적인.

흙 유형은 천성적으로 온화하며, 무언가를 보살피는 기질이 있습니다. 비록 이들이 감정보다 논리에 더 많이 의존하긴 하지만, 흙 원소는 직관, 직감 그리고 재생(renewal)을 나타내기도 합니다. 흙 유형은 고정된 현실에 익숙하므로 변화는 불편한 기분이나 스트레스를 유발할 수 있습니다. 이들은 안정적인 분위기를 풍기는 경우가 많으며 상대의 이야기를 잘 들어줍니다. 또한 이들은 집처럼 편안하게 느껴지는, 보살핌을 받는 듯한 느낌의 환경을 조성한다고 알려져 있습니다. 흙 원소는 안정감과 스스로에 대한 자신감을 관장합니다. 균형이 잘 맞았을 때, 흙 원소는 높은 자존감 그리고 집처럼 편안하게 느껴지는 자아감의 원천이 될 수 있습니다.

성장 기회: 균형이 깨졌을 때, 흙 원소는 걱정하고 집착하거나 스스로에게 비판적입니다. 흙 유형인 이들이 자신의 진실, 직감, 감정에 접근하기 위해서는 물 원소를 받아들여야 합니다. 불역시 더 큰 표현력과 구현력으로써 흙 유형에게 도움이 될 수 있습니다. 공기는 자신만의 안전 구역 밖으로 나와 더 큰 즐거움을 누릴 수 있도록 영감을 줌으로써 흙을 돕습니다.

불: 강력한, 영감을 주는, 욱하는, 자신감 있는, 성적인, 격렬한, 열정적인, 행동 중심적인, 결단력 있는.

불 유형은 빠르고, 열정적이고, 대담하며 사람들과 의사소통할 때 활력을 느낍니다. 불은 변형시키는 성질이 있으며 쓰이는 방식에 따라 집어삼키는 힘이 될 수도 있고, 정화하는 힘이 될 수도 있습니다. 불은 엄청난 에너지를 지니고 있기 때문에 반드시 긍정적인 방향으로 에너지를 쏟아야 합니다. 불 에너지가 쓰이지 못하고 정체되면 그 에너지가 내면으로 향해 자기 혐오로 변합니다. 불 유형은 자신의 에너지가 다른 사람에게 미치는 영향을 미처 깨닫지 못한 채 빠르게 변화할 수 있으며, 성급하게 화를 낼 수 있습니다. 하지만 긍정적인 면도 있습니다. 불 유형의 사람들은 자신을 진솔하게 표현하며, 필요할 때 진실을 말한다는 면에서 믿음직한 사람들입니다. 불 유형은 어떤 일을 시작하고 추진하는 데 훌륭한 재능이 있으며, 자신의 신념과 자신이 원하는 것에 대해 강한 의견을 가지고 있기도 합니다. 불은 행동을 취하고, 필요한 변화를 일으키고, 나아갈 길을 개척하는 것에 관한 영감을 제공해 줍니다.

성장 기회: 균형이 깨졌을 때, 불 유형 사람들에게 가장 필요한 일은 속도를 늦추고, 스스로가 더 부드러워질 수 있도록 허용하고, 자신의 감정을 느끼고, 연약해질 수 있는 여유를 갖는 것입니다. 심신이 더 안정될 수 있도록, 그리고 더 연민 어린 마음을 가질 수 있도록 흙 원소를 받아들이세요. 감성적인 몸에 다가갈 수 있도록 물 원소를 받아들이세요. 다른 미래를 그려야 할 때가

왔을 때 공기 원소를 받아들이세요.

공기: 전파하는, 사려 깊은, 몽상적인, 공상적인(visionary), 창조적인, 사회적인, 친근한, 정신적으로 강인한, 지적인, 변덕이 심한.

공기는 계속해서 움직이는 특성을 가지고 있습니다. 어느 따뜻한 날 불어오는 부드러운 산들바람은 살아 있다는 것이 얼마나 아름다운 것인지를 상기시켜줍니다. 반면 폭풍우가 치는 날의 대기(공기)는 매우 불안정하고, 우리를 혼란에 빠뜨립니다. 심하면 우리를 휩쓸어 가버리기도 하지요. 공기 유형은 몽상가 또는 공상가일 수 있습니다. 이들의 머릿속은 엄청난 아이디어들과 미래의 계획들로 가득합니다. 이들의 재능은 공유하기, 글쓰기, 가르치기, 정보 전달하기입니다. 관계 문제에서, 공기 유형은 자기 자신을 보여주고 싶어하고 이해받고 싶어하지만 사람들과 거리를 두거나 깊이 연결되는 것을 어려워할 수도 있습니다. 어쩌면 사람들은 공기 유형을 '정의 내리기 어려운 사람'으로 생각할지 모릅니다. 이것은 공기 유형이 신체적으로나 에너지적으로나 항상 움직이고 있기 때문입니다. 공기 유형은 대개 생각과 지성에 연관되어 있습니다. 공기는 통찰을 주고, 신념을 시험하게 만들고, 계획을 짜게 하며 여러 아이디어를 소통하게 만듭니다.

성장 기회: 공기 유형은 가끔 불안정할 때가 있기 때문에 흙 원소를 이용하여 명확성을 키워야 합니다. 이러한 명확성은 특히

결정을 내려야 할 때, 관계를 시작하거나 유지할 때 도움이 될 수 있습니다. 공기 유형은 감정적 깊이를 더하기 위해 물 원소를 받아들이고, 큰 아이디어들을 행동으로 옮길 수 있게 도와주는 불 원소를 받아들여야 합니다.

물: 서정적인, 깊이 있는, 감정이 풍부한, 직관적인, 감각적인, 여성적인, 민감한, 심령적인.

세계의 다양한 문화권을 보면, 물은 예식과 의례에서 정화의 목적으로 오랜 시간 동안 사용되어왔습니다. 허브나 꽃 또는 소금으로 목욕하기, 정화수 바치기, 물의 사원(water temple)*등은 영적 에너지를 정화하거나 병을 낫게 하는 데 중요한 요소로 여겨지지요. 물은 다양한 형태로 존재하며, 물 원소에는 예측할 수 없는 면이 있습니다. 물에는 부드러운 면도 있지만 맹렬한 면도 있고, 생명을 주기도 하지만 그 생명을 파괴하기도 합니다. 물 유형은 민감하고 몽상적인 영혼들입니다. 그들은 깊고 지혜로우며 감정적인 차원에서 사람들을 이해하고자 하는 열망이 있습니다. 물 유형은 우리에게 감정적인 도움이 필요할 때 종종 찾게 되는 이들입니다. 하지만 공감력이 뛰어난 물 유형은 타인의 감정 그리고 자신의 감정에 쉽게 압도될 수 있습니다. 따라서 자신만의 경계선을

---

* 인도네시아 전역에는 물의 사원이 많은데, 사람들은 이곳 물에 몸을 담그고 기도를 한다.

더 강화해야 할 필요가 있습니다.

성장 기회: 물 유형에게는 다른 사람들을 깊이 고찰할 수 있는 재능이 있지만, 이 재능을 잘 활용하기 위해서는 반드시 자기 인식을 체화해야 하며 자신의 내적 경험을 다른 사람 탓으로 돌리지 않도록 해야 합니다. 더 많은 열정, 즐거움, 놀이를 원하거나 자신의 에너지가 이용당하지 않게끔 기준선을 긋고 싶다면 불 원소를 불러오는 것이 좋습니다. 물 유형이 감정이라는 깊은 물 속으로 끌려 내려가지 않으려면, 그리고 현실에 발을 딛고 있으려면 흙 원소를 불러오는 것이 좋습니다. 공기 원소는 물 유형이 수렁에 빠져 있을 때 혹은 격한 감정에 압도당한 상태일 때 창조적인 해결법으로 그들을 도울 수 있습니다.

원소를 상징하는 제단 만들기

제단을 만드는 것은 당신이 계발하고 싶어하는 에너지를 높일 수 있는 한 방법입니다. 이때 필요한 것은 열린 가슴과 마음 그리고 신성함이 느껴지는 몇 가지 물건들뿐입니다. 집에서 반려동물이나 아이들 또는 다른 것들로 인해 방해받지 않을 수 있는 공간 중 끌리는 공간을 찾아보세요. 어떤 이들은 작은 탁자나 선반 혹은 서랍장 위를 제단으로 활용하기도 하는데, 개중에는 벽난로 바닥을 자신만의 제단으로 사용하는 사람도 있습니다. 원한다면 제단에 예쁜 천을 덮어두어도 좋습니다. 제단 위에 올리는 물건들은 치유와 성장의 여러 단계를 거치면서 바뀔 수 있습니다. 또, 경외하는 마음을 가지고 자연으로부터 얻어온 것들을 제단에 쓸 수도 있습니다. 꽃, 솔방울, 돌멩이, 조개껍데기, 나뭇잎, 이끼, 심지어 바닷물까지도 제단에 올려둘 아름다운 물건이 될 수 있습니다.

원소 제단을 만들려면, 지금 이 순간 어떤 원소가 나의 가장 지배적인 원소로 느껴지는지를 고찰해보세요. 만약 당신이 불 원소 또는 분노에 치우쳐져 있거나 자신의 약한 면을 내보이기 위해 노력하는 중이라면 제단에 당신의 불을 상징하는 양초를 올려두거나 당신이 누그러뜨리고 싶어하는 반응 패턴을 상징하는 다른 물건들을 올려두세요. 그리고 그 옆에는 물을 담은 사발이나 컵을 놓아두세요. 이것은 당신의 감수성, 연약함, 심연을 상징합니다. 부드러움, 열림, 변화를 상징하는 꽃도 가져다 놓으세요. 당신만의 배치 형태를 만드세요. 이러한 배치 형태는 자신의 모든 측면을 존중하는 하나의 방식이자 당신이 균형을 찾을 수 있도록 도와줄 다른 원소들을 불러오는 초대장입니다. 기억하세요. 당신의 모든 부분은 사랑받아 마땅하며, 당신이 지금 마주하고 있는 그것은 결국 당신이 재능으로 사용할 에너지가 됩니다.

감정적 트리거 다루기

트리거는 우리의 핵심적인 감정 테마와 연결되어 있습니다. 치유되지 않은 상처는 다치기가 쉽습니다. 과거의 상처가 활성화되는 경험을 했을 때, 우리는 무슨 일이 일어나고 있는 건지 미처 깨닫기도 전에 그에 대한 자동적인 반응을 보이거나 통제력을 잃게 될 수 있습니다. 우리는 대개 자신의 트리거가 무엇인지 의식적으로 알지 못하는 상태로 어떤 경험을 더욱더 혼란스럽게 만듭니다. 배제된 기분, 버려진 기분, 배신당한 기분, 잊혀진 기분, 중요하지 않은 사람이 된 기분, 통제당하는 기분, 거절당하는 기분, 나를 원하지 않는 기분은 통상적인 감정적 트리거입니다. 환경, 냄새, 이미지 등도 역시 트리거로 작용할 수 있습니다. 알콜 중독과 관련된 성장 배경을 가진 이들에게는 흔히 술 냄새가 트리거가 됩니다. 특정 향수 냄새나 부정적인 기억이 있는 장소를 떠올리게 하는 환경이 트리거가 될 때도 있습니다.

트리거가 당겨지면 자신의 참된 본성을 반영하지 않는 방식으로 행동하게 되거나 움츠러들 수 있고, 수치심과 스스로를 거절하는 마음을 불러일으키게 됩니다. 하지만 우리는 점진적으로 안정적인 내적 기반을 세움으로써 상황에 즉각 반응을 보이기보다는 잠시 멈춘 뒤 진실하게 대응할 수 있는 여유를 키울 수 있습니다. 트라우마가 촉발되면 불편한 기분이 듭니다. 하지만 트리거를 마주하지 않으려는 술수들은 진정한 해결책이 될 수 없습니다. 이는 관계를 전적으로 피하겠다는 의미이기 때문입니다.

가장 건강한 관계에서조차 트리거가 존재하는데, 이는 본질적으로 문제가 되지 않습니다. ― 트리거를 어떻게 대하고 있느냐가 진짜 문제입니다. 만약 우리가 상대에게 분노와 원망을 투영하는 반응을 보인다면 어쩌면 치유를 위한 신성한 장이 될 수도 있었던 그 관계는 빠르게 좀먹어 불건전하고 위험한 환경이 되어버립니다. 마찬가지로, 치유되려면 스스로를 수치스럽게 여겨서는 안 됩니다. 진정으로 자기 자신을 더 잘 이해하고 싶다면 치유 과정 속에서 스스로에 대한 호기심과 연민의 마음을 내야만 합니다.

사랑받고 싶고, 받아들여지고 싶다는 자신의 내밀한 욕구를 이해하는 시간을 가진다면, 그리고 자신의 과거를 탐구한다면 격한 감정이 올라와도 자신의 감정을 부인하지 않게 됩니다. 오히려 자신의 연약한 속마음을 고찰하면서 문제를 직면하게 되지요. **스스로를 잘 인식할 수 있고, 또 기꺼이 자기 자신을 이해하려는 마음이 있다면 트리거는 우리의 스승이 됩니다.** 트리거는 우리에게 어떤 상처가 있는지를 보여주며 맨 처음 상처를 입었을 때부터 지금까지 느끼려 하지 않았던 아픔, 배신, 분노를 인정할 수 있도록 우리를 안내합니다.

감정적 트리거를 처리하려면 자신의 몸과 마음에 현존해야 하며 마음이 깨어 있어야 합니다. 트라우마가 촉발된 상황에서 잠시 멈추는 법을 일단 한번 배우게 되면 자신을 채찍질하거나, 전 애인에게 연락하거나, 나와 갈등하고 있는 누군가에게 열 번씩 전화하거나, 이루어질 수 없는 사랑을 쫓아다니거나, 다른 사람에게 무언가를 간절하게 바라지 않고서 스스로를 진정시키겠다고 결정할 수 있습니다. 우리 대부분은 자신의 감정적 경험으로부터 주의를 돌리는 법을 잘 알고 있지만 스스로를 진정시키는 법을 배우고, 자신의 감정을 받아들이고, 그 감정을 온전히 겪어나가는 것과 같은 이런 기량들은 계발될 필요가 있습니다.

트라우마가 촉발되었다면, 조용한 장소를 찾아 자기 진정 리추얼을 하거나 안정감을 되찾을 수 있는 신체적 연습을 할 시간을 가지세요. 이 책에 나오는 여러 방법을 시도해보면서 스스로를 진정시키는 데 어떤 연습이 도움이 되었는지를 기억해두세요. 그러면 그것들이 당신만의 방편이 됩니다.

자기 진정 연습

- 당신이 어디에 있는지를 인식하고 땅에 디딘 발을 느껴보세요. 그리고 호흡을 숫자로 세어보세요.
- 생각에서 한 발짝 떨어진 다음, 생각의 관찰자가 되세요. 당신의 생각을 다 믿지는 마세요.
- 몸의 감각에 귀를 기울이고 그것에 이름을 붙이세요. 편안하게 느껴지는 몸의 부위 하나를 찾아보세요.
- 그 상황에서 정신적으로 잠시 벗어난 다음, 최소 20분 정도는 책을 읽으세요.
- 따뜻한 물이 담긴 대야에 발을 담그거나 소금 목욕을 하세요.
- 오디오 명상 가이드나 심상화 가이드를 들으세요.

신체적 연습: 나는 안전하다

단순하면서도 강력한 이 신체 활동은 신경계를 조절해주고, 당신이 있는 환경에서 안전함을 느낄 수 있도록 도와줍니다. 또, 이 활동은 지금 이 순간으로 돌아와야 한다는 것을 상기시켜주며 무의식적 마음을 차분히 가라앉혀 당신이 정말로 안전하다는 것을 알 수 있도록 해줍니다(옷장 안에 숨어 있는 호랑이 같은 것은 없습니다!).

1. 의자에 닿은 엉덩이 혹은 땅에 닿은 발바닥을 잠시 느껴보세요.

2. 호흡을 의식해보세요. 날숨을 크게 몇 번 내쉬면서 한숨을 쉬어보세요.

3. 천장을 올려다본 다음 바닥을 내려다보세요.

4. 뒤를 돌아보세요.

5. 방을 훑어보면서 몸의 감각들을 의식해보세요.

6. 방 안에 있는 물건들이나 색깔, 모양 등을 의식해보세요.

7. 방을 훑어보는 동안 몸과의 연결을 유지하세요.

8. 호흡 그리고 몸의 감각과 함께 지금 이 순간에 현존하면서 당신이 있는 장소를 의식하세요.

9. 소리 내어 말하거나 마음속으로 말하세요. "나는 여기 있다. 나는 안전하다."

자연으로의 회귀: 감정의 계절들

나 자신이라는 집으로 돌아간다는 것은 내 몸 안에서 안전함을 느끼는 법을 다시 한번 배운다는 의미입니다. 다시 말해, 격한 감정을 점잖이 다루는 법을 다시 배우는 것, 계속 숨겨왔던 나 자신의 일부와 다시 통합되는 것, 가려져 있던 '참된 자신'의 정체를 드러내는 것입니다. 나 자신이라는 집으로 돌아가는 일은 가슴의 지혜로 돌아가는 것이자 나의 몸과 직감, 그리고 나의 가치를 신뢰하는 일입니다. 당신의 관계 상황이 어떻든, 외적으로 어떤 성취를 이루었든 간에 당신은 사랑과 자연과 영에 깊게 연결되어 있습니다.

자연 속에서 시간을 보내는 것은 몸의 지혜와 다시 연결될 수 있는 최고의 방법입니다. 야외에 있을 때, 계절의 순환을 관찰하는 시간을 가져보세요. 당신은 풀, 나무와 크게 다른 존재가 아닙니다. 당신 안에도 자연의 원리가 숨어 있음을 알고 그것을 관찰하면, 당신 자신과 당신의 감정 세계에 대해서 많은 것을 배울 수 있습니다.

우리가 패턴에서 벗어나 자기 자신만의 방식으로 생각할 수 있다는 발상은 과하게 성공 지향적인 문화에 의해 영속되어온, 우리를 애먹게 하는 발상입니다. 우리는 실행하고, 완료하고, 목표를 설정하는 것을 우러러보면서도 삶 속에서 나타난 미묘한 차이들은 숭배하지 않습니다. 자신의 신경계에 동조되려면, 안전함을 느끼기 위해 무엇이 필요한지 알려면, 감수성을 중시하는 법을 배우려면 성공 지향적인 우리 사회가 말하는 것들에서 벗어나 좀더 리드미컬한 삶의 방식으로 나아가야 합니다. 속도를 늦춰 나만의 사이클, 나만의 사계절이 지닌 리듬을 존중하면 태양과 달(음과 양) 에너지 모두와 조화롭게 약동하면서 더 통합된 삶의 방식으로 돌아갈 수 있습니다. 당신이 삶에서 겪고 있는 단계들을 지구의 계절이라고 생각해보세요.

영원히 같은 모습으로 남아 있는 것은 없습니다. 당신의 감정 구조도 그렇습니다. 당신이 내면 치유라는 계절에 들어와 있는 동안에는 자신이 일종의 '내적 겨울'을 보내고 있다는 것을 알게 됩니다. 이 계절은 고요한 시간과 더 많은 양분, 그리고 따뜻함을 필요로 하는 자신의 내면으로 들어가는 시간이지요. 내적 세계가 바뀌고 변화했을 때, 당신은 자신의 욕구와 열망 역시 바뀌었다는 것을 알게 될 것입니다.

내적 봄이 찾아오면 무언가를 새로 시작하는 것, 도전하는 것, 새로운 사람들을 만나는 것이 매우 신날 수 있습니다. 이와 비슷하게, 내적 여름을 맞이하면 창조적인 에너지를 더 많이 얻게 되며 사회적 교류, 공동체 그리고 관계 형성에 관한 능력을 더 많이 얻게 됩니다. 내적 가을에는 다시 내면에 변화가 생깁니다. 놓아버릴 준비를 하며 활동을 줄이게 되는 것이지요. 모든 계절은 인간성의 모든 스펙트럼을 경험할 수 있는 능력을 심화시킬 훌륭한 기회입니다. 지금 당신이 들어와 있는 계절은 어떤 계절인지 생각해보세요. 그리고 당신이 어느 계절을 보내고 있든 그것이 완벽히 타당하다는 것을 믿으세요. 자연을 재촉할 수 없듯이, 당신은 자신이 지나고 있는 그 과정을 재촉할 수 없습니다.

기억해야 할 것들

- 감정은 에너지입니다. 왔다가 갑니다.

- '좋은' 감정과 '나쁜' 감정은 없습니다.

- 감정을 해결하거나, 고치거나, 바꾸기 위해 재촉하지 않아 도 됩니다.

- 감정을 인정하기 위해 그 감정을 논리적으로 이해할 필요 는 없습니다.

- 모든 감정이 어떤 대응이나 행동을 필요로 하지는 않습니 다. 가끔은 조금의 참을성만이 필요할 때도 있지요.

- 머리와 가슴이 일치되었을 때, 그때가 바로 행동을 취할 때 입니다.

- 감정, 감각, 생각을 분리하는 법을 배우면 자신감이 올라갑 니다.

- 스스로를 진정시키는 일은 호흡으로 돌아가거나 땅에 디 딘 발을 느끼는 것만큼이나 간단한 것일 수 있습니다.

- 자신의 감정을 있는 그대로 존중하면 직관과 연결되고, 나 만의 핵심 가치가 무엇인지도 알게 됩니다.

- 자연은 훌륭한 스승입니다. 원소들로부터 지혜를 얻고, 나 의 내면과 감정 구조에 대해 배워보세요.

- 몸이라는 집으로 돌아왔을 내, 스스로를 향한 연민으로 몸 을 감싸세요. 당신은 어떤 이유가 있어서 몸에서 느껴지는

감정을 외면한 것이니 다시 몸으로 돌아올 때는 깊은 이해심과 함께 스스로를 부드럽게 대해주세요.

당신의 내면아이는 당신이라는 고유 존재가 지닌

모든 경이의 근원입니다.

온전해지기 위해서는 즐겁고, 호기심 많고, 장난기 많고, 자유롭고,

감정을 잘 표현하는 나 자신의 그 일부분이

다시 생생히 살아나게 해야 합니다.

4장

내면아이와의 연결

동네를 돌아다니다가 낯선 사람을 볼 때마다 저는 그 사람이 아이였을 때 어땠을지 상상해보려 합니다. 그 사람은 우스꽝스럽고 시끄러운, 그런 활기 넘치는 아이였을까요? 아니면 조용하고 수줍음 많은 아이였을까요? 이처럼, 저는 누군가가 자기 파괴적인 방식으로 행동하거나 남에게 상처 주는 행동을 할 때면 그들 역시 한때는 누군가의 소중한 아기였음을 기억하곤 합니다. 살면서 어느 순간, 그 순진한 어린아이는 이 사람의 지금의 현실을 만든 어떤 일을 겪었습니다. 자신을 포함한 모든 이를 이런 애정 어린 시각으로 바라보면 연민과 이해심이 생겨나고, 인간적 유대에 대한 더 깊은 영적 접근이 가능해집니다.

우리 모두에게는 내면아이가 있습니다. 내면아이는 순수하고 연약한 '작은 당신'입니다. 논리적이기보다는 감정적인 당신의 이 부분은 생각하기보다는 느끼는 것을 좋아합니다. 우리의 내면아이는 경이로움, 호기심, 창조성으로 가득 차 있지만, 동시에 억눌린 트라우마, 두려움, 고통스러운 기억들의 본거지이기도 합니다. ― 이것들은 과거 속에 남겨진 것처럼 보이지만 오늘날 우리의 마음 가운데에 상당히 많이 남아 있습니다. 성인으로 성장하면서 우리는 종종 내면아이와의 연결을 끊게 됩니다. 그 결과, 우리는 자신의 감정적 욕구에 대해 혹은 왜 자신이 이런 방식으로 행동하는지에 대해 거의 아무것도 알지 못합니다.

성인으로 자랐음에도 불구하고, 우리 중 많은 이들이 여전히 어린 자아의 시각으로 타인을 봅니다. 감정적 성숙은 성인이 되었다고 주어지는 것이 아닙니다. 감정적 성숙은 우리의 양육자 그리고 삶에서 중요했던 다른 어른들이 보여준 건강한 모범을 통해 습득되는 것이자 성장 과정에서 필요한, 애정 가득한 안내를 통해 습득되는 것입니다. 하지만 우리를 길러주신 부모님들 대부분은 자신의 내면 세계를 완전히 이해하지 못했기에 자녀의 내면 세계를 보살피는 일 역시 도울 수 없었습니다.

우리가 관계 속에서 보이는 행동은 우리의 감정적 성숙도를 반영합니다. 갈등을 너무 오래 질질 끄는 것, 전략 싸움을 벌이는 것, 과장된 의사소통, 성인 분노발작(adult temper tantrum)은 상처받은 내면아이의 주도 아래 나타날 때가 많습니다. 우리 중 많은 이들은 파트너에게 수도 없이 많은 기대를 걸면서 관계를 시작합니다. 어떤 기대는 합당하기도 하지만 어떤 건 그렇지 않지요. 관심 받고 싶은 마음과 인정받고 싶은 마음은 지금 이 순간 우리의 내면아이가 얼마나 잘 양육되어 있는지를 반영합니다.

내면아이 작업, 즉 우리가 여기서 함께할 작업은 성인이 된 우리의 관계에까지 따라온, 충족되지 않은 욕구들을 치유하는 방법입니다. 다양한 연령의 내면아이와 만남으로써 우리는 그 당시 겪었던 감정적 경험에 다가갈 수 있으며, 우리의 그러한 부분들을 보살필 새로운 방법들을 알아낼 수 있습니다.

사실상 부모가 아이의 모든 욕구를 충족시켜주는 것은 불가능하다는 점을 유념하세요. 어떤 사람에게는 돌보는 행동으로 인식되는 것이 어떤 사람에게는 고압적인 행동으로 인식될 수 있습니다. 설령 당신의 부모님이 친절하고 애정이 많은 양육자였다고 하더라도 당신에게는 여전히 충족되지 않은 욕구가 있으며, 마음속에 어린 시절의 감정적 짐이 남아 있을 공산이 큽니다. 이 과정은 부모님이나 외부의 누군가를 탓하는 과정이 아닙니다. 어린 당신과 성인인 당신이 직접 소통할 수 있는 능력을 키우는 과정입니다. 이 능력이 커지면 감정적 성숙과 지혜를 관계 속에서 체현할 수 있게 됩니다. 이것이 바로 우리 각자의 내면에 있는 '통합된 성인'으로 나아가는 방법입니다.

우리의 감정 상태에 대한 책임이 있는, 통합된 성인은 '다른 사람의 감정 상태'도 생각해줄 능력이 있습니다. 다시 말해, 자신의 감정과 깊이 연결되고, 몸의 감각을 인지하고, 생각을 관찰하면 우리 내면의 격한 감정이 무엇인지 알아낼 수 있으며 그 감정에 대해 타인과 소통할 수 있습니다. 통합된 성인은 우리가 갈등을 겪을 때 우리 자신의 진실을 지킬 수 있게 해주며, 심신이 안정된 상태에서 행동할 수 있도록 해줍니다. ─ 분노로 반응하거나, 과잉 반응을 보이거나, 마음을 닫지 않는다는 말입니다. 이것이 더 이상 과거의 영향이나 경험에 지배받지 않은 채 현재를 살아가는 법입니다.

내면아이의 거절된 특성들을 반갑게 맞아주고, 그것들을 뿌리 뽑거나 억압하려 하기보다는 사랑스럽게 바라봐주는 법을 배워야만 이 통합된 버전의 나 자신이 될 수 있습니다. 다시 말해, 애정에 대한 굶주림이나 갈망, 질투 등등 그 '모든 것'을 받아들여야 한다는 말입니다. 이것이 바로 온전한 내가 되는 방법, 나 자신과의 무너지지 않는 관계를 구축하는 방법, 건강한 사랑의 기반을 다지는 방법입니다.

일단 한번 내면아이와 소통하기 시작하면, 당신은 새로운 즐거움, 순수, 창조성을 알게 됩니다. 어쩌면 당신은 내면아이가 성인이 된 당신의 삶 속에서 말썽을 일으키는 방식들을 인지하고 있을 수도 있습니다. 저는 당신이 이 작업을 하는 동안 한 가지를 기억해줬으면 좋겠습니다. 그것은 바로, 당신이 자기 자신에 대해 알아낸 것이 무엇이든 그것이 매우 큰 가치를 지녔다는 것입니다.

만약 당신이 관계 속에서 부끄러운 방식으로 행동해왔다면, 당신만 그런 것이 아닙니다. 그러니 부끄러워하거나 창피해할 것 없습니다. 만약 당신이 사랑을 좇아왔거나, 사랑을 밀어내왔거나, 사랑이 깨질 때까지 그 사랑을 시험해왔다면 당신의 내면아이는 당신의 사랑과 관심을 애타게 구해왔을 수 있습니다.

이것은 내면의 소리를 듣기 시작하라는 초대입니다. 내면의 소리를 듣는다면 당신은 힘, 명료함, 즐거움, 치유, 해방 그리고 이보다 훨씬 더 많은 것들을 알게 될 것입니다. 자신을 되찾기 위한 다음의 단계들을 밟을 때는 부드러운 연민과 수용의 마음을 내세요.

아이가 가진 재능

아이와 함께 시간을 보낸 적이 있거나 키운 적이 있다면, 당신은 아이들이 어떤 식으로든 감정을 억누르지 않는다는 사실을 알고 있을 겁니다. 아이들은 행복할 땐 행복하고, 슬플 땐 슬퍼합니다. 화가 났을 때도 그 화를 표현하지요. 누가 보든 신경도 안 쓰고 말입니다!

성숙해가면서, 우리는 감정표현을 교정하는 법을 배우고 잠시 생각할 시간과 공간을 갖습니다. 만약 우리가 언제나 자신의 감정을 완전히 표출하고 산다면 직장에 있을 때 휴게실에 처박혀 있거나 테이블 위에서 춤을 추겠지요. 우리는 내면아이를 통합하는 대신 그 아이를 떠나가는 경향이 있습니다. 왜냐하면 삶을 살면서 연약한 모습을 보이는 것은 안전하지 않고, 감정은 반갑지 않은 것이며, 순수한 기쁨을 표출하는 것은 괜찮지 않다는 것을 배우기 때문입니다. 물론 일상을 살기 위해서는 어느 정도의 필터도 필요하겠지만 (가령, 직장에서 성질을 부리지 않기로 선택한다든지) 우리는 그것이 너무 지나친 바람에 자신의 필터 없는 부분과의 연결을 잃어버렸습니다. 우리는 자신의 가슴을 방어하고, 자신의 진실을 억누르고, 상처받은 감정을 숨기고, 연약한 모습을 보이는 대신에 공격합니다. 우리의 내면아이를 깨우는 일은 이러한 자기 파괴적인 패턴을 풀고 평화를 찾을 수 있게 도와줍니다.

내면아이가 깨어나면

- 매일 더 큰 기쁨과 경외심을 갖게 됨
- 모든 스펙트럼의 감정에 접근할 수 있음
- 호기심, 창조성, 장난기 많은 모습이 살아남
- 열린 마음을 가지게 됨
- 스스로를 완전히 표현할 수 있음
- 자신의 꿈과 열망을 수용함

어린 시절 되돌아보기

당신이 작은 아이였을 때를 생각해보세요. 어린 시절이 기억나나요? 어떤 사람들은 어린 시절을 기억하지 못합니다. 만약 당신도 그렇다면, 걱정하지 마세요. 그렇더라도 여전히 내면아이와의 관계에 연결될 수 있으며 그것을 치유할 수 있습니다. 만약 어린 시절의 기억을 가지고 있다면, 자라나는 당신에게 그것은 어떤 기억이었나요? 당신의 부모님은 감정적으로 친밀했나요, 아니면 멀게만 느껴졌나요? 당신의 격한 감정은 인정되고 수용되었나요, 아니면 그 때문에 벌을 받고 창피를 당했었나요? 당신이 자란 가정의 감정적 분위기는 어땠나요? ― 즐겁고 축제 같은 분위기였으며, 감정에 대해 솔직하고 열려 있는 대화를 나누는 가정이었나요? 아니면 모든 걸 숨기고, 감정을 고쳐야 하는 일종의 문제로 보고, 비밀이 많은 가정이었나요? 당신은 환영받는 기분을 느꼈나요, 아니면 비난받는 기분을 느꼈나요?

아주 어린 아이였을 때, 저는 감정을 느끼기에 안전한 공간이 없다고 느꼈습니다. 저의 엄마는 감성이라는 것을 잘 이해하지 못했고, 엄마 자신이 마땅히 부모 역할을 해야 하며 저는 마땅히 아이 역할을 해야 한다는 사실 역시 잘 이해하지 못했습니다. 엄마는 저의 모든 말을 매우 개인적으로 받아들였습니다. 몇 년 전 우리가 차를 타고 가며 나눴던 대화가 기억납니다. 엄마는 제가 두 살 때 저와 크게 싸웠다고 했습니다. "두 살 때 엄마랑 크게 싸웠다고요?" 제가 물었습니다. 저는 아기였는데, 그게 어떻게 가능한 일이었을까요! "우리는 소리 지르기 싸움을 아주 크게 벌였어." 엄마가 말했습니다. 저는 엄마가 부모로서 저의 그런 행동을 이해했었다면, 너그러운 마음으로 감정처리 방법을 배울 수 있게 도와주는 것이 엄마의 역할이었을 것이라고 말했습니다. 그러자 엄마가 말했습니다. "그땐 아무것도 몰랐단다! 난 항상 그게 나한테 지르는 소리인 줄 알았어!"

저는 어린 제게 부모 노릇을 할 수 있을 만한 감정표현 방식을 가지고 있지 않았다고 인정하는 엄마의 정직함과 용기를 존중했습니다. 그날 우리의 대화에서는 제가 감정을 인정하는 법과 도움이 필요할 때 도움을 요청하는 법을 배우지 못했다는 점이 인상 깊었습니다.

부모의 정서적인 혐오 행위는 그들이 아이를 사랑하는 마음의 크기를 반영하는 것이라기보다는 그들 자신과의 단절 그리고 그들이 아이였을 때 보살핌을 거의 받지 못했음을 나타내는 증상이라고 볼 수 있습니다. 감정적으로 안전하지 못한 가정에서 자란 부모는 자기 자녀에게 비슷한 감정적 환경을 물려주는 경향이 있습니다. 그렇다 하더라도 그것이 부모 자식 간의 연결을 갈라놓지는 않습니다. 부모 자식 관계는 우리에게 장기적으로 상처를 주는데, 이 관계가 진심 어린 인정이나 사과로써 바로잡아지지 못하면 치유를 가로막기도 합니다.

어린 나이에 얻은 감정적 또는 심리적 상처는 '상처받은 내면아이'의 근원입니다. 자신의 감정과 단절된 채로 자라면 다른 사람을 신뢰하거나, 무언가를 부탁하거나, 도움을 받는 것이 어렵게 느껴지고, 거절에 대한 두려움 때문에 자신의 연약한 모습을 보이기가 힘듭니다. 우리는 자기 자신을 내던져버리고, 자신이 받아 마땅한 것보다 훨씬 못한 것들도 순순히 받아들입니다. 이는 공허한 마음을 채우기 위해서일 수도 있고, 끊임없이 우리를 비하하거나 우리의 위신을 떨어뜨렸던 매우 비판적인 과거 양육자의 모습을 똑같이 물려받았기 때문일 수도 있습니다. 이것이 바로 상처받은 내면아이의 뿌리입니다. 상처받은 내면아이를 치유하고 새로운 길을 견고하게 다지려면 연습이 필요하며, 자신의 새로운 부분들을 기꺼이 만나겠다는 마음가짐이 필요합니다.

통합된 성인이 되는 법을 알고 있으면 사랑을 주고받을 수 있고, 도움을 요청할 수 있고, 그러면서도 동시에 적절한 경계선을 유지할 수 있습니다. 또, 스트레스를 심하게 받거나, 큰 슬픔을 느끼거나, 갈등을 겪을 때도 감정을 밀어내거나 다른 사람에게 투영하기보다는 자기 자신을 돌볼 수 있게 됩니다.

상처받은 내면아이의 특징

- 자신이 망가졌다는 뿌리 깊은 믿음
- 버림받거나 사랑을 잃는 것에 대한 두려움
- 자신이 없거나 스스로가 탐탁지 않은 기분
- 낮은 자존감과 자기 자신에게 하는 부정적인 말들
- 다른 사람들에게서 인정받으려고 할 때 자아를 잃어버림

- 경계선을 세우거나 '노'라고 말하는 것이 두려움
- 중독성 물질, 쇼핑, 정신을 빼놓는 것들로 즉각적인 만족을 구하거나 무언가를 미루는 버릇

내면아이 의식하기

내면아이의 욕구와 목소리를 막아버리면 부지불식간에 아이 자아의 관점으로 관계를 이어나가게 될 수 있습니다. 그러니까, 타인을 아이 자아가 갈망하는 사랑, 돌봄, 보호, 수용의 근원으로 보게 될 수도 있다는 말입니다. 무의식적으로, 우리는 자신이 어렸을 때 부모님으로부터 받을 수 없었던 모든 것들을 파트너가 줄 수 있으리라는 잘못된 기대들을 가지고 있기도 합니다. 물론 관계를 통해 치유가 되고 깊은 충족을 얻을 수도 있지만, 파트너가 어린 시절의 빠진 퍼즐 조각을 모두 다 채워주거나 과거를 바꿔줄 수는 없습니다. 따라서 파트너가 이런 기대에 부응하지 못하면 우리는 어린 시절의 고통을 다시 체험하기도 하고, 상처받은 내면아이가 이런 큰 혼란을 일으키는 원인이라는 것을 전혀 알지 못한 채 무의식적으로 파괴적인 행동을 하기도 합니다.

그렇다고 해서 내면아이와 멀어져야 한다는 말은 아닙니다. 사실, 그 반대입니다. 상처받은 내면아이를 거절하면 혼란이 일어납니다. 관계 속에서 더 진실한 모습을 보이려면 내변아이를 의식하고, 그 아이의 두려움과 꿈과 열망을 들어줘야 합니다. 또, 치유

가 필요한 과거의 트라우마와 기억들을 알아내어 내면아이를 보호해줘야 합니다. **우리는 내면아이와 성인 자아 간의 건강한 대화를 통해 통합된 성인이 됩니다.**

이와 동시에, 마치 우리가 어린아이의 말을 들어주기는 하지만 아이가 차를 운전하게끔 두지는 않는 것처럼, 자신의 내면아이를 알아주려고는 하지만 그 아이가 우리의 삶을 운영하게끔 놔두지는 말아야 합니다. 상처받은 내면아이가 우리 삶의 운영자가 되면 우리는 관계에서 성숙하지 못한 방식으로 행동하고, 성질을 부리고, 남 탓을 하고, 충동적으로 반응하고, 거짓말하고, 상대에게 무리한 요구를 하거나 상대와 타협하지 않으려 할 수도 있습니다. 아니면 어린아이일 때 경험했던 그 모든 비난과 방임을 내면화하여 스스로가 자기 자신의 가장 큰 적이 되어 있을 수도 있습니다. 내면아이를 효과적으로 보살피려면 우리의 성인 자아가 지닌 지혜를 이용하고, 공감하는 자세로 그 아이가 하고 싶어했던 얘기를 들어주고, 그것에 성숙한 반응을 해줘야 합니다. 이는 당신 스스로가 보호의 근원이 되는 행위이자 당신 존재의 깊숙한 곳 — 내적 어머니와 아버지 — 에서부터 흘러나오는 사랑을 키우는 행위입니다.

우리 대부분은 머릿속으로 혼잣말을 하는 것과 똑같은 투로 순진한 아이에게 말을 뱉는다거나 감정적으로 힘들어하는 어린 존재를 무시해버리는 일은 꿈에도 생각하지 못합니다. 그런데 우리는 왜 자기 자신의 욕구를 억누르려 하고, 내면아이가 우리를 가장 필요로 할 때 그 아이를 무시하는 걸까요? 내면에 있는 아이와 다시 연결되면 자기 자신에게 말하는 방식을 바꿀 기회가 생기고, 당신이 받아 마땅한 친절과 공감을 스스로에게 베풀 기회가 생깁니다.

상처받은 내면아이의 인간관계

- 감정을 이해하고 그것을 표현하는 데 어려움을 겪는다
- 아무 말 안 해도 자신이 원하는 것을 파트너가 알고 있을 거라 생각한다
- 상처받았거나 화났을 때, 그것을 말하기보다는 암묵적으로 태도를 달리한다
- 파트너의 경험을 무시하거나 파트너가 무조건적으로 자신을 지지해줄 거라 기대한다
- 화가 났을 때 소리 지르고, 고함치고, 공격하거나 울화통을 터뜨린다
- 갈등 중에 자기중심적인 태도를 보이며, 다른 가능성도 있을 수 있다는 걸 잘 생각하지 못한다

통합된 성인의 인간관계

- 몸의 감각과 감정에 연결되어 있다
- 자신에게 필요한 것이 무엇인지를 알고 명확히 소통한다
- 자신이 원하는 것을 분명히 요청한다

- 갈등을 겪을 때도 자신의 진실을 지킨다

- 자신만의 경계선이 있으며 그것을 지킨다

- 자신의 내면아이가 중요한 감정을 처리할 수 있도록 시간
  을 준다

- 자기 사랑과 자기 돌봄을 연습한다

불안-회피형 애착 관계

벤과의 관계가 두 달쯤 되었을 때, 우리는 함께 그룹 탄트라 및 그림자 작업 훈련을 시작했습니다. 우리는 한 주에 세 시간에 서 아홉 시간 정도를 수행하는 데 썼고, '의식적인 관계'를 맺기 위해 노력했습니다. 하지만 적극적인 자세와 열망을 지니고 있었 음에도 불구하고, 우리는 생각만큼 감정적으로 성숙하지 못했습 니다. 그리고 이러한 사실은 우리가 갈등을 겪을 때 잘 반영되었 습니다. 우리는 내면 작업에 깊이 몰두하는 사람들이었습니다. 벤 은 상담사이기도 했지요. 하지만 우리는 둘 다 갈등을 겪을 때 전 형적인 '불안-회피형 애착 관계*'가 되어 있었습니다!

---

* 성인의 애착 유형에는 안정형 애착, 불안형 애착, 회피형 애착 등이 있다. 안정형은 스스로를 사랑 받을 만한 존재라고 믿는, 가장 건강한 유형이다. 불안형은 자신의 가치를 낮게 평가하는 경향이 있 으며, 애착 대상에게서 관심과 사랑을 얻어내려 하는 특성이 있다. 스스로가 사랑받을 만한 가치가 있는지 의심하기 때문에 애착 대상이 자신을 사랑하지 않는 듯한 뉘앙스를 풍기기만 해도 공격적인 언동을 하기 쉽다. 회피형은 타인을 믿지 않고 스스로의 가치를 높게 평가하는 경향이 있다. 애착 관 계를 맺는 것에 관심이 없으며 그것이 집착이자 속박이라고 생각한다. 자신이 정해놓은 거리보다 가 까워지려 하는 사람이 생기면 밀어낸다. 이러한 불안형과 회피형이 만나면 회피형은 속박감을 느껴 상대를 피하게 되고, 불안형은 회피형에게 집착하게 된다.

우리의 갈등은 다음과 같은 식이었습니다. "우리는 갈등을 겪을 것이다. 둘 다 감정 조절이 잘 안 돼서 상황이 악화될 것이다. 벤은 자리를 뜨려 할 것이고, 나는 더 과감하게 나서서 지금 여기서 바로 갈등을 해결할 것을 요구할 것이다." 저는 제가 의식적인 사람이며 그는 회피 성향의 사람이라고 확신했습니다. 그리고 우리가 겪고 있는 이 문제를 해결하는 것은 그에게 달린 것이라 확신했습니다. 당연히 저는 문제를 해결할 준비가 되어 있고 그럴 능력이 있는 사람이니까 말이죠. 또, 저는 제가 상황을 아주 분명히 보고 있다고 믿었습니다. 그리고 이러한 믿음으로 인해 저는 그에게 그가 취하고 있는 모든 행동이 잘못된 것이라고 쉽게 말할 수 있었습니다. 스스로에 대한 내면 분석은 거의 하지 않으면서 말입니다.

이런 애착 관계를 1년 반쯤 겪었을 때, 우리는 중대한 변환점에 이르렀습니다. 저는 제가 그를 가장 필요로 했을 때 거절당했고, 감정적으로도 버려졌다는 느낌 때문에 지쳐 있었습니다. 그리고 벤은 실패자가 된 것 같은 느낌 때문에 지쳐 있었죠. 우리는 둘 다 승리하지 못했고, 탈출구를 찾고 싶어졌습니다. 어느 날, 저는 지금까지 '그를 고치려고' 노력함으로써 우리의 패턴을 고치려 해왔다는 사실을 깨달았습니다. 저는 벤이 왜 자리를 뜨는 게 낫겠다고 느꼈을지 생각해본 적이 없었고, 그가 지쳐서 마음을 닫아버리거나 집을 떠나 헬스장에 가버릴 때 어떤 마음이었을지를 헤아

려본 적이 없었습니다. 그저 그것이 저를 신경 쓰지 않거나, 이제 제게 아무 감정이 없거나 아니면 단순히 '내면 작업을 할' 준비가 안 되어 있기 때문이라고 확신했을 뿐이었습니다. 저는 꽤 오만하고 방자했습니다!

제가 우리의 갈등 패턴에 대해 이야기를 좀 하자고 했을 때, 벤은 아마 제가 또다시 그의 태도에 대헤 긴 독백을 하리라고 예상했을 겁니다. 하지만 그러는 대신, 저는 갈등이 있을 때 제가 너무 자기중심적으로 굴었던 것에 대해 사과했습니다. 저는 그에게, 제가 우리의 관계 패턴을 정확히 파악하고 있다고 생각했으며, 나 자신의 감정에 책임을 지고 스스로를 진정시키는 법을 배우기보다는 그동안 모든 책임을 그에게 전가해왔었다는 사실을 깨달았다고 말했습니다. 그리고 이런 말을 했습니다. "지금부터, 갈등을 겪을 때 나와 같이 있는 게 힘들 것 같으면 내가 다른 방으로 가거나 내 내면아이와 시간을 보낼게." 이때 우리는 권력 다툼*을 하고 있던 시기였기 때문에 얼마 지나지 않아 또 다른 갈등이 생겨났고, 이런 상황은 제가 스스로를 진정시키는 연습을 할 기회가

---

* power struggle, 서로에게 푹 빠진 시기를 지나 관계를 유지할 때 생기는 여러 문제에 있어 자신의 영향력과 의견을 관철하기 위해 싸우는 것을 말한다. 돈을 쓰는 방식, 정치적 견해, 육아 방식 등이 서로 다를 때 싸우는 것이 이러한 권력 투쟁의 한 예이다. 관계 초기에 서로에게 푹 빠져 자신의 중심을 잃게 되었다면, 다시 각자의 중심을 찾아가기 위해 필수적으로 거쳐야 하는 관계의 한 단계다. 이 단계가 지나면 더욱 성숙한 사랑을 하게 되지만 고비를 넘기지 못하고 헤어지는 커플도 많다. 그러면 다음 관계에서도 비슷한 지점에서 관계가 정체될 수 있다. 권력 다툼이 쉽게 끝나지 않는 근본적인 원인은 이러한 다툼이 서로의 마음속 깊은 곳에 감춰져 있는 두려움을 자극하기 때문이다. 이러한 두려움에는 버려짐에 대한 두려움, 거절에 대한 두려움, 통제당하는 것에 대한 두려움 등이 있다.

되었습니다. 저는 벤에게 어떤 요구를 하거나 그를 통제하려 하기보다, 그저 이제부터 제가 감정처리 과정에 들어갈 것이라고 미리 알려주었습니다.

저는 손을 가슴과 배에 두고, 눈을 감은 채 길게 심호흡을 했습니다. 그리고 내 몸에서 떠오르는 모든 강렬한 느낌들을 느끼는 것이 안전하다고 확언했습니다. 저는 두려움, 공황, 불편함을 인식했고 고통에서 달아나기보다는 고통을 향해 계속 다가가면서 그 느낌에 몸을 내맡겼습니다. 그리고 저의 내면아이가 말하도록 내버려두자, 그 아이는 혼자 있는 것이 얼마나 두려운지를 말해주었습니다. 저는 이 시간 내내 제가 파트너를 고치려 하는 것에 집중함으로써 저의 내면 작업을 소홀히 해왔다는 것을 알게 되었습니다.

이런 과정을 통해, 한때는 우리의 관계에서 장애 요인이었던 것이 선물로 바뀌었습니다. 자리를 피하는 벤의 행동은 저의 내면아이를 알아갈 기회를 주었고, 그 아이에게 무엇이 필요한지를 다시 한번 알게 해주었습니다. 또, 내면에서 안정감을 되찾고 스스로를 진정시킬 필요가 있을 때 그것을 어떻게 해야 하는지를 배울 기회가 되었습니다. 만약 우리가 갈등을 겪을 때마다 그가 덤벼들어 저의 트라우마가 촉발되었다면 저는 더 안정적이고 건강한 애착 유형을 세울 기회를 얻지 못했을 것입니다.

나 자신의 감정에 책임을 지고 벤이 필요로 하던 혼자만의 시간을 주고 나니, 벤도 변하면서 차츰 저에게 다가오기 시작했습니다. 그리고 얼마 되지 않아 그도 갈등을 해결할 준비가 된 것 같다고 했습니다. 지금, 우리는 더 이상 불안-회피형 애착 관계를 맺고 있지 않습니다. 하지만 이렇게 되기까지는 오랜 시간이 걸렸습니다. 이런 변화는 강요로써 이루어진 것이 아니라 내맡김으로써 이루어졌습니다. 우리 둘은 먼저 내면을 살핀 다음, 성숙하고 의식적인 방식으로 서로를 향해 다가갔습니다.

저는 워크숍이나 온라인 코스를 진행할 때 거의 항상 이 이야기를 들려줍니다. 저와 함께 작업하는 사람들 대다수가 어떤 식으로든 이 불안-회피형 애착 관계를 경험해왔기 때문입니다. 애착 유형을 아는 것은 나 자신과 나의 내면에서 어떤 일이 일어나는지를 알아차릴 수 있는 강력한 방법이 될 수 있습니다. 나의 몸을 집처럼 편안하게 느끼기 위한 모든 노력 하나하나는 에너지를 해방시켜, 사랑에서 도망치기보다는 사랑 속에서 편안히 쉴 수 있도록 해줍니다.

인간이라는 존재는 근원적으로 다른 사람에게 애착을 갖도록 설계되었습니다. 자기 자신을 내버리지 않고서 사랑을 주고받는 법을 배우는 것이 건강한 애착의 모습입니다. 애착 욕구 ― 신체적 접촉, 계속해서 애정으로 곁을 지켜주는 양육자, 감정에 대한 세심한 챙김, 돌봄, 경계선 같은 것들 ― 가 어린 시절에 잘 충족되지 않았다면 우리는 자아를 잃어버리는 문제를 해결하려고 여전히 애쓰고 있을 수도 있습니다. 자아를 잃는다는 것은 버림받는 것에 대한 두려움을 경험할 때나 강한 감정이 개입되었을 때 다른 사람(가족, 친구, 파트너 등)에게 흡수되는 기분으로 표현될 수도 있습니다. 아니면 우리는 무언가를 간절히 얻으려 하거나, 쫓아다니거나, 갈등을 겪을 때 상대와 멀어지거나, 친밀감을 완전히 피하는 것과 같은 본능적인 반응에 익숙해진 채 성인으로 자랐을 수도 있습니다. 이 모든 것은 건강하고 안정적인 기반을 제공받지 못했던 어린 시절과 관련이 있습니다. 하지만 애착 유형은 고정적인 것이 아닌 유동적인 것이며, 의지만 있다면 우리는 모두 안정 애착형으로 바뀔 수도 있습니다.

왜 자기 진정을 배우나?

자기 진정 능력을 계발한다는 것은 다른 사람들을 밀어내거나 과하게 독립적인 사람이 되는 것과는 다릅니다. 나의 내면에서 일어나는 일들에 대해 책임의식을 갖게 되면 내게 무엇이 필요한지를 알 수 있고, 진심으로 나를 위해주는 사람들에게 도움을 요청할 수 있습니다.

공황 상태에 빠져 있을 때나 압도적인 감정으로부터 나를 구해줄 누군가가 절실히 필요할 때, 우리는 자기 자신을 잃습니다. 바로 이럴 때 우리는 사람들을 밀어내거나 이루어질 수 없는 사랑 또는 위험한 사랑을 쫓게 됩니다. 자기 진정은 모든 성인에게 중요합니다. 나의 감정으로부터 나를 구해주는 것은 내 파트너가 할 일이 아닙니다. 만약 우리가 내면에서 떠오르는 것들을 적절히 처리할 줄 모른다면 우리는 파트너에게 감정을 투영하고, 집착하고, 탓하고, 쫓아다닐 것입니다.

자기 진정은 우리가 자주적으로 살 수 있게끔 힘을 부여해줍니다. 자기 진정을 통해 나 자신을 이해할 능력이 생기기 때문입니다. — 이로써 우리는 언제가 스스로 이겨내야 하는 때인지, 또 언제가 다른 사람들의 도움을 받아야 하는 때인지 알 수 있습니다. 속도를 늦추고, 몸의 소리를 듣고, 나 자신의 내면아이와 소통하면 잠시 시간을 가졌다가 성숙한 반응을 보일 수 있습니다. 자신의 에너지와 감정에 책임을 진다는 말은 곧, 상황이 감당하기 힘들어졌을 때 몸 밖으로 탈출하는 것이 아니라 나 자신에게로 다시 돌아갈 수 있다는 뜻입니다.

내면아이 치유 명상

다음에 당신이 자신 없고, 불안하고, 어쩔 줄을 모르겠고, 슬픈 기분을 느끼거나 사람들을 멀리하고 싶다면, 또는 트라우마가 촉발되었다면 조용한 장소를 찾아 이 심상화를 연습해보세요.*

1. 눈을 감고 침대에 누우세요. 손은 배와 가슴에 올려두세요.

---

* 정신세계사 유튜브 채널 〈Inner World〉에 내면아이 치유 명상 가이드가 한국어 버전으로 올라와 있습니다.

몇 번 심호흡을 한 뒤 몸의 긴장을 날숨과 함께 내보내세요. 빛이 몸속으로 들어온다고 상상하고 편하게 있으세요.

2. 몸의 감각을 인식해보세요. 그 감각과 관련된 감정을 인식하고 그것에 이름을 붙여주세요. 찾을 수 있다면, 몸 어느 부분에 감정이 자리하고 있는지 알아보세요.

3. 이제 당신을 내면아이로 심상화해보세요. 당신과 당신의 아이 자아가 있는 환경을 인식해보세요. 당신은 지금 어릴 적 자랐던 그 집에 있나요? 당신의 방에 있나요? 아니면 자연 속 어딘가에 있나요?

4. 내면아이에게 인사를 건넨 뒤 기분이 어떤지 물어보세요. 그리고 아이의 말을 들어주세요. 그 아이는 할 말이 아주 많을 수도 있고 말이 없을 수도 있습니다. 만약 그 아이가 말이 없다면 그냥 그 아이와 함께 있어주면서 사랑으로 안아주세요. 아이가 당신의 무릎에 앉거나 당신의 품에 꼭 안길 수 있도록 해주세요. 선택은 아이가 합니다.

5. 내면아이에게 이제 당신은 어른이며, 당신이 아이를 안전하게 지켜줄 거라고 알려주세요. 감정을 느껴도 괜찮다고 알려주세요. 아이에게 당신은 아무 데도 가지 않을 것이며, 언제나 당신이 아이를 돌봐줄 거라고 말해주세요. 아이의 말을 들어주고, 아이가 자신을 표현할 수 있는 시간을 주세요.

6. 당신의 내면아이에게 친절하고 다정한 말들을 건네는 시간

을 가지세요. 만약 무슨 말을 해야 할지 모르겠다면 다음의 말들을 따라 하세요. "나는 언제나 널 위해 있어줄 거야. 너를 환영해. 내가 널 지켜줄게. 사랑해."

7. 내면아이에게 당신과 지금 맺은 연결을 상징하는, 곰 인형 같은 선물을 하나 주세요. 온기가 내면아이를 감싼다고 상상하고 아이와 함께 호흡하세요. 내면아이가 당신에게로 녹아들어 하나가 된다고 상상하세요. 계속 호흡하면서 이 느낌을 유지하세요.

8. 몸의 감각을 인식하고, 지금 당신이 어떤 기분인지를 인식해보세요. 당신의 몸에서 전보다 더 편안하고 안전하다고 느껴지는 지점이 어딘지 관찰해보세요. 몇 번 더 심호흡을 하고, 발가락을 꼼지락거린 뒤 팔다리를 쭉 뻗어보세요.

9. 눈을 뜨고 방을 쭉 훑어보세요. 차차 주변 환경에 익숙해지면 이렇게 말하세요. "나는 여기서 안전하다."

자기 진정이 필요할 때면 언제든 이 명상을 하세요. 당신이 감정을 거부하거나 억누르면 내면아이는 고통스러워합니다. 성인으로서, 당신은 이제 감정이 떠오를 때마다 자기 사랑과 연민을 통해 내면아이의 '부모 역할'을 해줄 수 있습니다. 내면아이 작업은 완성시켜야 할 무엇이 아닙니다. 이 작업은 우리 존재의 가장 연약한 부분을 다정하게 돌보는, 평생 해나가야 할 연습입니다.

내면으로 들어가서 비전^{vision}과 이미지에 주목하는 것도 우리를 영과 더 깊이 연결해줄 수 있습니다. 명상, 음악 감상, 자연에서 보내는 시간은 우리가 느끼는 고립감에 대한 해독제가 됩니다. 우리는 혼자 있으면서도 연결될 수 있습니다. 깊은 내면에 침잠해 있을 때, 우리는 자신의 새로운 부분을 만나게 됩니다.

내면아이 리추얼

내면아이와의 연결은 일일 수행을 하면서 유동적으로 진행할 수 있습니다. 내면아이 리추얼을 활용하면 창조성, 직감, 비전적 (visionary) 자질들을 더 크게 키울 수 있고, 주기적으로 우뇌를 활용할 수 있습니다. 만약 이 작업을 하는 것에 조금의 저항이라도 느껴진다면 이것이야말로 당신에게 꼭 필요한 작업일 것입니다. 가끔, 우리는 그 과정에서 느껴질 수도 있는 어떤 것을 두려워하기에 저항을 경험합니다. 아니면, 살아온 삶의 대부분 동안 자신을 부모로서 느껴왔기 때문에 아이가 되는 것이 편치 않을 수도 있습니다.

리추얼을 통해 내면아이와 영적으로 연결된, 영양가 있는 관계를 맺는 것은 마음과 영혼에 바르는 치유 연고이자 순수함으로 돌아가는 여정이 됩니다. 이 작업은 몇 번이고 계속해서, 저를 두려움과 분리라는 지점에서 영과의 하나됨과 진정한 따스함이라는 지점까지 저를 이끌어주었습니다. 다음의 리추얼과 명상은 제가 몇 년간 치유 작업을 하며 이용해온 수행법인데, 저는 당신과 이 수행법들을 공유할 수 있어서 정말로 행복합니다.

수행을 시작하기에 앞서, 적어도 일주일에 한 번은 다음의 리추얼 중 하나를 할 시간을 따로 마련한 다음 일일 수행 계획을 세우는 것이 좋을 수도 있습니다. 내면아이와의 관계가 발전되면 자신의 그 일부분과 항상 연결되어 있는 느낌을 받게 될 것입니다. 또, 삶 속에서 어려운 일이 생겨서 아이 자아의 기질들이 수면 위로 떠오를 때, 당신은 내면아이의 말을 귀 기울여 들은 다음 거기에 성인 자아의 지혜로 답할 수 있는 의식을 갖게 될 겁니다.

- 보디 스캔body scan하기 — 신체적 감각에 귀를 기울이세요.
- 눈을 감고 '어린 당신'을 심상화한 다음 대화하기. "기분이 어때?", "지금 필요한 게 뭐야?" 같은 질문들 물어보기.
- 내면아이를 반영하는 그림 그리기, 색칠하기 또는 예술활동 하기 — 완벽하지 못해도 완벽합니다!
- 창조성을 키우기 그리고 어렸을 때 좋아했던 것 하기
- 내가 지닌 지혜로운 내적 부모의 에너지로 나의 내면아이에게 편지 쓰기
- "너는 안전해", "너를 위해 내가 여기 있어" 같은 만트라 외기

내면아이 기념 제단

내 어린 시절 사진을 하나 고르고 내가 가장 좋아하는 꽃, 작은 캔들과 함께 그것을 제단에 올려두세요. 만약 어린 시절 사진이 없다면 나의 어린 자아를 나타내는 이미지 하나를 골라도 됩니다. 그다음, 곰 인형이나 어릴 때 가장 좋아했던 사탕, 특별한 물건 등 당신의 내면아이를 나타내는 물건 몇 개를 모아보세요. 이 물건들은 어렸을 적의 당신에게 특별한 의미를 지닌 것들이어야 하며 어떤 추억 혹은 생생한 느낌을 불러일으키는 물건들이어야 합니다. 제단을 바라볼 때는 가슴이 사랑으로 차오르는 것을 느껴보고, 내면아이를 수용하는 시간을 가지세요. 그러고 나서 내면의 부모를 활용해 내면아이를 돌볼 방법들 중 그날 끌리는 방법을 하나 선택하세요.

기억해야 할 것들

- 당신의 내면아이는 돌봄받고 통합되어야 마땅하며, 거절 당하거나 소외당해서는 안 됩니다.

- 내면아이와의 건강한 연결은 더 참된 당신 자신이 될 수 있 도록 도와줍니다.

- 내면아이를 치유함으로써 당신은 자신이 영 그리고 자연 과 하나임을 기억하게 됩니다.

- 이 작업은 내면아이의 말을 귀 기울여 듣고, 지혜로운 내적 부모로서 그에 답해주는 방법을 배우는 것입니다.

- 내면아이는 즐거움, 창조성 그리고 인생을 즐길 수 있는 능 력의 근원입니다. 놀고, 웃고, 즐기세요.

2부

과거 치유하기

나의 아이야,

너는 한 번도 버림받은 적이 없단다.

나는 언제나 여기 있었고, 너를 무조건적으로 사랑해왔어.

너는 그저 네가 우주와 하나라는 사실을 잊어버린 것뿐이야.

네가 누구인지를 기억하렴.

그리고 집으로 오렴.

달과 별의 신성한 품에 안기렴.

너의 모든 것은 완벽해.

— 영(spirit)

5장

버려짐의 상처 치유하기

우리가 애타게 누군가를 쫓아다니게 만들고, 만난 지 얼마 안 된 사람에게 빨리 사귀자고 밀어붙이게끔 만드는 것은 도대체 무엇일까요? 거절에 대한 강한 두려움과 나를 원하지 않는 것 같은 속이 뒤틀리는 느낌, 아니면 누군가가 나와 감정적으로 친밀해질 수 없는 사람이라는 신호를 감지했을 때 드는, 나 자신을 증명하고 싶은 충동 뒤에는 과연 무엇이 있을까요? 왜 사람들은 함께 장기적인 파트너 관계를 만들어갈 수 있는 사람보다 바람직하지 못한 사람에게 더 흥분을 느끼는 걸까요?

제 책의 수많은 독자들과 내담자들은 이러한 질문에 대한 답을 원하고 있습니다. 모두 관계 패턴 배후에 존재하는 힘에 대한 질문들이지요. 사람들은 관계 패턴을 만들어내는 그 원인을 없애고 싶어합니다.

거의 모든 인간은 관계를 추구하는 마음 깊은 곳에 누군가가 나를 봐주고, 내 얘기를 들어주고, 나를 이해해주고, 나를 원했으면 좋겠다는 열망이 있습니다. 이러한 열망은 과거의 트라우마가 있거나 누군가가 나를 원하지 않고, 봐주지 않고, 도외시했거나 나를 오해했던 경험이 있을 때 더 커집니다. 이처럼 과거에 받은 상처의 결과로 나타나는 것이 바로 '버려짐의 상처'입니다.

버려짐의 상처는 너무나 강력해서 우리 삶의 모든 영역에 스며듭니다. 그리하여 일할 때, 가족들과 집에 있을 때, 친구 관계를 맺을 때, 로맨틱한 관계를 맺을 때 우리가 어떻게 행동해야 할지를 명령합니다. 버려짐의 상처가 활성화된, 즉 치유되지 않은 상태라면 안정적이고 애정 가득한 관계를 구축하는 것이 완전히 불가능한 것으로 느껴질 수도 있습니다.

버려짐의 상처는 순전히 정신적인 생각 또는 사고방식의 문제가 아닙니다. 이 상처는 생존을 위해 습관적인 적응 반응(adaptive responses)을 형성하는 곳인 신경계와 얽혀 있습니다. 버려짐의 상처에 조치를 취하지 않고 그냥 놔뒀다면 '잘못된 적응 반응'(maladaptive responses) ─ 회피, 상대방과 멀어지기, 수동 공격성, 통제되지 않은 분노, 자기 방임 등 ─ 이 형성될 수 있습니다. 이는 우리가 다른 사람들과 건강한 관계를 형성하지 못하게 막는 반응들이지요. 상대방이 떠나기도 전에 떠나버리는 행동, 경계 태세를 절대 늦추지 않는 행동, 이루어질 수 없는 사랑을 애타게 쫓는 행동 등은 모두 버려짐의 상처 때문입니다.

감정적 버림받음

저는 한때 제이드라는 여성과 작업을 한 적이 있습니다. 그녀는 갈등을 겪을 때 파트너가 혼자만의 시간을 요구하기만 하면 트라우마가 촉발되었는데, 그 정도가 매우 심각했으나 그녀는 자신이 왜 그러는지 그 이유를 알지 못했습니다. 그녀는 부모님과의 사이가 좋은 편이었습니다. 제이드는 자신의 내면을 이토록 동요하게 하는 것이 무엇인지 전혀 알지 못했습니다. 하지만 저와 어린 시절에 대한 더 깊은 얘기를 나누던 그녀는 자신이 격한 감정을 느끼거나 분노를 표출하면 즉시 자신의 방에 홀로 남겨졌었다는 이야기를 해주었습니다. 그녀는 그 당시 어쩔 줄을 모르겠고, 무섭고, 완전히 버림받은 기분이었던 것을 기억하고 있었지요. 갑자기, 실마리들이 연결되면서 그녀는 자신의 핵심적인 감정 테마를 찾아낼 수 있었습니다. 그녀가 과거에 느꼈던 감정은 지금의 관계 속에서 느껴왔던 것과 정확히 같은 감정이었습니다.

이는 제이드에게 있어 크나큰 '아하 모먼트$^{aha\ moment}$'의 시작이었습니다. 그녀는 파트너가 갈등 중에 혼자만의 시간을 요구하는 것이 어째서 자신을 과거로 되돌아가게 하는 것인지 알게 되었습니다. 또, 그러한 요구를 받으면 왜 상처에 기인한 행동을 하게 되는지, 왜 파트너를 더 멀리 밀어내는 성급한 일반화나 비난을 하게 되는 것인지를 알게 되었습니다. 한 걸음 더 나아가, 그녀는 자신이 파트너를 몰아세우는 듯한 느낌이 들 때마다 잠시 시간을 가진 다음, 버려지는 것을 두려워하는 자신의 마음에 공감해주는 연습을 했습니다. 하룻밤 만에 변화가 일어나지는 않는다는 사실을 잘 알고 있던 그녀는 갈등이 있을 때마다 파트너의 경계선을 더 존중해주려 했고, 파트너에 대한 신뢰를 쌓는 데 열중했습니다.

제가 버려짐의 상처에 대해 말할 때면, 사람들은 그것이 말그대로 부모님으로부터 버려지는 것이라고 간주해버립니다. 어쩌면 버려짐의 상처에서 나타나는 모든 특징과 증상을 다 갖추고 있는 사람조차 자신이 "평범한 가정에서 자랐다"고 느끼거나 "우리 부모님은 두 분 다 잘 계신다"고만 생각하여 자신에게 그런 상처가 있다고 느끼지 않을 수도 있습니다. 하지만 이런 상처들은 우리가 감정적으로 버려졌다고 느낄 때, 혹은 대다수의 사람들이 흔히 겪는 어떤 경험 속에서도 얼마든지 생길 수 있습니다. 심지어 어떤 영적 전통에서는 우리가 이 세상에 처음 태어나 탯줄이 잘라질 때 원초적인 버려짐의 상처가 나타난다고 믿기도 합니다.

대부분의 사람들이 어느 정도 버려짐의 상처를 지닌 채 성인이 되며, 이는 필연적인 일입니다. 우리 중 어떤 사람들은 극단적인 인생사를 겪기도 했지만 어떤 사람들은 별다른 큰일 없이 살아오기도 했습니다. 자신의 경험을 인정받고자 서로의 인생사를 비교할 필요는 없습니다. 우리들 각자의 인생사는 다를 수 있지만, 받은 상처는 똑같습니다. 버려짐의 상처를 치유하면 "나는 망가졌다" 혹은 "나는 불완전하다"는 생각 너머로 나아가, 만유에 깃들어 있으며 우리 내면에도 있는 신성한 사랑 그리고 자연과 우리가 연결되어 있음을 기억해낼 수 있습니다.

버려짐의 상처가 생길 수 있는 때

- 부모님이 떠나가거나 돌아가셨을 때
- 부모님과 물리적으로는 함께 있지만 감정적으로 친밀하지 못했을 때
- 부모님이 물리적으로 부재할 때(부모님을 한 번도 만나보지 못했거나 입양되었을 시)
- 태어나자마자 또는 아이였을 때 건강에 문제가 있어서 수술, 입원 또는 부모와의 격리가 필요했을 때
- 부모님이 당신의 감정을 무시하거나, 벌주거나, 거부했을 때
- (휴가, 출장 등으로 인해) 부모님이 일정 기간 떠나 있었으나 어려서 그들의 부재를 이해하지 못했을 때
- 부모님이 복잡한 이혼 소송을 겪었거나, 재혼했거나, 바람을 피웠을 때

- 부모님에게 만성 질환이 있어서 당신의 물리적, 감정적 욕구를 돌봐줄 수 없었을 때
- 가고 싶지 않은 곳에 억지로 보내졌을 때(조부모님의 집, 여름 캠프 등)
- 성인으로서의 당신의 삶 속에서 친했던 사람이 불쑥 떠나거나, 배신하거나, 사망했을 때

활성화된 버려짐의 상처

버려짐의 상처는 우리에게 큰 의미가 있는 사람들과 교류하는 그 어느 때든 작게나마 활성화될 수 있습니다. 미묘한 수준에서, "나는 절대 안전하지 않다"든지 "좋은 것은 언제든 나로부터 떨어져나갈 것이다"와 같은 감각이 있을 수 있습니다. 계속해서 마음을 졸이며 안 좋은 일이 일어나길 기다리고 있는 것이죠.

저의 내담자 중 많은 이들은 버려짐의 상처가 활성화되는 신체적 감각을 "뜨겁다, 강렬하다, 공황의 느낌이다, 몸 밖으로 뛰쳐나가고 싶다"고 묘사해왔습니다. 이럴 때는 몸에 귀를 기울이는 매일의 리추얼을 만들고, 나 자신의 중심으로 부드럽게 돌아오는 법을 연습하는 것이 특별히 더 도움이 됩니다.

버려짐의 상처가 활성화되었을 때 나타나는 증상

- 사랑하는 사람이 부정적인 피드백을 주거나 비평했을 때 위협당하는 기분을 느낌
- 사랑을 지키기 위해 상대방의 비위를 맞춰줌
- 다른 사람들이 그들만의 경험을 할 수 있도록 놓아주는 능력이 부족함
- 다른 사람들을 통제하려고 함
- 버려짐에 대한 불안을 느끼며 최악의 상황을 가정함
- 별거 아닌 갈등에도 최악의 상황이 일어날 것이라고 상상함
- 동반의존적인 관계를 만들며, 오직 한 사람만을 믿기로 선택하고 나머지 사람들은 악마화함
- 갈등 상황에서 아이 자아로 돌아감
- 깊은 대화를 피하고 경계선을 세우지 않음 또는 '큰 파장을 일으킬' 수도 있는 감정을 공유함
- 감정적으로 안전하지 못하거나 친밀해질 수 없는 사람과의 깊은 관계를 좇음
- 상대를 잘 알기도 전에 재빠르게 파트너 관계를 맺음
- 명확하게 소통하기보다는 암묵적인 태도로 파트너를 벌함
- 사랑을 밀어냄, 도움과 애정 혹은 선물을 받기를 어려워함
- 거절당할 때 흥분과 자극을 느낌
- 다른 사람과의 관계에서 자기 자신을 잃어버리고 새로운

사랑을 위해 자신만의 취미, 목표, 우정을 버림

- 스스로에 대한 자신이 없고 자기 의심으로 점철되어 있음
- 온 마음을 다 빼앗긴 듯한 수준으로 전 파트너에게 매달림

자기 방임

버려짐에 대한 두려움은 역설적이게도 자기 방임(self-abandon-ment)으로 이어질 수 있습니다. 다른 사람에게 버려지거나 사랑받지 못하는 것에 대한 두려움에 사로잡힐 때, 우리는 평정을 유지하기 위해 자신의 욕구를 부인하거나, 현실을 부정하거나, 자신의 감정적 경험을 억누르기도 합니다. 하지만 자기 방임에는 엄청난 결과가 뒤따릅니다.

다른 사람의 비위를 맞춰주는 행동의 중심에는 "이 사람의 맞춤형 인간이 될 수 있도록 그의 삶에 나 자신을 구겨 넣어야 해"라는 믿음이 있습니다. 하지만 우리는 우리에게 어울리느냐 그렇지 않냐에 따라 사람들이 자유로이 우리 삶 속을 오고 갈 수 있도록 넓고 여유로운 마음을 가져야 합니다. 자기 방임은 자신만의 욕구 또는 열망이 있지만 그것이 거절될까 봐 두려워서 말하지 못할 때 일어납니다. 누군가가 우리를 부르면 일정이 있더라도 모든 걸 제쳐놓게 되는 때, 또는 로맨틱한 사랑에 너무 빠진 나머지 우정을 소홀히 하게 되는 때가 바로 이런 때입니다. 자기 방임의 굴레는 버려짐에 대한 두려움 그리고 자기 자신 — 자신의 별난 모습

을 포함한 모든 면 — 을 주장하는 것에 대한 두려움을 층층이 벗겨낼 때 비로소 끝이 나기 시작합니다.

다시 말해 위험을 감수하고, 나 자신을 나타내고, 뭔가 느낌이 괜찮지 않을 때 경계선을 세우고, 내게 중요한 어떤 것에 대해 입장을 분명히 취해야 한다는 말입니다. 만약 우리의 주된 우선 사항이 어떤 값을 치러서라도 사랑을 지키는 것이라면, 우리는 이런 행동들을 썩 기쁘게 하지는 못할 것입니다. **그러나 진정으로 의식적인 관계를 구축하려면 나 자신을 기꺼이 내보여야 합니다. 즉, 내가 가진 욕망이 무엇인지 확실히 나타내면서 진정한 나 자신이 누구인지를 보여줘야 합니다.**

자기 방임의 특징

- 새로운 사람과 급속도로 사랑에 빠지는 패턴이 있음
- 자신이 매력을 느끼는 사람을 위해서라면 모든 걸 놔버림
- 위험을 나타내는 신호를 무시하거나 상대가 자신에게 무관심하다는 걸 나타내주는 명확한 신호를 무시함
- 자기 자신이 아닌 다른 사람인 척함
- 새로운 사랑에 모든 시간을 씀, 친한 친구들을 곁다리 취급함
- SNS를 전 파트너나 전 파트너의 새로운 파트너를 염탐하는 데 씀
- 나 자신을 위해 세웠던 경계선을 무너뜨려버림

- 불편한 감정을 피하기 위해 술이나 기타 중독성 물질들을 사용함
- '노'라고 말하고 싶지만 '예스'라고 말함
- 나 자신을 존중하는 일보다 남의 비위를 맞추는 일에 대해 더 걱정함

데이트하기 그리고 미지를 수용하기

데이트는 혼란스럽고 겁나는 것일 수 있습니다. 당신은 어떤 데이팅 앱을 쓰나요? 상대에게 언제 답장을 해야 할까요? 이별 또는 이혼을 겪고 나서 얼마나 지나야 다시 파트너를 찾아도 되는 걸까요? 당신은 상대와 처음 만나고 얼마나 지나야 '우리 관계에 대한 얘기'를 꺼낼 수 있나요?

저는 워크숍을 진행하면서 내면 작업을 하는 내담자들을 꽤 보았습니다. 그들은 자신의 가치와 자신이 원하는 바를 분명하게 정해놓았지만, 여전히 자신과 상대방이 사귀는 관계인지 아닌지 확실히 도장 찍는 문제에 있어서는 안절부절못하고 있었습니다. 관계를 원하는 것에는 아무 문제가 없습니다. 하지만 버려짐에 대한 불안은 미묘한 방식들로 계속 우리의 관계 패턴을 장악하고 있을 수 있습니다. 이런 패턴 중 하나는 데이트 단계를 일사천리로 진행시켜서 탐색 단계 없이 사귀는 관계가 되는 것입니다. "이 사람 자체가 정말 좋은 걸까? 이 사람이랑 있을 때 안정된 기분인

가? 내 핵심 가치에 어긋나는 건 없나?" 같은 질문을 스스로 해보는 대신, 상처와 관련된 눈앞의 문제에만 마음이 쏠려 "이 사람이 날 선택해줄까?"에 초점을 맞추고 있는 것이죠.

조바심은 보통 불편한 감정에서 벗어나려는 충동으로서 나타납니다. — 지금 말하는 것은 데이트에 관한 조바심으로, 이다음에 무슨 일이 일어날지 알 수 없다는, 즉 이 사람과 내가 결국 함께하게 될지 아니면 그저 과정 중에 만난 사람 중 하나가 될지 알 수 없다는 그 불편한 느낌을 말하는 것입니다. 저는 만난 지 얼마 되지 않았는데도 상대에게 압박을 많이 주는 사람들을 꽤 봤습니다. 그들은 상대가 자신과 거리를 두기 시작하면 엄청난 비탄에 빠집니다. 우리가 누군가에게 너무 심하게 기대면 이 에너지의 힘은 자연스럽게 누군가가 우리에게 다가오게 하기보다는 멀어지게 만듭니다.

당신은 상대가 당신에게 어느 정도의 마음을 가지고 있는지, 어떤 관계를 원하는지 확인할 권리가 있지만 때로 우리는 이것의 진정한 의미가 무엇인지 헷갈려 합니다. 제 프로그램에 참여하는 어떤 이들은 사람을 만나서 그 사람과 몇 주 동안 데이트를 한 뒤, 상대방이 자신과 깊은 관계를 맺을 준비가 100퍼센트 되길 기대합니다. 하지만 누군가를 알아가는 일에는 시간이 걸리고, 앞으로 상대를 계속 만나기에 어긋남이 없는지 보려면 그와 대화를 많이 해봐야 합니다.

모든 이들에게는 그만의 속도가 있다는 사실을 기억하세요. 다른 사람이 모든 수준(정신적, 감정적, 영적으로)에서 당신처럼 움직여주리라고 기대하는 것은 꽤 비현실적일 때가 많습니다. 나만의 경계선을 지키고 내가 열망하는 것이 무엇인지를 명확히 하는 동시에, 마음의 여유를 키워 상대방만의 방식을 존중해주세요. 누군가를 만나고 싶은 마음이 없다고 딱 잘라 말하는 사람과 당신을 알기 위해 충분한 시간을 가지는, 속도가 느린 사람 사이에는 큰 차이가 있습니다.

버려짐의 상처가 있는 데다가 결과가 어찌 될지도 모르는 채로 데이트를 하는 것은 몹시 고통스러운 과정이 될 수 있습니다. 하지만 상대를 알아갈 시간도 없이 너무 급히 사귀는 것 역시 역효과가 있긴 마찬가지입니다. 정해진 기간 같은 것은 없지만, 일반적으로는 한 달에서 석 달 정도가 서로를 알아가면서 중요한 질문들을 하는 기간입니다. 이런 시간을 통해 양쪽 모두는 상대에게 자신을 더 깊게 만나보고 싶어하는 마음이 얼마나 있는지를 알 수 있지요. 이혼 후 맡게 된 자녀가 있어서 상대방과 각자의 가정을 합치는 것을 고민해야 하는 사람들은 이보다 훨씬 더 많은 시간이 필요할 수 있습니다. 가정을 합치겠다는 결정에 영향을 받는 이들은 파트너 관계를 맺기로 한 두 사람뿐만이 아니기 때문입니다.

버려짐의 상처가 남아 있거나 큰 슬픔을 겪은 지 얼마 안 되었는데도 데이트의 장에 뛰어든 이들도 많습니다. 이렇게 되면 데이트 풀^{pool}의 물이 흐려질 수 있습니다. 물론, 나가서 새로운 사람을 만나기 전에 완벽하게 치유될 필요는 없습니다. 하지만 불안감이 높고 자신감이 많이 떨어져 있을 때는 나 자신의 내면이 어떤지 주의를 기울이기보다 외부에 초점을 맞추거나 누군가가 자신을 원해주기를 집착하게 될 수도 있습니다. 그러니 불에 타는 듯한 그 다급한 느낌과 불안이 지나갈 때까지 기다리세요. 데이트, 사랑, 관계에서의 그 거대한 미지를 받아들일 준비가 될 때까지 기다리세요. 그런 다음 진정한 나 자신에 기반한, 차분하고 안정된 그 지점에서부터 앞으로 나아가세요.

거절 그리고 버려짐의 상처

나를 거절한 사람을 놓아줄 때, 우리는 힘을 잃은 기분을 느끼기도 합니다. 누군가가 우리를 떠나가버릴 때, 우리는 자세히 살펴봐야 할 많은 감정들과 함께 남겨집니다. 바로 이럴 때 버려짐의 상처는 활성화되기 시작하며, 우리의 가장 깊은 두려움도 그 모습을 드러냅니다. 즉, 너무 과한 사람 혹은 모자란 사람이 되는 것에 대한 두려움이 드러나는 것입니다. 그리고 이러한 두려움이 나와 함께하길 원치 않는 누군가에게 너무 매달리게끔 만들기도 합니다. 하지만 누군가에게 깊이 애착을 갖는다고 해서 그 사람이 진정으로 우리와 함께해야 할 사람인 것은 아닙니다.

우리가 끊임없이 상대방에 관한 생각을 하거나 필사적으로

'그를 되찾을' 방법을 구상하면서 상대를 놓지 못하는 것처럼 보일 때, 수면 아래에서는 다른 일이 벌어지고 있습니다. 이런 순간에는 자신의 내면아이를 돌볼 필요가 있습니다. 따라서 스스로를 방임하기보다는 다정한 내면의 부모로서 다가가 자신의 마음을 돌보아야 합니다. 누군가에게 거절당했을 때, 내면아이에게 귀를 기울인다면 우리는 그 아이가 다음과 같이 느끼고 있음을 알 수 있습니다.

무서움

상처받음

버려짐

안전하지 않음

거절당함

스스로가 모자란 느낌

아무도 나를 봐주지 않음

내가 중요하지 않은 느낌

잊혀짐

어린아이가 이런 감정들을 느낄 때 그 아이에게 가장 필요한 것은 뭘까요? 안전하다는 느낌, 안정되고, 안심되고, 보호받는 느낌입니다. 상처와 관련한 트라우마가 촉발되었을 때, 우리는 자연스럽게 자신이 집착하는 그 사람이 이 고통에 대한 해결책이라고 믿게 됩니다. 그리고 그 사람이 다시 돌아온다면 자신의 기분이 다시 나아질 거라고 믿지요.

하지만 진실을 말하자면, 당신과 함께하고 싶어하지 않는 누군가가 당신에게 안전한 기분을 느끼게 해줄 수는 없습니다. 그러니 자기 자신을 온전히 사랑하는 법을 배우고, 당신이 외부에서 찾고 있던 그 안전한 느낌, 안정된 느낌을 갖는 법을 배워야 합니다. 상대가 돌아오길 바라며 모든 에너지를 소진하는 대신 나 자신이라는 집으로 돌아가는 데 전념하세요. 건강한 사랑은 전략 짜기 같은 것이 아닙니다. 사랑받기 위해 '애쓸' 필요는 없습니다. 당신은 태생부터가 그저 존재하기만 해도 사랑받을 만한, 그런 가치 있는 사람입니다.

버려짐의 세 가지 유형

버려짐의 상처는 관계 속에서 보통 세 가지 형태로 나타납니다. 우리 중 어떤 이들은 끈적한 관계와 사랑을 애타게 쫓는 반면, 어떤 이들은 그것을 두려워하면서 과하게 독립적인 삶의 길을 택하기도 합니다. 한편, 또 어떤 이들은 상대에게 과하게 퍼주는 사람이 되기도 하지요. 여기, 버려짐의 세 가지 유형이 있습니다.

사랑을 쫓는 사람

사랑을 쫓는 사람(Love Chaser)은 종종 로맨틱한 환상과 '망상연애(imaginationship)*'에 빠져 관계라는 것이 실제보다 더 대단한 무언가이길 바랍니다. 이들은 이루어질 수 없는 사랑 또는 감정적으로 회피적인 성향이 있는 파트너를 적극적으로 쫓아다닐 수 있습니다. 또, 이들은 자신이 상대방을 '치유'하거나 그 사람의 마음을 열 수 있다고 믿으면서 자신의 노력을 고결한 것으로 여깁니다. 어떤 경우, 사랑을 쫓는 사람은 자신이 좋아하는 사람과 잘될 일말의 가능성도 없어졌을 때, 상대방에게 집착하거나 그를 쫓아다닐 수도 있습니다. 사랑을 쫓는 사람들은 한 사람을 향한 마음에 아주 오랫동안 사로잡혀 있을 수도 있고, 그 사람을 마음속에서 지우려고 애쓰거나 그 사람의 SNS를 몰래 확인할 수도 있습니다. 이 유형은 또한 상대에게 너무 빨리 빠져버려서 곧장 그와의 깊은 관계로 달려가버리는 경향이 있습니다. 이 유형의 사람들이 해야 할 작업은 새로운 사랑을 위해 자신의 모습을 변화시키는 것이 아니라, 관계 초반의 불타오르는 기간 동안 계속 친구들과 우정을 쌓고, 취미 활동을 하고, 해야 할 다른 일들을 하는 것입니다. 그리고 이를 통해 자신의 몸에 거하고, 속도를 늦추고, 더 직접적으로

---

* imagine과 relationship의 합성어로, 누군가에게 푹 빠져서 머릿속으로 지어낸 상상 속 관계를 뜻한다. 상대가 단순히 인사하기만 해도 그것을 대단한 호감의 표시라고 착각하는 것을 예로 들 수 있다. 짝사랑과 스토킹 사이의 어디쯤.

소통하고, 자기 자신을 존중하는 것입니다.

과하게 독립적인 사람

이 유형은 상대방이 자신을 떠나기 전에 자신이 먼저 떠나는 행동, 또는 사람들과의 관계에서 상처받지 않도록 그들과 충분한 거리를 유지하는 행동으로부터 안정감을 찾습니다. 과하게 독립적인 사람들은 자기 스스로 모든 것을 할 수 있는 힘과 능력에 자부심을 느낍니다. 대개, 이 유형은 외로움을 느끼고 아무도 자신을 신경 쓰지 않는다고 느끼면서도 다른 사람의 도움, 안내, 지원을 받아들이는 것을 어려워합니다. 이 유형들이 겪는 가장 큰 어려움 중 하나는 누군가를 마음에 들이기가 쉽지 않다는 점입니다. 그러다 마침내 마음에 들인 사람이 생기면, 이들은 그 관계가 비록 건강하지 못한 관계더라도 그것을 쉽게 놓아버릴 수가 없습니다. 과하게 독립적인 유형은 대개 사람들에게 자신의 모습을 잘 드러내지 않으며, 자신의 진짜 감정 혹은 내면 세계를 아주 소수의 사람에게만 보여줍니다. 이런 특성은 동반의존적인 관계 또는 불균형한 관계**로 이어질 수 있습니다. 과하게 독립적인 사람은 자신의 벽을 서서히 허물어야 합니다. 여기서의 핵심은, '천천히' 하라는 것입니다. 그래야 신경계에 무리가 오지 않습니다. 도움을

** 한 사람이 다른 한 사람에게 훨씬 더 많은 시간과 노력을 투자하는 관계. 이런 투자에는 감정적인 부분이나 재정적인 부분도 포함된다.

요청하되 '언제나 함께하는 것은 아닌' 상태로 있는 것은 자기 스스로 모든 것을 해야 한다는 믿음을 완화하는 데 도움이 되는 연습입니다. 안전한 느낌이 드는, 영양가 있는 친구 관계에 의지하는 것 역시 인간관계 기술을 연습할 수 있는 훌륭한 방법입니다!

과하게 퍼주는 사람

이 유형은 사랑받고자 하는 욕구와 인정받고자 하는 욕구를 강하게 느낍니다. 또, 사랑을 얻기 위해서는 노력해야 한다는 무의식적인 믿음을 가지고 있기도 합니다. 과하게 퍼주는 사람들은 자신이 무언가를 잘했을 때나 어떤 식으로 일을 해낼 때 더 많은 관심을 받고 더 많이 받아들여진다는 것을 일찍부터 배웠을 수도 있습니다. 이런 경험으로 인해 이들은 스스로를 방임하거나 자신의 에너지 용량을 넘어서는 수준으로 무언가를 퍼주는 행동을 할 수 있습니다. 과하게 퍼주는 사람은 진이 다 빠지고 억울한 기분이 드는 시점까지 자신의 모든 것을 다 퍼줄 수도 있습니다. 이들이 겪는 가장 큰 어려움 중 하나는 소리 내어 말하지 않았던, 자신이 바라는 많은 것들이 있으면서도 동시에 거절당하는 것이 두려워 자신의 바람을 말하는 것을 어려워한다는 것입니다. 이 유형은 자기 자신을 우선순위로 두는 법을 배워야 하며, 에너지를 적절한 곳에 적절한 정도로 균형 있게 사용하는 법을 배워야 합니다. 또, 자신이 무엇을 원하고 무엇이 필요한지를 더 직접적으로 소통하는 법을 배워야 합니다. 이들은 자신의 에너지가 다른 사람들에게 어떤 영향을 주는지 더 잘 의식할 수 있어야 하며 자제해야 할 때가 언제인지, 다른 사람에게 여유를 줘야 할 때가 언제인지를 인식할 필요가 있습니다.

우리는 일생 동안 서로 다른 시기에 이러한 유형들 중 하나 또는 전부를 체현할 수 있습니다. 가끔, 패턴은 우리가 누구와 함께하느냐에 따라 바뀌기도 합니다. 제 경우에, 저는 저의 경계선이 제 인생의 거의 모든 영역에서 꽤 확고하다는 것을 알게 되었습니다. 단 하나, 가까운 여성 친구들과의 관계를 제외하면 말이지요. 우울증에 시달리던 어머니에게 가장 깊은 상처를 받은 저는 여성 친구가 우울해하거나 힘든 시기를 겪을 때마다 저의 모든 경계선과 의식적 자각을 내던져버렸고, 무의식적으로 다시금 과하게 퍼주는 사람 역할을 하기 시작했습니다.

만약 당신이 계속해서 이러한 유형들 중 하나로 되돌아가고 있다면, 스스로에게 인내심을 가지세요. 익숙한 것에서 풀려나려면 많은 시간이 필요합니다. 당신이 관계 속에서 어떤 유형인지와는 상관없이, 통합과 치유로 가는 길은 똑같습니다.

버려짐의 상처 치유하기

나 자신의 모든 스펙트럼을 받아들이면 나를 온전히 사랑해 줄 수 있는 올바른 사람들이 삶 속에 들어올 수 있는 문호가 열립니다. 만약 상대방의 선택을 받기 위해 용을 쓰고 있다면 우리는 고통으로 가는 삶을 살고 있는 것입니다. 점차 치유됨에 따라, 우리는 스스로를 가장 잘 실현할 새로운 운명을 창조할 능력과 믿음을 발전시킵니다. 또, 상대가 어떤 사람인지를 우리에게 보여줄 수 있는 중요한 질문들을 할 용기와 확고한 경계선을 세울 용기를 키웁니다.

버려짐의 상처를 치유한다는 것은 과거를 지우는 것이 아닙니다. 치유는 없애는 것이 아닌, '함께 있어주는 것'을 의미합니다. 자신의 상처를 잘 알지 못하면, 상처는 삶 속에 큰 혼란을 일으킬 수 있는 힘을 지니게 됩니다. 하지만 자신의 상처를 인식하고 돌보면, 그 상처는 더 깊숙한 내면으로 우리를 데려다줍니다.

당신의 상처는 당신이 아닙니다. 그것은 그저 당신이 더 세심해질 영역일 뿐이며, 시간과 인내를 통해 당신 자신과 다른 존재들을 위한 지혜, 공감, 이해를 얻을 수 있는 잠재력을 지닌 영역입니다.

저는 상처가 우리의 망가진 부분들이라고 생각하지 않습니다. 비록 우리의 상처는 그렇게 느끼고 있지만 말입니다. 고통은 숨겨진 잠재력을 발견할 수 있는 통로가 됨으로써 우리에게 선물이 됩니다. 버려짐의 상처를 치유하는 일에는 공식이 없습니다. 치유는 자아와 연결됨으로써, 우리가 안전하다는 사실을 우리의 신경계에 천천히 상기시켜줌으로써 이루어집니다.

다음은 버려짐의 상처를 치유하는 여정 속에서 도움이 될 수 있는 몇 가지 연습입니다.

내면아이와 다시 연결되기

4장에서 배웠듯이 내면아이와 맺는 유대는 삶을 영위하는 데 필요한, 강하고 안정적인 기반을 제공해줍니다. 내면아이와의 연결은 더 성숙하고 더 자기 의식적인 버전의 나 자신이 되는 데 큰 힘이 됩니다. 공황, 무서움, 불안, 또는 불확실한 마음을 느낄 때 당신은 내면에 귀를 기울여 내면아이에게 모든 감정, 생각, 그리고 두려움을 말해달라고 요청할 수 있습니다. 버려짐의 상처는 종종 과거의 상처를 재현한다는 사실을 기억하세요. ― 그것은 당신이 결코 받지 못했던 애정 어린 돌봄, 당신이 열망했던 관심, 당신이 한 번도 받지 못했던 사랑에 대한 오래된 고통입니다. 이 상처가 활성화되면, 당신을 잘 보호해주는 내면의 부모를 활용해 경계선을 세우고 자신을 치유하세요. 내면아이는 항상 그곳에 있으며 당신이 자신을 봐주기를, 사랑해주기를, 받아주기를, 자신의 말을 들어주기를 기다리고 있습니다.

느끼는 것을 허용하기

감정에 대한 저항은 생명 에너지의 흐름을 차단합니다. 감정과 감각을 허용하는 연습을 하세요. 감정과 감각들이 일어날 때, 그 경험을 판단하지 말고 거기에 호기심을 가져보세요. 우리 중 많은 이들은 당황하거나 비웃음을 당하는, 또는 격한 감정에 휩싸이는 상황을 피하기 위해 감정을 부정하거나 억압하는 법을 배웠습니다. 하지만 감정적인 에너지를 처리하려면, 그리고 그것이 몸속에서 흐르게 하려면 그 감정은 느껴질 필요가 있습니다. 감정을 더 많이 붙잡고 있을수록, 그것은 더 무거워집니다. 각각의 감정적인 경험을 당신 가슴과 마음의 청소라고 생각하세요.

신체작업(somatic work) 하기 (몸으로 들어가세요!)

치유는 당신이 다시 몸 안에서 살게 됨으로써, 스스로를 다시 신뢰함으로써 일어납니다. 신체경험작업(somatic experiencing work)과 같이 치유자의 안내를 따라 하는 요법도 있지만, 그 외에 몸의 소리를 듣고, 몸을 믿을 수 있게끔 도와주는 간단한 연습들도 많이 있습니다. 하루를 보내며 잠시 멈추는 시간을 가지고, 호흡을 알아차리고, 당신이 느끼고 있는 감각에 이름을 붙여주세요. 고통과 트라우마를 붙잡고 있을 때, 우리는 종종 움직이지 않으려는 경향을 보입니다. 자연을 산책하고, 춤을 추고, 트라우마 특성화 요가

(trauma-informed yoga)*를 하고, 자신의 몸을 마사지하면 내 몸과의 관계로 되돌아가는 데 도움이 됩니다.

경계선을 세우고 경계선을 유지하는 법 배우기

자신의 경계선을 지킬 때마다 — 그것이 나 자신에게 세운 것이든 다른 누군가에게 세운 경계선이든 간에 — 당신은 버려짐의 상처를 적극적으로 치유하게 됩니다. 기억하세요, 자기 방임은 버려짐의 상처가 가진 부작용 중 하나입니다. 이 상처가 활성화되면 관심과 사랑 그리고 인정을 갈망하게 됩니다. 그리고 이것들을 얻기 위해 자신만의 욕구를 저버리거나, 경계선 문제에 있어 너무 과한 융통성을 보일 수 있습니다. 자신의 에너지적, 감정적, 신체적 경계선을 지키며 행한 사소한 행동들은 당신이 진정으로 원하는 삶을 창조하기 위한 힘과 용기를 기르는 데 도움이 됩니다. 경계선에 관해서는 12장에서 더 자세히 알아보겠습니다.

도움 요청하기

다른 사람들에게 도움을 요청하면 사람들이 당신을 도와줄

---

* 트라우마 특성화 요가는 뜻이 맞는 사람들의 공동체 속에서, 즉 안전하다고 느껴지는 환경에서 요가를 한다. 또, 일반적인 요가와는 달리 몸에서 분리되어 있는지, 고통이 느껴지는지에 대해 주의를 기울이게 하고, 필요하다면 요가를 멈출 수 있도록 한다. 트라우마 특성화 요가는 자세가 어떻게 취해지고 있는지에 대한 것보다는 그 자세를 취할 때의 느낌(몸 안에 존재하고 있는지)을 중시하며 현존과 그라운딩을 연습하게 하여 몸과 마음을 연결하는 데 더 큰 주의를 기울인다.

새로운 기회가 생깁니다. 또, 당신의 뇌와 신경계가 새로운 현실을 받아들일 기회가 생깁니다. 도움을 요청하는 것이 어렵게 느껴지거나 이 글을 읽는 것에 거부감을 느낀다면 이것이 당신의 성장 도전과제(growth edge)*일 가능성이 큽니다. 어렸을 때, 저는 도움을 청한 적이 없었습니다. 다른 사람들에게 좋은 인상을 주고 그들에게 인정받기 위해 모든 것을 스스로 하려고 애썼지요. 심지어 저는 저녁을 요리할 때 후추 열매 알갱이를 직접 깨기도 했습니다! 과하게 독립적인 사람에게는 도움을 청하는 자신의 행동이 엄청나게 연약한 모습처럼 느껴질 수도 있습니다. 하지만 우리는 인간으로서 힘든 일이 있을 때 서로 도움을 주면서 친밀감을 쌓습니다. 다른 사람들이 당신의 마음을 느끼고, 당신에게 도움을 줄 수 있는 기회를 주세요.

사랑 받아들이기

만약 지금까지 당신이 어떤 특정 감정 상태에 있을 때만 사랑받을 수 있다고 배워왔다면(대개 행복하고 쾌활한 감정일 가능성이 큽니다), 이제부터 당신이 해야 할 일은 파트너나 가까운 친구에게 자신의 새로운 면, 연약한 면을 보여주는 일입니다. **다른 사람에 대한 믿음은 자신이 사랑과 지지를 받을 가치가 있다는 믿음과 본질적으로 연**

---

* 자신의 미숙한 면을 개선하고, 더 성장하기 위해 노력해야 하는 지점을 말한다.

결되어 있습니다. 또한, 자신의 연약한 모습을 누구에게 보여줄지 정하는 것도 중요합니다. 정서적으로 안전하다는 것이 확실한 사람들을 고르세요. 그런 사람들은 당신의 말을 판단 없이 듣는 사람, 공감에 기반한 성찰을 제공해줄 수 있는 사람이며 당신의 문제를 고치려 하지도, 당신이 느끼고 있는 감정에서 벗어나도록 설득하지도 않을 것입니다.

나의 관심사, 취미 그리고 가치를 지키기

당신은 연애를 시작하자마자 상대방의 상황에 맞춰 움직이는 편인가요? 나만의 일정에 따라 이제 막 움직이려던 참인데도 상대가 전화를 걸면 일정을 취소하고 모든 걸 뒤로 미뤄놓는 편인가요? 때때로 우리는 상대가 우리에게 먼저 다가올 시간도, 관심을 보일 만한 여유도 주지도 않고 상대에게 달려듭니다. '나 자신과의 관계'가 모든 관계의 본거지가 되어야 할 필요가 있다는 것을 기억하세요. 당신만의 관심사에 전념하세요. 관계를 당신의 온 세상 혹은 당신의 정체성으로 만들지 마세요. 친구들과 무언가를 하고, 그룹 활동에 참여하고, 당신이 해야 할 역할들에 충실하세요. 그러면 당신은 자신만의 중심을 단단히 잡게 될 뿐 아니라 더 매력적인 사람이 됩니다. 이러한 행동이 당신만의 가치를 보여주기 때문입니다.

기억해야 할 것들

- 버려짐의 상처가 있다는 게 곧 망가졌다는 뜻은 아닙니다.

- 버려짐의 상처는 내면아이의 가장 연약하고 다치기 쉬운 부분입니다.

- 사랑이 많은 가족에게서 자랐어도 버려짐의 상처가 생길 수 있습니다.

- 부모님이 육체적으로 존재하셨더라도 감정적인 욕구가 충족되지 않으면 버려짐의 상처가 생길 수 있습니다.

- 버려짐의 상처를 치유한다는 것은 과거를 잊어버린다는 뜻도 아니고 사랑, 친밀감, 안심에 대한 욕망을 없앤다는 뜻도 아닙니다. 그것은 더 이상 고통에 지배당하지 않는다는 뜻입니다.

- 버려짐의 상처를 치유하는 동안에는 몸에 귀를 기울이고 감정에 이름을 붙이는 연습을 하는 것이 중요합니다.

- 아무도 이 상처를 치유할 책임이 없습니다. 누군가가 당신에게 이 세상의 모든 사랑을 줄 수 있다고 할지라도, 당신 역시 그 사랑을 받아들이기 위한 내면 작업을 해야 합니다.

- 버려짐의 상처가 촉발되면 내면아이 작업을 하고, 스스로를 진정시키고, 도움을 요청하고, 다른 사람들과 연결된 상태로 지내보세요.

어머니-아버지와 관련된 상처가 치유되면

부모님의 한계를 받아들이는 법을 배울 수 있습니다.

안전, 사랑, 안정에 대한 갈망을 채우려

끝없이 타인을 찾는 행동을 넘어서면

이것들을 우리 내면과 자연 속에서 찾을 수 있습니다.

6장

신성한 어머니와 아버지 에너지

　어머니 그리고 아버지와의 관계는 참 복잡합니다. 우리 각자는 어머니, 아버지와 독특한 관계를 맺고 있지요. 우리가 어떻게 자랐든 간에, 그러니까 신체적, 감정적으로 친밀한 부모님이었든 그렇지 않았든 간에 어린 시절에 부모님과 형성했던 관계는 우리가 평생 겪게 될 관계 경험 속에서 한 역할을 담당하게 됩니다. 우리가 어머니 혹은 아버지와 관련된 상처 때문에 겪는 대부분의 심적 고통은 부모님 자신의 처리되지 못한 고통과 치유되지 못한 트라우마의 결과입니다. 트라우마는 전승되며 세대를 거쳐 복제됩니다. 하지만 우리가 자손에게 트라우마를 물려줄 수 있는 것처럼, 지혜와 재능을 물려줄 수도 있습니다.

　'치유(heal)'라는 단어의 기원은 '온전하게 만들기'(to make whole)입니다. 우리 중에는 이생에서 부모님과 깊은 영적 대화 또는 변혁적인 대화를 나눌 기회가 없는 이들이 많겠지만, 우리 모두는 가족사의 부정적인 순환을 끝내고 영과의 관계를 통해 온전함을 되찾을 능력을 지니고 있습니다.

이번 장에서, 당신은 우주적 어머니와 아버지의 신성한 에너지와 연결되는 방법을 기억할 수 있을 것입니다. 이 어머니와 아버지는 인간, 즉 당신을 이 세상에 낳아주신 부모님에게만 국한되는 그런 것이 아닙니다. 저는 치유의 길을 걷던 중 자연과의 연결에서 큰 위안을 찾았습니다. 제가 부모님에게서 너무도 깊은 상처를 받았음을 알게 된 저는 절망과 슬픔에 빠져 있었습니다. 하지만 그 순간 달과 별, 나무와 강은 저를 꼭 껴안아주면서 제가 결코 혼자가 아니라는 것을 상기시켜주었습니다. ― 당신 역시 혼자가 아닙니다. 우리는 이 거대한 우주의 일부이며, 이곳을 집으로 삼고 있는 모든 생물, 식물, 동물과 연결되어 있습니다. 우리는 모두 연결되어 있습니다.

부모님과의 관계

부모님과 사이가 좋다면 내면 작업의 이런 측면까지는 굳이 탐구할 필요가 없다고 생각할 수도 있지만, 저는 당신이 호기심을 가지고 이 부분을 좀더 자세히 들여다보면 좋겠습니다. 지금의 인간관계에 어마어마한 변화를 주는, 미묘한 무언가를 발견하게 될지도 모르니까 말입니다. 만약 당신이 입양된 사람이라면, 친부모와 양부모 모두와의 관계를 탐색해도 됩니다. 만약 친부모를 만나 본 적이 없다면, 에너지적 수준에서 이 관계를 조사해볼 수 있습니다. 저 역시 만난 적도, 심지어 사진을 본 적도 없는 아버지와의 관계를 이런 에너지적 수준에서 조사해야만 했습니다.

만약 당신의 부모님 중 한 분 혹은 두 분 모두가 안 계셨거나, 당신을 학대했거나, 아프셨거나, 돌아가셨있다면 4장에 있는 내면 아이 명상을 자주 하는 것이 도움이 될 수 있습니다. 자신의 과거사를 마주하고 처리할 때는 다른 사람의 지원을 받는 것도 중요합니다. 천천히 가도 괜찮다는 것을 기억하세요. 그리고 다음 단계로 넘어갈 준비가 될 때까지 이 말을 마음에 담아두세요. 준비가 안 됐다면 서둘러 가지 않아도 됩니다.

만약 당신이 현재 부모라면, 이 장의 초점을 부모님과 당신의 관계에 맞추기보다는 당신이 부모로서 어떤 모습을 보이고 있는지에 맞춰도 됩니다. 이 책을 손에 들고 있다는 사실 자체가 당신이 어떤 부모인지를 보여줍니다. 당신의 아이가 몇 살이든 간에, 아이와 함께 어떤 일을 겪어왔든 간에 당신이 스스로의 치유 과정에 쓰는 이 작은 에너지는 아이에게 선물이 됩니다.

물론 우리가 아이에게 영향을 미치는 건 맞지만, 아이가 어떤 모습이 될지 혹은 어떤 사람이 될지는 우리가 전적으로 통제할 수 있는 문제가 아닙니다. 아이는 삶을 살아가는 자신만의 독특한 영혼의 길을 가지고 이 삶 속으로 들어왔으며, 우리는 그저 아이를 보살펴주는 사람일 뿐입니다. 다시 말해, 우리는 아이가 자신만의 길을 찾아나갈 때 아이를 지켜보고 돌봐주기 위해 여기 있는 사람인 것이죠. 우리가 아이의 모든 것이 될 수는 없습니다. 이 사실을 진정으로 알게 되면 무거운 짐에서, 즉 부모 노릇을 완벽하게 해내겠다는 생각에서 자기 자신을 해방시킬 수 있으며 진실한 모습으로 가족 관계를 맺을 수 있습니다. 바로 지금, 나 자신에게 집중해도 된다고, 흐트러져도 된다고 스스로를 허용해주세요. — 바로 여기서부터 관계가 치유되기 시작합니다.

부모님이 사랑에 대해 가르쳐준 것

어린아이일 때, 우리는 부모님을 신으로 봤습니다. 부모님은 우리의 보호자, 부양인, 양육자이자 안내자였습니다. 우리의 생존은 말 그대로 그들이 우리를 보살펴주느냐 그렇지 않느냐에 달려 있었습니다. 우리는 삶에서 맺는 첫 번째 관계, 즉 부모님과의 관계 속에서 사랑, 유대감, 그리고 안전과 관련한 모든 것을 배웁니다.

세상에 태어난 처음 몇 년을 정서적으로 안정적인 부모님의 애정 가득하고 안전한 품 안에서 지냈었다면 이런 경험은 우리의 남은 인생에 영향을 미치고, 우리가 이 세상 속에서 느끼는 안전함의 정도에도 영향을 미칩니다. 하지만 부모님과 단절되어 있었거나 그들의 양육이 부족했다면 이런 경험 또한 우리의 현 관계에서 나타납니다.

'어머니-아버지와 관련된 상처'는 보호, 사랑, 받아들여짐의 감각 — 부모로부터 받지 못했던 — 이 상실된 느낌입니다. 버려짐의 상처는 상처와 함께 홀로 남겨졌다는 느낌이 들 때 더 발전하는 반면, 어머니-아버지와 관련된 상처는 부모님으로부터 양육이나 지속적인 보살핌을 받지 못했다는 사실에 대해 민감하다는 특징이 있습니다. 어머니-아버지와 관련된 상처의 원인이 되는 초기 경험들은 무수히 많습니다. 예를 들어 자주 싸우는 부모님 밑에서 자랐거나, 정서적 혹은 육체적 학대를 하는 가정에서 살아야 했거나, 분노, 질투, 슬픔과 같은 감정을 표현하면 벌을 받았거나, 자녀를 응원해주거나 자녀에게 애정을 드러낼 수 없는, 감정적으로 막혀 있는 부모님 아래에서 자랐거나, 입양되었거나, 중독 문제 또는 질병으로 부모님을 잃는 경험이 그러합니다.

어렸을 때의 욕구를 충족시키지 못했다면 우리는 이 상처를 어른으로서의 삶에 끌고 와 그 해결책을 로맨틱한 관계에서 찾을지도 모릅니다. 물론, 파트너 관계는 확실히 우리에게 과거를 치유할 수 있는 기회를 제공해줍니다. 하지만 우리는 지금의 파트너와 친구들에게는 내 이전 사람들의 행동에 대한 책임이 없다는 것을 명확히 인식해야 합니다.

어머니-아버지와 관련된 상처가
로맨틱한 관계에서 나타나는 방식

- 불안-회피형 애착 관계
- 이루어질 수 없는 사랑이나 감정적으로 회피 성향인 사람들을 쫓아다님
- 사람들을 불행 속에서 구해주려 하고, 경계선이라는 것이 별로 없음
- 다른 사람의 비위를 맞춰줌
- 동반의존 관계
- 낮은 자존감
- 타인을 신뢰하기 힘들어함
- 질투
- 자기 파괴적인 행동(바람피우기, 거리 두기)
- 관계에서 불안감을 느낌
- 혼돈과 격동에 중독되어 있음
- 냉담해지거나 마음을 닫아버림 또는 갈등을 회피함
- 버려짐의 상처가 있음

상처 입은 어머니와 아버지의 유형

우리 대부분은 어머니, 아버지 또는 양육자의 손에 자라면서 아래에 나오는 유형들을 경험한 적이 있습니다. 이 글의 요점은

부모님을 비난하거나 탓하는 것이 아니라 그저 당신의 마음에 어떤 것이 공명하는지를 알아차리는 데에 있으며, 당신이 사랑에 관해 어떻게 배웠었는지를 더 잘 이해하는 데에 있습니다. 이런 정보를 통해, 당신은 가족 대대로 내려오고 있는 패턴과 당신의 마음속에 있을 수도 있는 분노를 인식하고, 결국 그것들을 방출하여 그 악순환을 멈추는 법을 배울 것입니다.

부재하는 부모

부재하는 부모는 육체적으로 거의 또는 전혀 존재하지 않은 부모를 말합니다. 또, 육체적으로는 옆에 있어도 정서적으로 무감각하여 아이를 양육할 수 없는 부모를 말하기도 합니다. 이러한 부모 유형은 아이를 학대하는 가정이나 중독 문제가 있는 가정에서 나타날 수 있으며, 양육자가 아이들을 보호해주지 않거나 위험한 환경을 제지하지 않는 가정에서도 나타날 수 있습니다. 부모 입장에서는 그럴 수 없었던 정당한 이유가 있을 수도 있지만, 아이 스스로가 받아들였을 때 이것은 버려진 느낌과도 같습니다. 부재하는 부모 밑에서 자란 사람들은 다른 사람의 보살핌과 지지를 받아들이는 것이 힘들 수 있고, 이루어질 수 없는 사랑에 매력을 느끼고는 상대의 사랑을 얻기 위해 노력하느라 분주할 수도 있습니다.

학대하는 부모

학대는 통제와 지배의 표현이며, 스스로를 방어할 수 없는 사람들에게 힘을 심각하게 남용하는 행위입니다. 학대하는 부모는 보통 그들 자신도 트라우마적인, 학대받은 과거를 가지고 있으며 자신의 가족에게도 계속해서 그러한 해를 끼칩니다. 학대하는 부모 밑에서 자란 사람들은 관계를 맺을 때 친밀감이 고통을 초래할 수 있다고 느끼므로 사랑을 신뢰하는 데 어려움을 겪을 수 있습니다. 이들의 내면에는 깊은 수치심의 감각이 자리하고 있을 수 있고, 영과 단절된 느낌 — 잊혀진 느낌 — 이 들 수도 있습니다.

감정적으로 굳어 있는 부모

감정적으로 굳어 있는 부모는 아이와 육체적으로는 같이 있지만 감정적으로는 부재하는 것과 다름없는 부모를 말합니다. 비록 부모의 몸이 아이와 함께 있다 하더라도, 이들은 자신의 가슴과 단절되어 있기 때문에 아이에게 공감해줄 능력, 유대감을 형성할 능력, 아이를 안내할 능력 또는 아이를 감정적으로 지도할 능력이 없습니다. 감정적으로 굳어 있는 부모 밑에서 자란 이들은 자기 자신의 감정과 감각에서 단절된 채 지나치게 자신의 논리에만 의지하는 삶의 방식을 배웠을 수 있습니다.

중독 문제가 있는 부모

일, 돈, 성 또는 중독성 물질에 대한 중독에 사로잡혀 있는 부모는 산만하고, 회피적이고, 자기중심적이며 아이가 부모에게 가닿을 수 없는 느낌을 줍니다. 이런 부모 유형의 두드러지는 특징은 신체적 또는 감정적으로 부재한다는 점, 이기적이라는 점, 부모와 자식의 역할이 뒤바뀐다는 점입니다. 중독 문제가 있는 부모 밑에서 자란 이들은 아이였을 때 자신의 부모에게 부모 노릇을 해줘야 했을 수도 있습니다. 이들은 성인이 되었을 때도 로맨틱한 관계 속에서 상대방을 구해주고 돌봐주는 패턴을 반복합니다. 이들은 낮은 자존감 때문에 힘들어할 수 있으며 자신에게 중요한 것들을 하며 사는 게 어려울 수 있습니다.

감정을 감당하지 못하는 부모

자기 자신과 아이를 적절히 돌볼 수 없는 이 부모 유형은 아이에게 기대어 정서적 도움을 받고, 과거의 상처와 트라우마의 무게를 아이에게 편파적으로 부담시키기도 합니다. 이 부모 유형은 또한 '자신을 구조해줄' 사람들과의 관계를 추구하는 경향이 있기도 하지만 이런 경향은 종종 그 값을 치르게 됩니다. 왜냐하면 소위 이런 '구조자'들이야말로 스스로를 통합하지 못한 사람일 확률이 가장 높고, 사람을 학대하고, 통제하고, 무시하는 사람일 수 있기 때문입니다. 감정을 감당하지 못하는 부모 밑에서 자란 이들은 구조자가 되려는 성향이 생길 수 있으며, 다른 사람들과 얽히는 것을 두려워하기 때문에 누군가와 관계를 맺을 때 회피하는 성향이 될 수 있습니다.

거부하는 부모

거부하는 부모는 자신의 부모로부터 학대 또는 거부를 경험했던 경우가 많습니다. 이런 경험 때문에 이들은 마음의 문이 닫혀 자신의 감정에 접근할 수 없게 되었으며, 이로 인해 자녀의 감정까지도 거부하게 되었습니다. 거부하는 부모는 아이의 감정을 문제 또는 '나쁜 것'으로 봅니다. 이들은 아이에게 감정을 다루는 방법을 안내해주거나 그 과정을 지원해줄 수 없습니다. 오히려 이 유형의 부모는 아이에게 벌을 주거나, 혼자 두거나, 극단적인 경우에는 아이를 버리기까지 합니다. 거부하는 부모 밑에서 자란 이들은 자신감과 자존감 문제로 힘들어할 수 있으며 제대로 이해받지 못한다는 기분이 들면 트라우마가 촉발될 수 있습니다.

죄책감 전략을 쓰는 부모

이 유형의 부모는 죄책감, 수치심 작전을 써서 아이가 자신에게 순응하게 합니다. 이런 부모는 타인을 조종하며, 분노와 불신을 일으킨다는 특징이 있습니다. 죄의식을 불러오는 이에게 경계선을 세우는 것은 어려운 일이 될 수 있습니다. 이런 부모 유형은 누군가가 자신에게 좀더 성숙한 모습을 요구할 때 "나는 제대로 하는 게 아무것도 없다"거나 "당신은 나라는 사람 자체를 바꾸려고 하고 있다"는 식의 말로써 상대에게 응수합니다. 하지만 그 사람 자체를 바꾸려고 하는 것과 그 사람과의 상호작용 방식에 대한 기준을 세우는 것은 다른 것입니다. 이 유형의 부모 밑에서 자란 사람들은 경계선이 빈약할 수도 있고, '감정적 조종'을 피하기 위해 타인에게 벽을 쌓을 수도 있습니다. 이들은 다른 사람을 믿는 게 어려울 수 있고, 통제당하는 느낌에 상당히 민감할 수도 있습니다. 아니면 갈등을 겪고 있을 때 방어적인 태도를 취할 수도 있습니다.

꿈 파괴자 부모

꿈 파괴자 부모는 매우 비판적이고 의심이 많으며 냉소적입니다. 이 유형의 부모는 어떤 일이 왜 불가능한 것인지에 대한 온갖 이유를 다 말해주면서 당신의 꿈이나 결정에 대한 모든 부정적인 측면을 말해주는 부모입니다. 꿈 파괴자 부모는 대개 부정성에 익숙해져 있다는 것을 기억하는 것이 중요합니다. 왜냐하면 이들이 자신의 부모와 한 경험이 바로 그 부정적인 경험이었기 때문입니다. 이들은 가끔은 자신이 정말로 아이에게 '사실'을 알려줌으로써 아이를 돕고 있다고 믿습니다. 꿈 파괴자 부모에게 꿈이나 계획을 공유하려면 자신의 길에 정말로 자신이 있으며 누군가의 격려를 필요로 하지 않을 때만 그렇게 해야 합니다. ─ 이들에게 서는 격려를 받지 못할 테니까요. 이 유형의 부모 밑에서 자란 사람들은 항상 자신을 증명해야 한다고, 사랑을 얻어내야 한다고 느낄 수 있으며 느긋하게 살거나 쉬는 것이 어려울 수 있습니다. 만약 당신의 가족 중 꿈 파괴자 유형이 있다면 당신은 소통과 비판에 대한 경계선을 세울 필요가 있습니다.

감정을 느끼고 경계선을 세울 권한

당신은 부모님을 향한 엄청난 사랑을 지니고 있는 동시에, 그들을 향해 엄청나게 날이 선 경계선을 세우고 있을 수도 있습니다. 만약 부모님이 당신에게 보인 (혹은 보이지 않은) 양육 태도 때문에 그들에게 분노를 느낀다면 그것을 존중하세요. 분노를 건너뛰어 사랑과 빛으로 갈 수는 없는 법입니다. **당신에게는 자신의 기분을 있는 그대로 느낄 수 있는 완전한 권한이 있습니다.** 자비심을 가지려 하거나 그렇게 해야 한다고 자기 자신을 몰아붙이기 전에 먼저 분노를 처리할 시간을 갖는 것이 필수적입니다.

스물일곱 살 여성인 애나는 제 프로그램 수강생으로, 몇 년간 감정적, 정신적 상태가 좋지 않아 고생 중인 어머니를 보살폈습니다. 애나의 어머니는 애나와 몸싸움을 벌이는 극단적인 방식으로 여러 차례 애나의 경계선을 넘었습니다. 시간이 지남에 따라 애나는 트라우마에서 벗어나기 시작했고, 어머니와의 거리 두기가 절실히 필요하다는 것을 깨달았습니다. 애나는 어머니가 자신에게 다시 폭언을 쏟기 시작할 때, 마침내 목소리를 높여 당신과 거리를 두겠다고, 그리고 갈등이 악화될 때는 더 이상 당신 곁에 머무르지 않겠다고 말했습니다. 그러자 애나의 어머니는 갑작스레 변화의 필요성을 느끼게 되었습니다. 하지만 애나는 별로 크게 기뻐하시 않았습니다. 그녀는 제게 이렇게 밀했습니다. "엄마가 마침내 상담 치료를 받아요. 엄마는 제게 전화를 걸어 자신을 칭찬해주길 바랐지만 저는 머릿속으로 '그게 당신이 할 수 있는 최소한의 기본적인 거잖아요. 정신 좀 차리세요!' 하는 생각밖에는 안 들었죠." 그녀는 그 당시 어머니에게 자비심을 낼 수 없었다고 말했습니다.

저는 동의하며 고개를 끄덕였습니다. 제게도 그녀와 같은 입장이었을 때가 있었으니 말입니다. 저는 한때 엄마에게 너무 화가 나서 엄마와의 거의 모든 대화를 전화를 끊어버리는 것으로 종결해버리던 시기가 있었습니다. 엄마는 제가 그 분노를 처리할 수 있게 도와줄 수 있는 사람이 아니었습니다. 그리고 대부분의 경우, 우리들의 부모님은 그런 존재가 되어줄 수 없습니다.

많은 경우, 우리의 고통을 부모님과 함께 처리하려고 하는 것은 역효과를 낳을 수 있습니다. 당신이 부모님과 공유 언어(shared language)를 가지고 있지 않는 한, 부모님은 당신이 무슨 말을 하는 건지 이해하지 못할 공산이 크며, 이러한 대화는 더 많은 좌절과 상처로 이어질 수 있습니다. 하지만 우리 모두는 이러한 분노를 다룰 수 있는 안전한 환경을 찾고, 관계를 어떻게 이어나가야 할지 분별할 필요가 있습니다. 대개, 내면 과정은 신뢰할 수 있는 안내자나 상담사에게 털어놓는 것이 가장 좋습니다. 아니면 당신의 이야기를 개인적으로 받아들이지 않고 그저 당신의 경험을 인정해주는 사람이나 당신이 겪고 있는 과정에서 한 발짝 더 나아갈 수 있게 안내해주는, 유용한 성찰을 제공해주는 그런 사람에게 내면 과정을 털어놓는 것이 가장 좋습니다.

많은 사람들은 부모님에게서 버림받거나 배신당한 기분이 들었다고 말하는 것에 죄책감을 느낍니다. 특히 부모님이 그들에게 거처를 마련해주고 먹여주는 것과 같은, 이론적으로 '옳은 일'을 해주었을 때 말입니다. 하지만 우리가 건강한 애착을 형성하려면 단순히 음식과 주거지만 필요한 것이 아니라 그 이상의 것들이 필요합니다. 그러니 당신의 개인적인 상태를 마음 편히 인정해도 괜찮습니다.

내 말을 들어주지 않고, 나를 봐주지 않고, 나를 제대로 이해해주지 않거나 버려졌다고 느끼는 방식들을 내면으로 들어가 인정함으로써 자신의 패턴을 이해하는 일은 부모님을 탓하기 위해서가 아닙니다. 이런 작업을 하는 이유는 분노, 원망 또는 큰 슬픔을 받아들임으로써 자유로워지기 위해서입니다. — 다시 말해, 새로운 이야기를 쓸 수 있는 자유, 부모님을 결백한 존재로 바라볼 수 있는 자유, 앞으로 나아갈 새로운 길을 선택할 수 있는 자유를 얻기 위해서입니다. 우리가 다른 사람들을 지키기 위해 스스로의 감정 상태를 부인하면 그 패턴은 다른 곳에서, 종종 우리의 로맨틱한 관계에서 그 모습을 드러낼 것입니다. 우리는 끝맺어지지 않은 일로부터 도망갈 수 없습니다. 그러니 느껴야 할 것을 느끼고, 내면아이를 돌보고, 과거와 화해하는 것만이 우리가 자유로워질 수 있는 유일한 방법입니다.

또한 우리가 살면서 만나는 사람들에게 경계선을 세워야 할 때는 좋지 않은 감정이 그 지침이 되어줄 수 있습니다. 애나의 상황에서처럼, 만약 가족 구성원들이 우리와 건강한 관계를 맺을 수 없거나 그러길 원치 않는다면 그들과 거리를 둘 필요가 있습니다. 또, 상황을 명확히 볼 수 있는 능력을 되찾을 수 있도록 시간을 좀 가질 필요가 있습니다. 그런 뒤 다시 그들과 관계를 맺을 준비가 되었다고 느낄 때, 바로 그때 우리는 관계의 조건을 정할 수 있는 힘을 갖게 됩니다.

부모님이 우리의 현실을 부정할 때

제가 스물한 살이었을 때, 저는 세상을 다르게 보기 시작했습니다. 저는 마음을 관찰하고, 생각을 재검토하고, 신념 체계를 재설정하는 법을 배우게 되었습니다. 새로 발견한 영성에 대한 흥분으로, 저는 엄마도 깨어날 수 있도록 돕겠다고 결심했습니다. 저는 엄마에게 무언가를 가르쳐주고, 엄마의 상황이 얼마나 잘못되어 있는지를 지적하고, 엄마가 더 빨리 치유될 수 있도록 돕는 데 많은 시간을 보냈습니다. 이 모든 것의 기저에 있던 것, 즉 제가 정말로 원했던 것은 엄마와의 유대였습니다. 저는 엄마가 치유되기를 원했고, 그리하여 제가 한 번도 받지 못했었던 부모로부터의 애정 가득한 돌봄을 경험할 수 있기를 원했습니다. 하지만 이런 저의 노력은 더 많은 오해와 혼란으로 이어지기만 했습니다.

20대 후반, 제가 세 살에서 열여섯 살까지 위탁 가정 안팎에서 어떻게 자랐는지에 대해 엄마에게 말해주자 엄마는 이런 현실을 부인했습니다. 저는 충격을 받았고, 혼란스러웠습니다. 엄마와의 통화를 마친 후, 저는 엄마와의 대화에서 가스라이팅 당한 기분이 강하게 들었습니다. 그래서 내적 중심을 잡기 위해 제가 이리저리 맡겨졌던 모든 위탁 가정들의 연표를 적었습니다.

그 경험 이후, 저는 엄마를 개입시키지 않고서 치유 작업을 하기로 결심했습니다. 저의 치유가 진정으로 시작되었던 것은 제가 저 자신의 방어기제, 에고, 상처받은 내면아이, 그리고 어렸을 때 견뎌온 모든 것을 아직도 비통해하고 있는 저 자신의 일부에 대해 배우기 시작하고 난 후부터였습니다. 저는 차차 치유되면서 부드러워지기 시작했습니다. 저는 과거에 대한 엄마의 방어기제들이 말로 이루 표현할 수조차 없는 엄마 자신의 트라우마와 제 어린 시절에 대한 내석 죄책감으로부터 엄마를 보호하고 있음을 이해하기 시작했습니다. 이것은 엄마가 제게 부모로서 다시 해줄 수 없는 것들에 대해 느끼는 엄청난 슬픔과 거리를 두는 방법이었습니다.

　바로 이때부터, 저는 엄마가 너무나 많은 큰 사건들을 겪어왔으면서도 꿋꿋이 잘 살아남았다는 사실에 대해 깊은 연민과 존경심을 갖게 되었습니다. 저는 더 이상 엄마에게 치유 작업을 강요하고 싶지 않았습니다. 우리의 길이 다르다는 것을 깨달았기 때문이었습니다. 엄마는 최선을 다하고 있었으나 그저 자신의 과거를 마주할 준비가 되어 있지 않았던 것입니다. 누군가에게 치유를 강요하는 것은 애정 어린 행동이 아닙니다. 엄마를 '고치기' 위해 필사적으로 노력하는 대신, 저는 엄마가 극복해온 모든 것에 존경심을 품었습니다. 제가 굳이 애를 쓰지 않게 되자, 마침내 엄마는 치유에 대해 더 자세히 알고 싶어하면서 개방적인 마음을 갖게 되었습니다.

　보통, 모든 가족 체계 안에는 특이점을 지닌 가족 구성원이 한 명쯤 있습니다. 특이점을 지닌 이 가족 구성원은 깨어난 사람이자 대물림된 가족 트라우마, 역기능, 또는 혼돈의 악순환을 끊는 데 전념하는 사람입니다. 이 책을 읽고 있는 당신은 당신의 가족 체계 안에서 특이점을 지닌 가족 구성원일 것입니다. 특이점을 지닌 가족 구성원은 가족의 패턴에서 벗어나 상황을 개혁할 때마다 수면 위로 떠오르는 큰 슬픔을 헤쳐나가면서 외로움을 느낄 수 있습니다. 이러한 외로움, 그리고 우리가 배우고 있는 것의 중대성 때문에 우리는 자신이 발견한 것을 부모님이나 가족들에게 알려주고 싶어할 수도 있습니다. 우리는 무엇이 잘못되었는지 그들이 알 수 있도록 돕는 것이 우리에게 달린 일이라고 생각하기도 합니다. 아니면 우리가 가족에게서 사랑받지 못했다고, 거부당했다고, 그들과 있을 때 안전하지 못하다고 느낀 관계의 방식들을 그들을 위해 체념하고 받아들일 수도 있습니다. 하지만 진실을 말하자면, 이런다고 해서 당신이 원하는 결과가 나오지는 않습니다. 우리는 누군가를 과정 속으로 끌어오지 않고도 이런 감정들과 함께 완성을 이룰 수 있습니다. 부모님에게 가해진 심한 압박, 예를 들어 실패자가 된 것 같은 죄책감 등은 종종 부모님 입장에서는 너무나 견디기 힘들 수 있습니다.

사람들은 자신의 길에 따라 자신에게 딱 맞는 타이밍에 치유의 깨달음을 얻게 됩니다. 그러니 사람들이 그런 깨달음을 얻게 하는 것은 우리가 할 일이 아닙니다. 그리고 현실적으로, 우리에게는 그렇게 할 힘이 없습니다. 우리가 해야 할 내면 작업 중 하나는 다른 사람들을 있는 그대로 받아들이고, 우리를 안전하게 지켜주는 경계선을 세우고, 각 사람들이 걷고 있는 길을 인정하면서 그들과 관계를 맺을 수 있는 여유를 갖는 것입니다. 우리가 깨어났다고 해도 모든 사람들이 우리를 이해할 수는 없을 겁니다. 그들은 깨어난 우리 때문에 위협 또는 두려움을 느낄 수도 있고, 불편한 감정으로부터 자신을 안전하게 지키기 위해 우리의 과거 경험을 부정할 수도 있습니다.

만약 부모님이 당신의 경험이 틀렸음을 지적하거나 묵살한다면, 그것은 부모님이 자신의 과거와 그에 따르는 죄책감을 직면할 수 없기 때문일 수도 있고, 당신에게 호기심을 가져줄 감정적인 능력이 없기 때문일 수도 있습니다. 부모님이 자신의 수치심을 마주하기 싫어한다면, 결과적으로 방어적인 태도나 부정하는 태도를 보입니다. 부모님과 이런 경험이 있었더라도 그것이 당신의 잘못이 아니라는 점을 알아주었으면 합니다.

사람들의 내면 작업을 돕고 싶은 벅찬 욕망을 느낄 때는 나 자신의 내면에서 무언가를 피하고 있지는 않은지 자세히 살펴보아야 합니다. 누군가를 깨어나게 하고 싶다는 것은 본질적으로 그들을 어떤 식으로든 바꾸기를 희망한다는 것입니다. 또, 우리는 종종 더 많은 인정, 사랑, 지지, 알아줌, 유대, 친밀감을 원하는 마음이 있을 때 누군가를 바꾸고 싶어합니다. 우리의 욕구는 충족될 만한 가치가 있는 것들이지만 그렇다고 해서 더 깊은 친밀감과 성장을 위한 우리의 제안을 모든 사람이 선뜻 받아들이지는 않을 것입니다. 다행스럽게도, 우리는 자기 자신을 사랑하기 위해 그 누구도 변화시킬 필요가 없습니다. 또, 우리 자신의 치유 작업을 시작하기 위해 다른 누군가가 치유 작업을 하게끔 만들 필요도 없습니다.

몇 년 전의 그 경험 이후, 엄마는 저와 깊은 대화를 나눌 수 있었습니다. 엄마는 저의 삶을 부정한 것에 대해 사과했고 제 경험을 인정했습니다. 저는 이런 일이 가능할 거라고는 예상도 못했었습니다. 그제야 저는 엄마가 제게 어떤 선물을 주었는지 명확히 알 수 있었습니다. 엄마가 저의 경험을 부정했을 당시, 저는 내면으로 들어가 저 자신을 인정해주겠다고, 밖에서 인정을 구하지 않겠다고 결정해야만 했습니다. 또, 저는 숲속에 있을 때나 영적 의식에 참여할 때면 언제나 매우 강력하게 느낄 수 있었던 신성한 어머니 에너지와 더 깊이 연결될 수 있었으며, 무엇보다도 엄마의 결백함을 볼 수 있었습니다. 때때로, 우리는 원하는 것을 우리가 바라는 시기에 얻지 못하기도 합니다. 왜냐하면 다른 사람들에게서 얻으려 하는 것을 자기 자신에게 주는 것 말고는 다른 선택지가 없을 때 우리에게 더 깊은 변화가 일어날 수 있기 때문입니다.

자기 수용 그리고 어머니-아버지와 관련된 상처

우리는 부모님의 움직임, 행동 패턴, 표현 방식을 거울처럼 반영합니다. 만약 어린 시절에 대한 좋은 기억을 가지고 있고 부모님과 화목하다면 큰 문제가 없을 수 있습니다. 하지만 부모님에 관한 기억이 고통, 심판 또는 혐오와 연결되어 있다면 우리는 스스로를 거부하는 마음이나 수치심을 지니고 있을 수 있습니다. 우리 모두는 어떤 면에서는 부모님을 닮았으며, 이 사실을 인정하면 더 깊은 자기 수용을 할 수 있게 됩니다.

엄마와 관련한 상처를 치료하기 전, 거울을 보던 저는 문득 제 얼굴에서 엄마의 모습이 보이자 가슴이 철렁했습니다. 저는 엄마의 눈과 코를 닮았고, 이 사실이 두렵게 느껴졌습니다. 이는 엄마가 못생겼다고 생각해서가 아니라 — 엄마는 사랑스러운 사람입니다 — 거울에 비친 저의 모습을 보니 엄마가 떠올랐고, 저는 아직 엄마를 용서하지 못했기 때문이었습니다.

스스로의 내면을 더 깊이 파고들면서, 저는 엄마에게 새로운 감정을 가질 수 있게 되었습니다. 저는 엄마와 닮은 저의 모든 모습을 천천히 인식하기 시작했습니다. 그리고 이러한 인식을 거부하지도, 두려워하지도 않자 따뜻함이 느껴졌습니다. 저는 제가 사랑하고 존경했던 엄마에게서 물려받은 저의 자질들을 보기 시작했습니다.

일단 한번 자기 거부와 어머니에 대한 거부라는 어둠을 기꺼이 직면하게 되자, 저는 더 깊은 자기 사랑과 통합의 감각으로 들어갈 수 있었습니다.

저는 어머니로부터 사소한 일에 불안해하지 않는 법을 배웠습니다. 또, 너그러워지는 법, 우스꽝스럽게 노는 법, 아무 이유 없이 기뻐하는 법, 저 자신을 믿는 법, 인내하는 법을 배웠습니다. 마침내 엄마가 지니지 못했던 모든 자질에 대해 화내는 일을 끝냈을 때, 저는 엄마가 지녔던 모든 자질에 대해 기뻐할 수 있었습니다.

당신이 어머니, 아버지와 맺은 관계가 당신의 현재 삶 속에서 어떻게 나타나고 있는지 — 특히 당신이 스스로를 보는 관점이 어떠한지, 당신 본성의 어떤 측면을 얼마나 기꺼이 체현해낼 수 있는지, 당신이 자신과 타인에게서 가장 강하게 거부하는 것은 무엇인지 — 를 알아보는 첫 단계는 부모님의 특성, 특징 그리고 패턴을 인식하는 일입니다.

마음이 편안하고 열려 있을 때, 조용한 장소를 찾아 촛불을 켜고 다음의 글쓰기 주제를 따라 글을 써보세요.

어머니

내가 싫어하는 어머니의 모습은:

내가 거부하는, 어머니를 닮은 나의 모습은:

내가 어머니에게서 항상 원했던 것은:

내가 좋아하는, 어머니를 닮은 나의 모습은:

아버지

내가 싫어하는 아버지의 모습은:

내가 거부하는, 아버지를 닮은 나의 모습은:

내가 아버지에게서 항상 원했던 것은:

내가 좋아하는, 아버지를 닮은 나의 모습은:

글쓰기 과정에서 살펴봐야 할 것들

당신이 싫어하거나 거부하는 부모님의 특성은 당신이 받아들이기 힘들어하는 스스로의 특성일 수도 있습니다. 여기서의 핵심은, 이러한 특성들이 당신 안에서 나타났을 때 더 의식적인 사람이 될 수 있도록 연습하는 것입니다. 예를 들어 남을 탓하거나 죄책감을 유발하는 것과 같은 경향이 이러한 특성에 해당합니다. 이럴 때는 그런 특성들을 억누르는 대신 그저 그 특성들과 함께 있어주세요. 당신은 이러한 행동들을 새로운 의식을 통해 더 많이 인지하게 될 것이며, 그러면 딩신에게 변회할 수 있는 힘이 생깁니다.

글쓰기 과정을 해나갈 때는 자신의 몸에 귀를 기울이세요. 가끔, 당신이 정말 싫어하는 부모님의 어떤 모습을 봤을 때 당신은 자신의 본성과 싸우게 될 것이며, 추(pendulum)의 반대 극으로 휙 움직여버릴 것입니다. 이러한 극과 극 사이는 당신이 이를 수 있는 영역을 나타냅니다. 한 가지 예를 들어보겠습니다. "어머니는 예술가였고, 저는 어머니를 싫어했습니다. 그래서 저는 그림을 그리고 싶어하는 저의 본성을 절대 받아들이지 않았습니다." 이와 같은 상처는 당신이 재능을 펼치지 못하도록, 완전한 자아실현을 향해 나아가지 못하도록 막습니다. 상처를 받아들인다는 것은 부모님과 닮은 우리의 모습을 수용한다는 것입니다. 비록 이러한 모습들이 우리에게 어려움으로 다가올지라도 말입니다. 이렇게 함으로써 우리는 더 이상 부모님처럼 되려고 혹은 되지 않으려고 애쓰지 않게 되며 스스로의 통합을 위한 마음의 여유를 가지게 됩니다. 그리고 그저 나 자신으로 존재하는 데 집중하게 됩니다.

당신이 양육자에게 바랐던 것, 하지만 결코 받지 못했던 것들에 주목하세요. 당신의 로맨틱한 관계 속에서 그것의 잔재가 보이지는 않나요? 당신은 당신 내면의 오래된, 익숙한 갈망을 활성화시키는 파트너를 꾸준히 선택해오지는 않았나요? 당신이 원하는 사랑이 바로 당신 눈앞에 있는데도 지금 당신의 눈에 껴 있는 렌즈 때문에 그 사랑을 볼 수 없는 건 아닐까요? 만약 이 질문들이 당신의 마음에 울림을 준다면 그것은 자기 진정, 내면아이 작업, 그리고 자연을 통해 내적 슬기와 연결되라는 신호입니다.

부모님과 닮은 자신의 모습을 인식하면 자신을 더 깊이 수용하고 사랑할 수 있습니다. 부모님으로부터 물려받은 당신의 긍정적인 모습들에도 주의를 기울이세요. 이렇게 하면 서서히 당신의 마음도 누그러질 것입니다.

부모님의 결백함을 알아주기

20대 초반에 저는 아야후아스카*라고 불리는, 아마존의 강력

---

* 아야후아스카는 제 인생 이야기에 있어서 중요한 부분이지만 이러한 치유 방법이 당신을 끌어당기고 있음을 확신할 수 있으며 신뢰할 수 있는 온전한 안내자가 있지 않는 한, 저는 아야후아스카 작업을 결코 추천하지 않습니다. 아야후아스카와 같은 약용 식물로 작업을 하기 위해서는 극도의 경의와 겸손한 마음을 가지고 있어야 합니다. 페루에 가서 아야후아스카 시장에 광고를 내는 샤먼이나 제대로 된 전통에 따라 훈련받지 않은 그 지역 치유자와 의식을 치르는 것을 저는 결코 추천하지 않습니다. 영적인 목적의 관광은 아야후아스카의 원료가 되는 식물에게 유해한 것일 뿐 아니라 그 식물이 자라는 전통 문화권에 속한 사람들과 그 장소에도 해롭습니다. 만약 당신이 아야후아스카로 치유 작업을 하기로 선택했고, 이 약용 식물이 치유의 지름길이나 빠른 해결책이 결코 아니란 걸 알고 있다면 이를 깊이 유념하고 신중해지세요. 여러모로 아야후아스카는 치유해야 할 상처를 강렬하게 직면하게끔 만들 수 있으며, 당신은 그것에 완전히 압도당할 수 있습니다. 아야후아스카보다 더 순한 약용 식물도 있습니다. 그러니 자신의 직감을 믿으세요. — 저자 주

한 약용 식물에 대해 알게 되었습니다. 그때 제게는 아야후아스카로 치유를 해보고 싶다는 마음이 있었지만, 동시에 두려운 마음도 있었습니다. 저는 그 약을 활용해 치유될 준비가 되려면 그에 앞서 상당히 많은 것들을 먼저 치유해야 한다는 사실을 알았습니다. 세월이 흐르면서, 제 내면에서는 아야후아스카 의식에 참여하라고 부추기는 듯한 조용한 속삭임이 들려왔습니다. 하지만 저는 좀더 때를 기다리면서 내면 작업을 계속했고, 다른 약용 식물들로부터 배움을 얻었습니다. 그러다 제가 이혼 절차를 밟고 있을 때, 내면에서 메시지가 큰 소리로 또렷하게 들려왔습니다. "이제는 너의 영혼이 허물을 벗을 때란다." 저는 제 가슴 주변에 세워져 있는 벽을 허물어야 할 때가 왔다는 것을 알았습니다. 이제는 에고를 벗어버리고, 에고의 반대편에서 나를 기다리고 있는 것이 무엇인지 알아내야 할 때가 온 것입니다.

이 직관적인 경험이 있고 나서 저는 벤을 만났습니다. 그는 아야후아스카를 활용해 자신만의 여정을 시작했고, 아야후아스카 의식을 함께하자며 그가 신뢰하는 치유자(curandero)에게 저를 데려갔습니다. 그리하여 벤과 만난 지 6개월이 되었을 때, 우리는 커플로서 첫 번째 의식에 참석했습니다.

처음 3일 밤 동안에는 어머니와 관련된 상처를 완전히 정면으로 마주하게 되었습니다. 저는 어두운 의식 장소에 누워 있었는데, 약 기운이 돌연 저를 집어삼켰습니다. 저는 초록의 습지 정글

로 밀려 들어갔는데, 그 과정이 상당히 요란스러워서 정신이 하나
도 없었습니다.

그때, 치유자가 나타났습니다. 그녀는 제게 마체테^{machete*}를
건네주며 이렇게 말했습니다. "준비됐나요? 이제 당신의 조상줄
(ancestral cords)을 끊을 거예요."

3일 밤 동안 저는 엄마의 삶과 엄마가 겪은 고통, 트라우마에
관한 비전을 봤습니다. 그 비전에는 심지어 제가 태어나기 전의
일까지도 나타났습니다. 그러고 나서 제 마음속 영사기가 쏜 듯한
두 개의 버블이 나타났습니다. 왼쪽 버블은 어린 시절의 트라우마
를 견뎌낸 엄마였습니다. 엄마는 세상을 헤매면서 생존을 위해 고
투했습니다. 엄마는 거의 아무것도 없는 상태, 자신을 안내해줄
사람도 없는 상태로 최선을 다했습니다. 그리고 오른쪽에는 제게
무언가를 빚진 엄마가 있었는데, 엄마는 저를 보통의 부모들처럼
사랑해줘야 했지만 그러지 않았습니다. ― 엄마는 엄마에 대한 저
의 기대와 실망이라는 무거운 짐을 짊어진 채 살아왔습니다. 그것
을 본 제 마음은 한결 누그러졌고, 엄마를 향한 원한과 분노도 풀
어졌습니다. 저는 이제 엄마를 엄마가 아닌 한 여성으로서 바라볼
수 있었습니다. 또, 이번 생에서 엄마가 신성한 어머니 원형을 체
현할 수 있는 기회를 얻지 못했었다는 사실도 받아들일 수 있었습

---

* 정글도. 날이 넓고 무거우며 보통 정글에서 벌초 및 벌채를 할 때 쓰는 칼.

니다. 저는 그 여성이 모성이라는 것을 접한 적이 없었으며, 지금까지도 어린아이와 비슷한 수준의 감정적 능력을 지니고 있다는 것을 보았습니다. 가슴이 열리면서 저는 어린 소녀였을 때 받지 못했던 것들에 대해 깊이 수용하는 마음을 낼 수 있었고, 엄마가 왜 그런 것들을 제게 해주지 못했는지에 대해 더 깊은 연민을 느낄 수 있었습니다.

6년에 걸쳐 아야후아스카 의식을 수십 번 치르는 동안, 제 조상들의 상처가 계속해서 나타났습니다. 외로움이라는 고통과 내 신경계를 타고 흐르는 두려움을 직면하자 어둠이 저를 감쌌고, 아야후아스카는 저 자신의 큰 슬픔을 처리하도록 저를 몰아세웠습니다. 저는 '이랬으면 어땠을까' 하는 아쉬움과 분노에서 벗어나 더 높은 우주적 에너지의 신성한 포용을 향해 나아갔습니다. 그 의식에는 저를 위해 자리에 함께해준 남성들이 있었는데, 그들은 저를 다시 자리로 앉혀주거나 제가 두려워할 때 제 곁을 지켜주었습니다. 저는 이 선한 남성들 모두에게서 아버지의 에너지를 느꼈습니다. 저는 내면에서 어머니를 발견할 수 있었고 풀, 나무, 물에서도 어머니를 발견할 수 있었습니다. 제가 치유되기 시작하자, 엄마의 상처도 치유되기 시작했습니다. 아무런 요구도, 기대도 하지 않았는데 말입니다. 저는 홀로 길을 개척하려는 제 의지의 힘이 얼마나 강력한 것인지를 알게 되었습니다.

우리 중 어떤 사람들은 조상들의 트라우마 패턴을 깨기 위해 여기 있습니다. 고통, 학대, 중독, 폭력을 대물림하는 악순환을 끝내고 사랑, 겸손, 연민, 진실을 대물려주기 위해 여기 있는 것입니다. 만약 당신이 지금 그러한 여정 중에 있다면, 나는 당신에게 전적으로 공감할 수 있습니다. 당신은 최고로 중요한 일을 하고 있습니다. 당신을 돕는 조상들이 당신 곁에 있습니다.

신성한 어머니와 아버지 에너지 체현하기

당신이 이 세상에 태어나기 전에 부모님을 선택했다고 믿든 아니면 모든 것이 무작위라고 믿든 간에, 힘과 자신감을 되찾기 위해서는 필수적으로 자신의 양육자와 개별화되어야 합니다. 양육자로부터의 개별화라는 것은 부모님 밑에 있는 아이(child)라는 역할에서 벗어나 자신을 돌보고 보살필 통합된 능력을 지닌 성인 자아가 되는 것이자, 자신의 오장육부에서 느껴지는 직감을 신뢰하는 것을 의미합니다.

신성한 어머니와 아버지 에너지는 무조건적인 사랑에 그 근원을 두고 있으며, 이 사랑은 당신 주변의 모든 곳에 있습니다. ─이 사랑은 영의 에너지와 연결되어 있으며 자연계, 즉 땅, 바람, 불, 바다, 강, 산과도 연결되어 있습니다. 네 다리 동물, 날개가 달린 동물, 풀, 나무 등은 모두 우리를 먹여 살리기 위해 함께 일하며, 언젠가는 우리도 다시 흙으로 돌아갑니다. 우리가 해야 할 일은 사랑이 당신 밖에 존재하는 어떤 것이 아니라 당신 존재의 전부이며 당신의 모든 것임을 기억하는 일입니다. 한 부모 가정, 두 어머니나 두 아버지 가정, 혹은 제3의 성에 속하는 부모의 가정 등 당신이 어디서 자랐든 간에 당신은 이 신성한 에너지와 연결될 수 있는 능력을 가지고 있습니다.

어느 따뜻한 여름날, 제 친구 안야는 광활한 뜰과 빼곡한 나무들이 보이는 집 테라스에 저와 함께 앉아 있었습니다. 우리는 어머니, 아버지와 관련한 상처를 치유하는 여정에 대해 이야기하기 시작했고, 그녀는 제게 자신의 이야기를 들려주었습니다.

안야가 어렸을 때, 안야의 아버지는 병으로 돌아가셨습니다. 안야는 모든 것이 극도로 혼란스러웠고, 누군가와 대화하는 것이 너무나 힘들게 느껴졌습니다. 그녀는 학교 쉬는 시간 동안에 아무도 모르게 친구들 사이에서 빠져나오곤 했습니다. 밝은 빨간색 꽃이 피는 커다란 열대목인 화염목 아래서 쉬기 위해서였지요. 그녀는 나무 아래, 두 개의 큰 나무뿌리 사이에 몸을 뉘었습니다. "나는 겨우 열세 살이었지만 그 순간은 기억에 남을 만한 어떤 평화를 느낀 순간이었어요." 그녀가 말했습니다. 안야는 자연이 어떻게 아버지의 품이 되어주었는지를 설명해주면서 떨어지는 꽃잎 아래에 누워 있는 것이 "아버지와 함께 있을 수 있는 방법처럼 느껴졌다"고 말했습니다.

그녀는 가정 내에서 슬픔이나 분노, 아버지를 그리워하는 자신의 깊은 심정을 표현하면 안 된다고 느꼈습니다. 안야의 어머니는 매우 다정한 분이었지만, 너무 감정적이라 안야가 우는 모습을 보는 걸 아주 힘들어하셨습니다. "우리 가족은 자신만의 고통을 처리하고 있었어요. 나는 우리 가족이 내 고통까지 떠안아줄 능력까지는 안 된다고 생각했고요. 그런 상황에서 그 나무는 생각을 잠재우고 내 고통과 함께 있을 수 있는 나만의 장소가 되어주었죠." 그녀가 말했습니다.

안야는 청년기 대부분을 '강한 사람'이 되어야만 한다는 분노와 슬픔 속에서 보냈는데, 그 당시 그녀가 가장 필요로 했던 것은 애도하는 마음을 표출할 수 있는 공간이었습니다. 그녀는 치유를 통해 어머니의 결백함을 보았고, 자신의 감정을 받아주지 못한 어머니의 무능함은 악의가 아닌 사랑에 그 근원을 두고 있다는 것을 깨닫게 되었습니다.

어린아이로서의 우리는 자연 속에 있는 것, 노는 것을 정말 좋아합니다. 우리는 본능적으로 원소들에 신성한 에너지를 불어넣어주는 법을 알고 있습니다. 성인으로서의 우리는 종종 선천적인 이 치유의 원천으로 돌아오는 것을 잊어버립니다. 중요한 순간을 겪고 있을 때 우리를 안아주는 화염목이든 땅속으로 파고 들어가는 우리의 발가락이 됐든 간에 자연은 우리가 여전히 여기 있다고, 우리는 괜찮을 거라고 상기시켜줍니다. 자연은 우리가 어머니 혹은 아버지와 관련된 상처로부터 벗어나 평화를 느낄 수 있는 곳입니다. 부모님을 부모의 역할에서 해방시킴으로써, 우리는 그들이 그저 한 명의 인간일 뿐이라는 사실을 받아들이게 되며 본능적인 치유 능력을 되찾게 됩니다.

신성한 어머니와 아버지 에너지를 키우는 방법들

내면아이와 소통하기

자신이 다정한 부모, 보살펴주는 부모라고 상상해보세요. '어린 당신'의 욕구와 열망에 귀를 기울이세요. 당신의 아이에게 다정하고 친절하며 상냥한 태도로 말하세요. 아이가 느끼고, 놀고, 자유롭게 연약한 모습을 표현할 수 있도록 허용하세요.

자신의 느낌으로 식별하기

당신은 정말로 그 일을 하고 싶나요? 정말로 그 사람 곁에 있고 싶나요? 정말로 섹스하고 싶나요? 정말로 그 음식을 먹고 싶나요? 정말로 오줌이 마려운가요? 자신의 몸에 귀를 기울이고 자신의 욕구에 반응해주는 작은 순간들은 당신이 신성한 어머니와 아버지 에너지에 다가갈 수 있도록 도와줍니다.

자연에서 신성한 어머니 에너지 경험하기

바다와 강, 나무, 풀, 꽃, 바람과 불, 땅과 뿌리 등 모든 원소는 신성한 어머니를 나타냅니다. 자연을 통해 신성한 어머니의 우주적인 에너지에 다가가는 일은 당신의 감수성을 되찾고 연결됨을 느낄 수 있는 강력한 방법입니다. 자연 속을 산책하고 진정으로 잠시 멈춰 자연의 소리를 듣는 시간을 가지세요. 눈을 감고 바람에 나뭇잎이 날리는 소리, 나무가 구부러지고 흔들리는 소리, 새들이 노래하는 소리를 들어보세요. 빗방울의 감촉, 햇빛이 피부에 입을 맞추는 느낌, 볼에 내려앉는 눈송이를 느껴보세요. 발을 강에 담그고, 바다에서 수영하고, 발밑의 땅을 느껴보세요. 그리고 당신을 먹여 살려주는 땅과의 연결을 느껴보세요.

보호 에너지 불러오기

우리는 일반적으로 아버지에게 보호의 특성이 있다고 생각하지만, 보호는 어머니와 아버지 모두가 가진 특성입니다. 자연에서, 당신이 가장 눈을 떼기 힘들어하는 것은 어미와 새끼 동물들입니다. 어미는 새끼를 보호하는 문제에 있어서는 사나워지기 때문에 어미에게 쓸데없이 간섭해서는 안 됩니다. 어머니와 아버지 모두는 자식을 보호할 때 불 요소를 체현합니다. 당신도 자신만의 그 사나움을 활용하여 경계선을 세우거나 스스로의 에너지를 보호하세요.

내면아이와의 경계선 세우기

당신의 아이가 말썽을 피우고 싶어할 때, 그걸 관대하게 봐주는 다정한 마음은 가지고 있되 성숙한 어른으로서 내면아이가 당신 인생의 운전대를 잡게 내버려두지는 마세요.

스스로 책임지기

다른 사람들을 비난하고 싶은 충동을 알아차리세요. 당신의 생각, 감정, 행동에 책임을 지세요. 의식적인 행동을 할 수 있도록 자기 자신을 부드럽게 이끄세요.

내 삶의 통치자 되기

원하는 삶을 살기 위해 다른 사람들에게 허락을 구할 필요는 없습니다. 이것은 당신의 인생입니다. 하지만 자신만의 진실을 찾아가는 동안에는 사람들의 피드백에 개방적인 자세를 갖는 것도 좋습니다.

즐거움을 우선시하고 많이 웃기

인간은 웃을 때 가장 잘 배웁니다! 당신이 행복을 위해 할 수 있는 것 중 가장 필수적인 것은, 내적 기쁨을 받아들이고 즐거움을 우선시하는 것입니다.

신성한 어머니와 아버지의 에너지와 연결되면서 당신은 부모님에 대한 감정을 표현하고, 또 그것을 해결해야 한다고 느낄 수 있습니다. 만약 그렇다면 다음과 같은 편지 쓰기 리추얼을 추천합니다. 이것이 당신의 분노, 원망, 상처를 완전히 인정하고 수용하여 마침내 해소시켜주는 과정임을 명심하세요. 받아들임의 길은 에둘러 갈 수 있는 길이 아닙니다. 그러니 이 리추얼에서 스스로가 완전히 표현될 수 있도록 허용하세요.

편지 쓰기 리추얼

부모님께 편지를 쓰세요. 편지에 모든 것을 다 쓰세요. — 부모님이 준 상처, 부모님께 말하고 싶었던 것, 부모님이 충족해주길 바랐던 욕구, 당신을 실망시켰던 부모님의 말과 행동, 당신이 사랑하는 부모님의 모습, 당신이 싫어하는 부모님의 모습 등을 모두 털어놓으세요. 이 편지는 부모님을 위한 것이 아니라 당신을 위한 것입니다. 이 과정에 깊이 몰입할수록 얻게 되는 것도 더 많아질 것입니다. **주의할 점은, 어떠한 경우에도 이 편지를 부모님께 보내지 말아야 한다는 것입니다. 이 편지는 당신만을 위해 쓰인 것입니다.**

가슴을 여는 심상화: 편지를 쓴 후, 눈을 감고 앉아 부모님의 에너지와 연결되세요. 부모님을 어린아이라고 상상하고 그들의 순수함을 느껴보세요. 당신이 앉아 있는 공간을 초록색 안개와 분홍색 안개가 채우고 있다고 상상하고, 그 안개가 당신의 가슴에서 뿜어져 나와 부모님의 가슴으로 들어가는 것을 심상화하세요. 부모님의 순수함과 당신의 순수함을 온전히 바라봐주세요. 따뜻하

고 자비로운 마음이 내면에서 자연스럽게 생겨나도록 하세요. 이 마음이 생겨났다면 그것이 당신의 에너지 몸 전체에 스며들도록 하세요.

불태우기 의식: 편지를 제단에 놓아두세요. 그러다 준비가 되었다고 느껴질 때(신월 혹은 만월 때도 괜찮습니다) 편지를 불에 태우거나 물이 담긴 그릇에 담가 녹이세요.

마무리 기도: 가슴에 손을 얹고 신성한 어머니와 아버지의 에너지를 불러오세요. 소리 내어 또는 마음속으로 이렇게 말하세요. "나는 내가 당신에게 부여한 역할과 바람들로부터 당신을 해방시킵니다. 나는 기꺼이 당신의 결백함을 봐주겠습니다." 이 조용한 공간에 앉아 있는 동안, 당신의 에너지를 의식해보고 당신이 지구에 뿌리를 내리고 있다고 심상화하세요. 당신을 안아주고 보살펴줄 영의 신성한 품에 안기세요. 이 사랑 가득한 연결은 당신이 원할 때면 언제든 활용할 수 있습니다.

기억해야 할 것들

- 어머니 혹은 아버지와 관련된 상처를 인정하는 것은 부모님을 탓하거나 부모님이 죄책감을 느끼게끔 만드는 것과는 다릅니다.

- 부모님과 치유 과정을 공유할 필요는 없습니다. 이 작업은 당신의 치유와 해방을 위한 것입니다.

- 어머니 혹은 아버지와 관련된 상처를 치유하는 것은 느리고 점진적인 과정입니다. 이 과정에서는 자신의 감정을 온전히 느껴야만 하며, 마침내는 받아들임이나 용서(혹은 둘 다)하는 법을 배워야 합니다.

- 우리 중 내면 작업을 하는 부모님 밑에서 자란 이들은 거의 없기 때문에 대부분의 부모님들은 우리와 심오한 대화를 할 기반이 마련되어 있지 않습니다.

- 당신의 부모님은 결점, 과거의 트라우마, 내적 장애물을 지니고 있는 인간적인 존재입니다. 부모님이 당신이 필요로 하는 부모의 모습으로 있어주지 못했다는 사실이 곧 당신의 가치를 반영하지는 않습니다.

- 당신의 가슴속, 마음속에서 부모님과의 관계가 바뀌면 치유와 변화가 일어나며 부모님과의 개선된 관계까지도 경험할 수 있습니다.

- 어머니와 아버지 에너지는 꼭 부모님에게서만 찾을 수 있

는 것이 아닙니다. — 이 에너지는 스스로를 보살피는 방법을 배우고, 자신의 마음을 잘 돌보고, 경계선을 세우고, 내적 목소리를 따름으로써 자신의 내면에서 발견할 수 있으며 자연 속에서도 찾을 수 있습니다.

- 신성한 어머니와 아버지의 에너지에 다가가는 것은 우주적 사랑 그리고 자연과 연결될 수 있는 훌륭한 방법입니다. 당신은 혼자가 아니라는 것을 기억하세요.

- 편지 쓰기 리추얼은 필요한 만큼 여러 번 해도 됩니다. 이 리추얼을 딱 한 번만 하면 완벽해진 기분이 들 거라고 기대하지는 마세요.

용서는 당신을 위한 것이지, 그들을 위한 것이 아닙니다.

당신의 감정적 경험은 정당하고 타당한 것입니다.

하지만 어쩌면 당신은 그토록 갈망하는 외부의 인정을

결코 받지 못할 수도 있습니다.

그래도, 치유하세요.

당신 삶의 통치자는 당신입니다.

그리고 지금은 새로운 삶의 이야기를 쓰기에

결코 늦지 않았습니다.

7장

용서 그리고 받아들임

다코타는 성장기에 아버지와 매우 친밀하게 지냈습니다. 그녀는 학교가 끝나고 집에 돌아와 저녁 시간 동안 자신의 하루가 어땠는지를 아버지에게 얘기하고, 아버지가 농장에서 일했던 시절의 이야기를 듣는 걸 좋아했습니다. 그녀는 아버지와 더 많은 시간을 보내기 위해 이웃 아이들과 노는 대신 종종 허브 정원에서 아버지와 함께 잡초를 뽑곤 했습니다.

다코타 부모님의 결혼 생활은 그다지 행복하지 못했습니다. 두 분은 한 번도 싸운 적이 없었지만 스킨십을 하거나 함께 시간을 보내지도 않았습니다. 심지어 같은 방에서 잠을 자지도 않았지요. 다코타가 아홉 살이 되었을 때, 아버지는 크고 너덜너덜한 파란색 여행 가방을 싼 뒤 자신의 픽업트럭에 짐 네 상자를 싣고 떠났습니다. 아버지는 학교에서 있었던 일을 물어보며 몇 달간은 다코타에게 전화를 걸었지만, 결국 전화는 점점 뜸해지면서 둘은 친밀했던 관계를 완전히 잃어버렸습니다.

스물여덟 살이 된 다코타는 제이콥이라는 남자와 사귀는 사이가 되었습니다. 제이콥은 종종 출장을 다녔고, 한 번 출장을 나가면 몇 주 동안 집을 비웠습니다. 다코타는 그가 긴 출장을 떠나기 전날 밤마다 그를 닦달했고, 큰 싸움을 자주 벌이곤 했습니다. 그녀는 제이콥이 출장을 가기 전 함께 보내는 마지막 밤을 싸우면서 보내는 게 싫었습니다. 그녀는 그와의 유대감을 절실히 느끼고 싶어했지만 자존심 때문에 다음 날 아침 그가 떠날 때까지 그에게 벽을 치고 그를 모른 척했습니다.

다코타는 이 파괴적인 패턴을 끝내고 싶어했습니다. 시간이 흐르면서, 그녀는 제이콥이 떠날 준비를 할 때마다 자신의 내면아이가 공황에 빠지기 시작한다는 것을 깨달았습니다. 파트너가 떠날 준비를 할 때마다 아버지가 떠나갔던 고통이 자극을 받은 것입니다. 파트너와의 관계를 위해 다코타는 아버지와 화해해야만 했고 지금껏 짊어온, 분노라는 과거의 짐을 이제는 내려놔야 했습니다. 그녀는 내면아이 작업을 하기 시작했고, 스스로를 진정시키는 법을 배웠으며, 아버지에게 쓴 편지를 제단에 올려두었다가 마침내 불태웠습니다. 시간이 지나자 그녀는 자신을 떠나버린 아버지를 용서할 수 있었습니다. 아버지를 생각하면 여전히 마음이 아팠지만, 더 이상 자신의 몸에서 느껴지는 감정을 외면할 필요는 없다고 느꼈습니다. 그녀는 자신의 과거 삶을 받아들였습니다. 그리고 치유되는 동안 자기 자신과의 아름다운 관계를 구축할 수 있는 기회가 생긴 것에 때로는 감사하게 되었습니다.

천천히, 다코타는 제이콥이 떠나기 전날 밤에 자신의 연약한 속마음을 바라보는 법을 배우게 되었으며 그와의 관계 속에서 중심을 찾게 되었습니다. 그녀는 더 이상 제이콥을 닦달하거나 밀어내지 않았고, 둘이 함께 보낸 밤이 서로를 더 친밀하게 만들고 더 깊은 유대를 쌓게 해준다는 것을 깨달았습니다. 아버지를 용서하게 되자 그녀는 자기 내면의 깊고 안전한 지점으로 들어갈 수 있었습니다. 얼마 후, 다코타는 자신이 한 명의 성인이 되었으니 더 이상 버림받을 수는 없다는 것을 깨달았고, 이후 삶을 신뢰하며 자신을 내맡기기 시작했습니다. 그녀는 자신의 파트너가 다른 길을 택해 떠난다고 해도 자신이 괜찮을 것이라는 사실을 알고 있었습니다.

'용서'는 많은 의미가 담겨 있는 단어입니다. 용서라는 단어는 우리 각자에게 다른 의미를 지니고 있으며, 이 의미는 우리가 과거에 어떤 경험을 했으며 현재 어떤 사람들과 인생을 함께하느냐에 따라 달라집니다. 용서란 겹겹이 쌓인 우리의 상처 아래에 숨겨져 있는 순수함을 보는 것입니다. 용서는 영적인 이해와 받아들임의 길입니다. 그것은 나쁜 행동을 영속화하거나 허용하는 것도, 누군가의 행동을 정당화하는 것도 아닙니다. 오히려 용서는 인간의 경험에 대한 더 깊은 이해를 갖게 해주며 우리의 마음을 분노, 마음의 응어리, 억울함으로부터 자유롭게 풀어줄 방법을 알려줍니다.

하지만 깊은 상처를 치유하는 데는 시간이 걸립니다. 이것은 엄청난 용기가 필요한, 느리고 비선형적인 과정입니다. 이런 작업에 거부감을 느끼고 놓아버리기를 두려워하는 것은 지극히 정상적인 반응입니다. 용서의 길은 모든 상처와 슬픔을 불가피하게 느껴야 한다는 것을, 나 자신을 분노와 비난으로써 보호하지 않겠다는 것을 의미하기 때문에 무서운 느낌이 들 수 있습니다.

마땅한 분노는 애도 과정에서 필수적인 감정이지만, 그렇다고 영원히 분노 속에만 머무를 수는 없습니다. 마음을 누그러뜨리고, 가슴으로 돌아가고, 용서를 체현하는 마지막 단계가 없다면 우리는 자신만의 이야기 속에 갇혀버릴 것이고, 고통도 결코 끝나지 않을 것입니다. 자신의 연약한 속마음을 마주할 수 있는 능력은 곧, 힘에 이르는 길이 됩니다.

용서는 자유로 가는 길

밤에 침대에 누워 누군가가 당신에게 약간 짜증을 냈던 일이나 상처 줬던 일을 마음속으로 곱씹어본 적 있나요? 샤워를 하면서 그때로 돌아간다면 그들에게 어떤 말로 대응할지 생각해본 적 있나요?

건강한 관계를 유지하기를 원한다면, 사람들의 사소한 잘못을 용서할 수 있어야 합니다. 사람들은 항상 의도치 않게 서로에게 상처를 주고 실수를 합니다. 그러니 어떨 때 용서를 해야 하는지 필수적으로 알아야 합니다. 사소한 일을 용서하기가 쉽지 않다면, 그 안에는 대개 어떤 이야기가 숨겨져 있습니다. 만약 어떤 사람과의 관계를 개선하려고 하기보다 그 사람과 빨리 절교하려 하거나 져주려고 한다면, 과거에서 비롯된 분노를 붙잡고 있을 가능성이 큽니다. 우리가 화목한 관계를 맺지 못하게 방해하는 것이 바로 이러한 분노입니다. 어쩌면 우리는 '모든 사람'이 다 어떻다는 식으로 성급하게 일반화하고 있을 수도 있고, 타인을 냉소적인 관점으로 바라보면서 "저 사람은 이전에도 그랬으니 이번에도 똑같은 결과가 나올 것"이라고 예측하고 있을 수도 있습니다.

과거에서 비롯된 배신감이나 분노의 감정은 우리가 깨어 있을 수 없게 만들며 우리를 비난, 원망, 내적 혼란의 패턴 속에 가둡니다. 물론 우리는 과거의 어떤 것을 놓아버리기 전에 상대가 자신의 지난 행위에 대해 책임감 있는 해명을 해주길 바랄 수도 있습니다. 하지만 받아들이기 힘든 진실이 하나 있으니, 그것은 바로 마음에 원한을 품으면 상대뿐 아니라 우리가 치러야 할 대가도 상당하다는 것입니다. **부모님, 형제자매, 과거의 파트너, 옛 친구들과의 치유되지 않고 해결되지 않은 관계는 우리의 내적인 감정 세계의 표면 아래 깊숙한 곳에 남아 있습니다.**

다코타와 아버지 이야기처럼, 누군가에게 분노의 마음을 가지고 있으면 그들은 우리의 마음속에 집세도 내지 않은 채 거주하면서 우리의 외적 삶에 잠재의식적으로 영향을 미칩니다. 어쩌면 다행스럽게도 이들의 영향을 의식하지 못하고 살아갈 수도 있지만, 그래봤자 고통받는 사람은 우리입니다. 용서와 받아들임의 과정을 그들에게 보내는 퇴거 통지라고 생각해보세요. 원한을 품고 과거의 일을 마음속으로 되새기는 한, 우리는 자유롭지 않습니다.

때때로 우리는 앞으로 나아가는 과정에서 우리의 적과 그에 수반하는 기억들을 진정으로 놓아버리지 않은 채 어둠 속에 보관해둡니다. 만약 당신이 그 사람이나 경험을 떠올릴 때 여전히 몸에서 부정적인 감정이 느껴진다면, 그것은 그 기억이 '격앙된 감정을 지닌' 기억이라는 신호입니다. 그 '격앙된 감정'은 그것들이 여전히 당신에게 힘을 행사하고 있다는 사실을 말해주고 있습니다. 당신이 모르는 사이에, 그 사람은 여전히 당신의 현재에 영향을 미치고 있습니다. 이런 식으로 그들에게 무의식적으로 에너지를 주면 몸의 불안, 피로, 긴장을 경험할 수 있습니다.

용서는 단지 과거와 화해하는 것만이 아닙니다. 때때로 용서는 이기적이어야 합니다. 용서는 우리의 힘을 되찾는 것, 더 이상 우리에게 영향을 끼칠 자격이 없는 누군가에게 에너지를 주지 않는 것입니다. 용서는 우리를 짓누르는 모든 것을 청산하고 우리의 의식 속에 더 가치 있는 것, 더 가치 있는 사람을 위한 자리를 내는 일입니다.

당신의 인생사에서 해결되지 않았던 관계를 인정할 때는 그 상대에게 아무것도 요구하지 않아도 치유될 수 있다는 것을 명심하세요. 답을 얻겠다고, 나 자신을 해명하겠다고 전 파트너나 부모님께 연락할 필요는 없습니다. 오랫동안 연락하지 않았던 사람들과의 과거를 들쑤시고 다닐 필요도 없습니다. 이런 일이 일어날 수 있는 분명한 기회가 있고, 또 그렇게 하는 것이 진정으로 옳다고 느껴질 경우에만 과거의 사람들에게 접근하세요. 잊지 마세요, 놓아버림은 그들을 위한 것이 아니라 당신을 위한 것입니다. **용서는 내적 자유로 향하는 길입니다.** 용서는 다시 사랑할 수 있도록 마음을 열 능력, 자신을 신뢰할 능력, 삶이 내어주는 깊이와 아름다움을 경험할 수 있는 능력을 확장해줍니다.

글쓰기 세션: 마음에 누구를 품고 있나요?

조용한 장소를 찾아 10분에서 15분 정도 숙고의 시간을 가져보세요. 분노, 원망 또는 해결되지 않은 감정이 얽혀 있는 사람들의 목록을 쓰세요. 당신에게 상처를 준, 당신이 마음과 가슴 안에 품고 있는 사람이 있나요? 격앙된 감정을 느끼게 하는 사람, 여전히 당신에게 영향을 끼치고 있는 기억이나 사람이 있나요? 나중에 용서 리추얼을 할 때 이 목록이 필요하니 계속 가지고 계세요.

용서할 수 없는 사람들을 받아들이기

점차 성숙해가면서, 저는 어머니에 대한 용서와 연민의 마음을 내기가 쉬워졌습니다. 엄마가 어린 시절부터 몸에 지니고 살던 트라우마와 학대를 이해하게 되었고, 제가 엄마에게서 받지 못한 것을 애도하는 대신 엄마를 위해 애도하기 시작했습니다. 할머니가 엄마를 끔찍하게 실망시켰던 그 모든 과거에 대한 애도는 제가 이제까지 경험했던 모든 일을 훨씬 능가하는 것이었습니다. 이때 제가 깨달은 것은, 제가 어머니는 용서했지만 할머니가 엄마에게 준 그 모든 고통에 대해서는 아직도 많은 분노와 원망을 품고 있었다는 것입니다.

저의 할머니는 학대를 쉬이 일삼는, 정신적으로 건강하지 못했던 여성이었습니다. 할머니가 한 일은 말로 표현할 수 없을 정도였습니다. 저는 할머니가 자신의 딸에게 어떻게 그런 만행을 저지를 수 있었는지 도저히 이해할 수 없었고, 할머니에게 연민을 가질 수도, 할머니를 이해해줄 수도 없었습니다. 할머니가 저지른 학대는 너무 심각했습니다. 제게는 할머니가 저지른 일을 이해할 방법이 전혀 없었습니다.

어떤 것들은 용서할 수 없습니다. 누군가가 나의 경계선을 침범했을 때 분노를 느끼는 것은 옳습니다. 정의를 추구하는 것은 옳습니다. 누군가의 에너지가 당신에게 해가 될 때, 당신의 삶에서 그 에너지를 제거하는 것은 옳습니다. 굳이 사랑으로 그들을 치유하거나 고통으로부터 그들을 구해줄 필요는 없습니다. 그건 그들이 할 일이지 당신의 일이 아닙니다. 바로 이런 마음에서부터 우리는 받아들임을 향해 나아갈 수 있습니다.

받아들이지 않는다면 우리는 우리 자신에게 저항하게 됩니다. 이것이 바로 수용이 중요한 이유입니다. 우리는 시간을 되돌릴 수 있기를 바라며 회한이나 복수에 대한 생각으로 몸부림치거나 매우 암울한 눈으로 세상을 바라보면서 과거를 되새김질할 수도 있습니다. 과거에 일어난 일이 괜찮지 않다는 것을 인정하게 될 때, 우리는 새로운 가능성을 받아들이겠다고 선택할 수 있으며 다시 가슴을 열고 살 수 있는 기회를 얻게 됩니다.

받아들임은 타인의 순수함을 보거나 그 사람의 행동 원인을 이해하는 것이 아닌, 과거를 다시 쓰거나 상황을 바꿀 수는 없다는 것을 알고 지나간 일을 기꺼이 있는 그대로 인정하려는 의지입니다. 우리는 받아들임으로써 자신의 현실을 통합할 수 있으며, 세상 속에는 선이 여전히 존재한다고 믿겠다는 의식적인 선택을 내릴 수 있습니다.

용서 또는 받아들임이 아닌 것

- 내 삶에 다시 그런 일이 일어나도록 허락함
- 두 번째 (혹은 세 번째, 네 번째) 기회를 줌
- 상대의 행위는 괜찮은 것이었으며, 상대에게 더 이상 책임

이 없다고 생각함

- 나에게 상처를 준 사건을 축소시킴
- 자신이 과거의 일에 대한 감정을 느낄 자격이 없다고 생각함

용서 또는 받아들임이란

- 이미 일어난 일은 바꿀 수 없다는 것을 인정함
- 내가 내 감정을 느끼는 것은 정당하며, 이제 무언가 다른 것을 느낄 준비가 되었음
- 과거의 사건을 마음속에서, 신경계에서 끊임없이 되새기는 것에서 해방될 준비가 되었음
- 더 이상 분노와 두려움을 몸에 잡아둠으로써 상대에게 힘을 주길 원하지 않음

준비되지 않았다면 놓아버리지 않아도 됩니다

우리는 목표를 향해 서둘러 달려가

애도의 감정에 타임스탬프를 찍는 문화 속에서 살고 있습니다.

하지만 당신은 다 털어버리고 앞으로 나아갈 필요도,

지금 당신에게 느껴지는 것이 아닌

다른 것을 느낄 필요도 없습니다.

놓아버릴 준비가 될 때까지 거기에 머물러 있어도 괜찮습니다.

당신의 화, 분노, 슬픔을 온전히 느낄 여유를 가지세요.

놓아버리는 과정에는 이뤄야 할 목표도,

달성해야 할 기준도 없습니다.

여기서의 유일한 요구사항은

당신 존재의 깊숙한 곳까지 다 느끼라는 것,

당신의 영혼이 찾는 것을 찾으라는 것,

당신이 구할 필요가 있는 것을 구하라는 것,

그리고 더 이상 당신의 가슴과 몸이

애도라는 고요한 겨울 속에 있지 않아도 될 때까지 쉬라는 것입니다.

영적 이상주의자들이 말하는,

'낮은 진동'의 감정들이 당신의 현실을 창조한다면서

긍정적으로만 생각하고

다른 것들은 다 '놓아버리라'고 하는 그런 소리는 듣지 마세요.

시간을 가지세요.

시간을 좀 가지면서 이 경험을 온전히 소화하세요.

천천히, 의식적으로, 조심스럽게 그것을 놓아주세요.

놓아버림은 하나의 의식(ceremony)입니다.

이는 우리의 잃어버린 희망, 꿈, 사랑, 삶을 놓아주는 것입니다.

당신이 지나고 있는 과정에 경의를 표하고,

천천히 놓아버리세요.

언젠가는 평화가 찾아옵니다.

용서의 여덟 단계

애도와 마찬가지로 용서 역시 단계적으로 이루어집니다. 어떻게 보면 애도의 과정과 용서의 과정은 따로 떨어질 수 없습니다. 과거에 대한 평화를 느낄 수 있기 전에, 우리는 부정, 분노, 타협, 우울, 받아들임을 경험할 수 있습니다.

1단계: 일어난 일에 대한 인정

당신은 머리에 거하고 있나요 아니면 몸에 거하고 있나요? 상처를 받았을 때, 우리는 종종 고통과 분노를 느끼지 않기 위해 몸에서 느껴지는 감정을 외면하고 마음을 닫아버리기도 합니다. 용서로 나아가는 과정을 시작할 때는 몸으로 돌아가 발생한 일에 대해서 자신이 어떤 감정을 갖고 있는지를 인정할 필요가 있습니다.

2단계: 분노하고 애도하기

발생한 일에 대한 감정을 빨리 감기로 느낄 수는 없습니다. 당신의 분노와 강한 감정의 불길은 사랑과 용서만큼이나 받아들일 만한 것이며, 대우받을 필요가 있는 것들입니다. 그리고 우리는 이러한 감정들을 느끼면서 치유의 터널을 지납니다. 모든 감정을 하나도 남김없이 온전히 느끼세요. 그리고 당신이 치유 여정의 어느 지점에 있든, 다음의 사실을 기억하세요.

> 당신의 분노는 소중합니다.
>
> 당신의 슬픔은 아름답습니다.
>
> 당신의 목소리는 중요합니다.
>
> 당신의 가슴은 순수합니다.
>
> 당신이라는 사람의 진실로 돌아가는 것은 안전합니다.

3단계: 이면에 숨겨진 상처에 접근하기

3장에서 우리는 감정 이면에 숨겨진 감정에 접근하는 법에 관해 이야기했습니다. 당신의 감정 속에는 놓아버리기 전에 먼저 느끼고 인정해야 할, 감정의 여러 층이 있을 가능성이 큽니다. 화 또는 분노와 같은 방어적인 감정에 접근할 때는 마침내 연약한 감정이 드러날 때까지 그 감정 아래에 무엇이 있는지 탐구해보세요.

4단계: 과거와 관련짓기

이 상황이 과거, 어쩌면 아주 어린 시절에 일어났던 어떤 일을 상기시키지는 않는지 탐구해보세요. 배신감의 극심한 고통이 과거 깊숙한 곳에 뿌리를 내리고 있기 때문에 이 시나리오상에서 놓아버리기가 더 힘든 건 아닐까요? 이 사람이 당신에게 무언가를 대표하는 인물은 아닐까요? 이를 탐구하는 데 더 많은 도움이 필요하다면 다음 장에서 투영에 대해 배우며 자세한 내용을 확인할 수 있습니다.

5단계: 나 자신의 상처에 공감하기

누군가가 우리에게 상처를 주거나 잘못을 저질렀을 때, 우리는 다른 사람이 우리의 경험에 공감해주기를 바랍니다. 다른 사람이 우리를 봐주고 이해해주기를 원합니다. 용서하는 과정에서는 스스로에게 공감을 실천하고, 내면아이에게 관심을 가져줘야 합니다. 자신의 가슴에 손을 얹고 내면아이에게 "네가 나에게 할 말이 있다면 어떤 말일까?" 하고 묻는 것이 자기 대화를 하는 방법입니다. 당신의 가슴이 말하도록 하고, 그것을 진정으로 들어보세요.

6단계: 현실 인정하기

자신의 경험이 부정당했다는 느낌을 받았다면 앞으로 나아가는 것이 엄청나게 힘들 수 있습니다. 용서의 과정을 겪어나갈 때는 당신을 공감해주고 인정해줄 수 있는, 믿을 만한 안내자 또는 상담사와 함께 작업하는 것도 매우 중요한 일이 될 수 있습니다. 하지만 주변에 그런 사람이 없다면 당신은 당신을 인정해줄 수 없는 누군가로부터 인정받기를 기다리고 있을 수도 있습니다. 자신을 믿고 자신의 속도에 맞춰 치유할 수 있도록 자기 인정을 배우는 것이 중요합니다. 다음의 만트라들을 외면서 자기 인정을 연습해보세요.

"나는 _____ 기분을 느끼고 있으며 이를 느끼는 것은 괜찮다."

"나는 _____ 기분과 _____ 기분을 동시에 느낄 수 있다."

"나는 이 상황에서 어떤 기분을 느낄지에 대한 권리가 있다."

"나는 이 상황에서 내가 할 수 있는 최선을 다했다."

"나는 분노를 환영한다."

"니는 애도히는 마음을 환영한다."

"나는 슬픔을 환영한다."

"나는 평화를 느낄 자격이 있다."

7단계: 새로운 현실 받아들이기

새로운 현실은 갈등, 큰 변화, 또는 혼란과 함께 우리의 삶에 찾아옵니다. 변화를 환영하든 거부하든, 우리가 확실히 기대할 수 있는 것은 오로지 변화밖에 없습니다. 앞의 여러 단계들을 거치면서 당신은 새로운 현실을 받아들이는 것이 훨씬 더 쉽다는 것을 알게 될 것입니다. 만약 현재의 현실을 받아들이는 것에 대해 강한 거부감을 느낀다면, 그것은 이전 단계에서 남아 있는 분노와 원망을 처리하거나 애도하기 위한 시간이 조금 더 필요하다는 뜻일 수 있습니다. 서두를 필요가 전혀 없다는 걸 기억하세요. 일주일 만에 어떤 일을 극복한 친구보다 더 많은 시간을 필요로 한다고 해서 당신이 그 친구보다 더 나은 사람이 되는 것도, 못한 사람이 되는 것도 아닙니다.

8단계: 평화 느끼기

모든 단계를 진정성 있게 거쳤다면 자연스럽게 평화를 느끼게 될 것입니다. 이러한 단계들을 거치면서, 완전히 괜찮아졌다가도 분노나 슬픔에 다시 휩싸이면서 기분이 왔다 갔다 할 수도 있습니다. 이는 지극히 정상적인 현상이며, '퇴행' 과정이 아닙니다. 앞으로도 새로운 감정의 층들이 방출되기 위해 더 많이 나타날 수 있으므로 그러한 일이 일어나도 수용할 수 있는 마음의 여유를 갖고, 과정이 계속 전개되는 동안 스스로의 마음에 호기심을 갖고 지켜봐주세요.

용서 리추얼

이 리추얼이 당신의 용서 과정을 도와줄 것입니다. (**이 책의 모든 편지 의식과 마찬가지로, 이 의식도 당신만을 위한 것입니다. 편지를 상대방에게 보내지 마세요.**) 당신이 아직 용서 중인 사람들 목록을 꺼내세요. 그리고 이 의식에서 집중할 한 사람을 선택하세요.

과거의 사람에게 편지 쓰기

- 그 사람에게 하고 싶은 말을 모두 쓰세요. 미친 듯이 화가 나더라도 그 화를 억누르지 마세요.
- 가능한 한 진지하게 이 의식에 임하세요. 기억하세요, 이것은 다른 누구도 아닌 '당신'을 위한 치유 과정입니다.

- 당신은 편지에서 강렬한 분노와 슬픔의 감정을 보게 될지도 모릅니다. 누군가(과거의 연인, 부모, 친구)에게 마음을 열었을 때, 그리고 상대방이 내 사랑을 당연하게 여길 때 가장 쓰라린 배신감이 느껴집니다.
- 당신이 그 사람에게서 원했던 모든 것과 그 사람이 당신을 실망시켰던 모든 일들을 쓰세요.

문장 완성하기

편지를 쓸 때는 자신만의 방식으로 써도 됩니다. 다만, 어떻게 써야 할지 모르겠다면 다음의 문장들을 활용해보세요. 이 문장들은 내면을 더 깊이 파고 들어갈 수 있도록 유도해줍니다.

내가 당신에게 화가 난 이유는 ＿＿＿이다.

내가 당신을 싫어하는 이유는 ＿＿＿이다.

내가 당신을 사랑하는 이유는 ＿＿＿이다.

내가 당신에게 바라는 것은 ＿＿＿이다.

내가 두려워하는 것은 ＿＿＿이다.

내가 당신에게 하고 싶은 말은 ＿＿＿이다.

우리 관계에서 내가 맡았던 역할은 ＿＿＿이다.

내가 당신의 책임이라고 생각하는 것은 ＿＿＿이다.

내가 책임져야 할 것은 ＿＿＿이다.

나는 _____를 받아들일 준비가 되어 있다.

나는 내가 _____한 것을 용서한다.

나는 _____로부터 당신을 놓아줄 준비가 되어 있다.

6장에 나오는 편지 의식과 마찬가지로, 마음의 준비가 다 되었다고 느껴질 때까지 기다렸다가 놓아버림 의식을 할 때 이 편지를 태우면 됩니다. 진정한 평화와 받아들임의 느낌이 들고, 놓아버릴 준비가 다 되었다고 느껴질 때까지는 이 편지를 제단에 올려두는 것이 좋습니다.

기억해야 할 것들

- 용서는 나를 위한 것이지, 상대를 위한 것이 아닙니다.

- 용서는 육체적 건강을 증진해줄 수 있습니다. 더 좋은 수면과 더 많은 에너지, 내 몸에 대한 더 열린 마음 등이 그 예입니다.

- 용서는 내게 힘을 되찾아주고, 내적 자유를 선사해줍니다.

- 용서가 항상 화해를 의미하는 것은 아닙니다.

- 때때로 용서는 받아들임에 더 가깝습니다. 당신은 받아들임을 통해서도 앞으로 나아갈 수 있습니다.

- 용서의 과정을 서두를 수는 없습니다. 용서의 모든 단계에는 가치가 있습니다(애도, 분노, 받아들임, 평화).

- 준비되기 전에는 놓아버리지 않아도 됩니다. 천천히 해도 괜찮습니다.

- 용서는 자연스러운 과정이며, 이를 억지로 강제할 필요는 없습니다.

- 용서의 단계를 진심으로 밟아나간 뒤 만날 수 있는 최종 결과는 평화입니다.

3부

관계 패턴
탐구하기

우리와 로맨틱한 관계에 있는 파트너는

우리의 부모님 혹은 아이가 아닙니다.

사랑을 키우기 위해서는 반드시

우리가 그들에게 부여한 역할과 이름표를 떼어주고,

미지의 것이 들어올 수 있는 길을 터줘야 합니다.

8장

투영 이해하기

사랑을 받아들이고 신뢰하는 것이 안전하지 않다고 느꼈던 과거 경험이 있다면 그렇게 하기가 쉽지 않을 것입니다. 과거에 상처를 받거나 배신을 당했다면 방어적인 사람이 되는 것이 정상입니다. 자기 방어 능력이 없었다면 우리는 지금과 같이 진화하지 못했을 테니까요. 하지만 자신을 보호하려는 이 본능은 우리를 진정한 친밀감이나 유대감으로부터 분리시킬 수도 있습니다.

우리는 과거에 우리에게 상처를 준 사람들을 현재 우리를 사랑하려고 하는 사람들에게 '투영'함으로써 사랑을 멀리합니다. 과거의 상처가 현재의 현실에 영향을 줄 때, 우리는 투영에 얽매여 있는 것입니다. 스스로를 해방시킨다는 것은 상황을 명확하게 볼 수 있도록 거짓 경보음의 볼륨을 줄이는 법을 배운다는 뜻입니다. 자기 자신을 해방시키기 위해서는 몸 안에 안전하다는 느낌을 만들어내야 합니다. 그래야 마음의 벽이 허물어져도 편안하게 느낄 수 있기 때문입니다.

사랑은 바로 눈앞에 있을 수도 있지만, 투영에 눈이 가려져 있다면 우리는 그 사랑을 선뜻 받아들이지 않을 것입니다. 과거를 현재에 투영하면 사랑이 커질수록 숨 막히는 기분이 들고, 가까워지려는 시도는 통제로 느껴지고, 사소한 오해는 대단히 충격적인 것으로 생각되며, 관계의 전반적인 분위기가 불안정하게 느껴질 수 있습니다. 반면, 안전하지 않고 해로운 사람들에게 끌림을 느끼면서 역기능적인 관계에 익숙해져 있을 수도 있습니다. 왜냐하면 그런 사람들과의 관계가 우리가 알고 있는 전부이기 때문입니다. 또, 우리는 갈등을 다룰 때나 관계에서의 어떤 문제들을 이겨내려 할 때 과거의 무거운 짐이 우리를 다시 혼란스러운 감정들 속으로 끌어당기는 것이 느껴져 힘들어할 수도 있습니다.

여기서 벗어나는 방법은 관계를 아예 피하는 것도, 타인과 친밀해질 수 없도록 철통같은 경계선을 세우는 것도, 상대방이 한계를 느낄 때까지 그를 시험하는 것도 아닙니다. 답은 우리 자신을 치유하는 것입니다. 고통을 피한다고 해서 고통으로부터 벗어날 수는 없습니다. 우리는 불 속에 들어앉음으로써 치유되며, 다시 마음을 열고 신뢰한다는 것의 의미를 배울 때 느껴지는 강렬한 감정을 '온전히 느낌으로써' 치유됩니다.

우리의 정체성은 과거의 영향을 크게 받았습니다. 그러나 이 과정은 우리가 알고 있는 현실의 층을 벗겨내어 마음의 공간을 확장함으로써 삶의 신비를 포용하는 과정입니다. 이 과정이 당신의 프로그램된 마음을 재구성할 수 있도록 허용하면 당신의 과거가 아닌 '당신'이 미래를 통치하게 됩니다.

투영이 관계에 영향을 미치는 방식

투영이라는 것은 정확히 무엇일까요? 투영은 전이된 감정이며 종종 식별하기 어려울 수 있는, 의식 속의 숨겨진 자리입니다. 투영이란 나 자신이나 나의 과거 경험 속 누군가가 지녔던 어떤 특성을 보고 그 특성이 우리 외부에 있는 무언가나 누군가에게도 있다고 여기는 것입니다.

우리는 세상을 보는 우리의 무의식적 관점이 어떤 식으로 설계되어 있는지를 투영을 통해 파악할 수 있습니다. 우리는 파트너가 우리의 과거를 상기시키는 무언가를 말하거나 행동할 때 쉽게 트라우마가 촉발된다는 사실을, 그리하여 과거의 사건과 현재의 파트너가 겹쳐 보이면서 파트너를 위험한 사람으로 생각한다는 사실을 알게 될 수도 있습니다. 순식간에, 사랑스러운 파트너는 사라져버리고 우리에게 상처를 입혔던 사람들만이 눈에 보입니다. 만약 우리가 위험한 방식으로 분노를 표출하는 부모님 밑에서 자랐다면 우리는 친한 사람들이 분노를 표출할 때 극도의 경계심을 가지게 될 수 있습니다. 투영에 빠져 있으면 과거 파트너와 닮은 사람을 보는 것만으로도 그 사람을 즉시 싫어하게 되거나 그 사람에게 미칠 듯한 매력을 느낄 수 있습니다. 어느 시점이 되면, 우리는 파트너와 갈등을 겪을 때 상대에 대한 우리의 불만이 사실은 부모님께 품었던 불만이었음을 쉽게 발견할 수 있습니다. 우리는 과거에 누군가에게 상처를 받았기 때문에 헌신적이고 정직한 다른 누군가를 믿지 못할 수도 있습니다.

우리가 관계에서 느꼈던 수많은 혼란과 마음 앓이 대부분은 우리의 과거에서 비롯된, 처리되지 않은 고통 때문입니다.

사랑을 멀리하기

할리가 고등학생 때 사귄 첫 여자친구는 바람을 피웠습니다. 비록 그녀의 현재 여자친구인 킴은 안전하고 믿을 만한 사람이었지만, 할리는 킴이 다른 여자와 말을 할 때마다 미친 듯이 화를 내며 질투를 했습니다. 킴은 이로 인해 엄청난 불만을 느꼈습니다. 왜냐하면 킴은 신뢰를 깰 만한 어떤 짓도 한 적이 없었기 때문입니다. 또, 할리의 이러한 반응은 킴이 과거에 느꼈던 오해받고 있다는 느낌, 자신이 하지 않은 어떤 잘못을 뒤집어썼다는 느낌을 불러일으켰습니다. ─ 이는 킴의 가족 내에서 나타났던 패턴이었지요. 고등학교 때 경험했던 관계의 파탄을 킴에게도 투영하고 있다는 것을 할리가 깨닫고 나서, 이 둘은 자신의 가족사에 대해 터놓을 수 있었습니다. 그 결과 두 사람 모두 상대가 자신을 더 잘 이해하게 되었다고 느꼈고, 자신이 무엇을 투영했는지를 이해하게 되었으며, 힘든 순간에 반사적으로 반응하기보다는 차분히 대응하는 능력을 키우게 되었습니다. 할리는 부드럽게 안심시켜주는 행동이 필요할 때 킴에게 그것을 요청하는 법을 배웠고, 킴은 할리가 두려움을 표현할 때 방어적인 자세를 취하기보다는 지금 이 순간 존재하는 연습을 할 수 있었습니다.

묵은 상처들을 마음에서 놓아주거나 그 상처들과 화해하지 못했을 때, 파트너는 우리 과거의 어떤 인물과 무의식적으로 비슷한 모습을 보일 수 있습니다. 보통은 그것이 어머니나 아버지 같은 양육자의 모습으로 나타나지만 때로는 형제자매나 선생님의 모습으로 나타나기도 합니다. 우리는 과거의 사람들이 그랬던 것처럼 지금 우리의 삶에 있는 사람들도 신뢰할 수 없고, 믿을 수 없으며, 감정적으로 친밀해질 수 없을 것이라는 믿음을 투영하기도 합니다.

투영은 우리의 에고가 고통스러운 감정으로부터 스스로를 보호하는 방법이자 방어기제입니다. 하지만 투영은 우리를 사랑에서 멀어지게 만들기도 합니다.

우리 마음의 목표가 함께하기, 하나되기라면 에고의 목표는 분리되기입니다. 에고를 당신 내면의 경비견이라고 생각해보세요. 만약 당신이 트라우마를 경험한 구조견을 본 적이 있다면 당신은 그 견공들이 극도로 겁이 많거나 공격적이며, 실제 위협이 없을 때조차 크게 짖거나 무언가를 물어뜯는 모습을 목격했을 겁니다. 그러한 견공들이 계속 긴장해 있거나 과잉된 반응을 보이지 않도록 가르치는 데는 많은 인내심과 시간이 필요합니다. 관계 속에서 치유되지 않은 트라우마가 떠오를 때, 우리도 이와 같아집니다. 어떤 의미에서, 에고와 함께 일하는 것은 내면의 경비견을 훈련시키는 것과 같습니다. 보호가 정말로 필요할 때는 당신을 지키도록 훈련시키고, 그렇지 않을 때는 마음씨 따뜻하고, 순하고, 사람을 반기는 그런 견공이 되도록 훈련시키는 것이지요.

에고는 나쁘지 않습니다. 사실, 에고는 우리의 생존에 필수적입니다. ― 에고는 현실을 실질적으로 살아갈 수 있게 해줍니다. 어릴 적, 에고가 막 발달하기 시작하면서 우리는 시공간에 대한 인식을 갖게 되고 정체성을 형성하기 시작합니다. 하지만 우리가 상처를 입으면 에고는 이러한 기능을 뛰어넘어 무자비한 방어자, 보호자, 경쟁자의 역할을 맡습니다. 에고를 뿌리 뽑거나 파괴하려 하면 안 됩니다. 그보다 우리는 에고를 통합하기를 바라야 하며, 삶과 인간관계의 경영자 자리를 에고에게 내주지 않으면서도 그것이 존재할 수 있는 자리를 만들어줘야 합니다.

연약한 것은 안전하지 않다는 것을 확인하는 경험을 과거에 더 많이 했을수록, 에고는 무의식적으로 사람들을 밀어내고 마음을 닫음으로써 우리의 연약한 모습을 더 철저히 방어할 것입니다. 스스로를 보호하고 싶어하는 자기 자신을 알아차렸을 때, 우리는 자기 인식을 연습하고, 상황에 즉시 반응하기 전에 잠시 시간을 가져야 합니다. 때로는 자기 보호가 필수적일 때도 있지만 서로 사랑하는 친밀한 관계에서는 마음을 열면서 더 깊은 관계로 나아가는 것이 독실한 수행이 되기도 합니다.

과거 이야기의 렌즈로 현실 바라보기

야스코의 막내아들은 성질을 잘 냈습니다. 야스코는 아들의 이런 성향이 나올 때마다 자신의 어머니가 화를 냈던 모습이 떠올랐습니다. 이는 그녀의 트라우마를 강력하게 촉발시키는 상황이었고, 그 때문에 그녀는 아들을 원하는 만큼 보살필 수도, 이해해줄 수도 없었습니다. 아들이 발작적으로 분노할 때마다 그녀는 둘 사이를 더욱더 멀어지게 만드는 오래된 습관으로 돌아가 아들을 비난하고 아들에게 마음을 닫아버렸습니다. 야스코와 함께 세션을 진행했을 때, 그녀는 어머니와 관련된 상처를 주제로 내면 작업을 했습니다. 시간이 지남에 따라 그녀는 아들이 화를 내며 폭발할 때도 침착할 수 있었고, 아들에게 자신의 어머니를 투영하기보다는 그를 도움이 필요한 어린아이로서 바라볼 수 있었습니다. 야스코는 아들과의 관계에서 아이 역할이 아닌 어른으로서의 역할을 되찾았습니다. 막내아들이 가끔 예전처럼 분노를 표출할 때가 있긴 했지만, 그녀는 이전처럼 반응하는 대신 아들이 진정하도록 도울 수 있었습니다. **과거를 현재에 투영할 때, 우리는 주변 사람들을**

자신이 갇혀 있는 이야기에 맞는 '역할' 속으로 밀어 넣습니다. 이런 역할에는 약자를 괴롭히는 못된 사람, 성난 어머니, 같이 있어주지 않는 아버지, 나를 못마땅해하는 선생님 또는 우리의 인생사 속 기타 인물 등이 있습니다. 관계 속에서, 우리는 어떤 한 가지 일과 싸우고 있다고 생각하지만, 사실 우리는 훨씬 더 오래되고 깊숙한 무언가와 싸우고 있습니다. 즉, 어렸을 때 느꼈던 잊혀진 기분, 존중받지 못한다는 기분, 하찮은 사람이 된 기분, 무시당한 기분 등과 싸우고 있는 것입니다.

무의식적으로 그 순환을 끊으려고 하는 한, 우리는 아마 이번에는 결말이 다를 것이라는 희망을 품고서 그 경험을 반복해서 재경험할 것입니다. 하지만 다른 결말을 맺으려면 지금 이 순간 존재해 있어야만 합니다. ― 그래야만 다른 사람들이 우리에게 준 상처에 대해 벌을 내리기보다는 그들을 있는 그대로의 인간으로 바라봐줄 수 있습니다.

투영의 모습

- 현재 파트너가 어머니, 아버지 또는 전 파트너와 같은 과거의 누군가와 똑같은 방식으로 행동할 것이라고 추측함
- 과거에 양육자가 자신을 통제했었기 때문에 관계 속에서 통제당하는 것을 두려워함
- 과거의 아픈 경험을 건드리는 어떤 사람의 행동에 대해 강

한 반응 혹은 부정적인 반응을 보임

- 파트너가 나를 구해주거나 돌봐줄 거라고 무의식적으로 기대함(부재했던 양육자를 파트너에게 투영함)

- 우울증을 겪는 부모와 정서적으로 친밀해질 수 없었던 과거가 있기에 친구나 파트너의 슬픔에서 트라우마가 촉발됨

- 과거에 다른 사람과 있었던 일 때문에 현재의 파트너 혹은 현재의 관계에 무의식적으로 벌을 줌

- 과거에 당신에게 상처를 준 사람을 상기시키는 누군가에 의해 트라우마가 촉발된 느낌이 듦

- 다른 사람을 떠받듦, 다른 사람들보다 자신이 더 낫거나 못하다고 여김.

네스프레소 때문이 아니야!

몇 년 전, 벤과 제가 크리스마스에 크게 싸웠던 재미있는 경험담 하나를 들려드리고자 합니다. 우리는 선물에 관한 이야기를 나눌 때 서로의 말뜻을 잘못 이해한 적이 여러 번 있었는데, 그때마다 일화가 있었습니다. 물론 지금이야 그 일들을 회상하면서 웃을 수 있지만, 당신도 알다시피 이런 순간이 막상 닥치면 웃어넘기기가 쉽지 않습니다.

때는 크리스마스가 오기 몇 달 전이었습니다. 저는 부엌 식탁에 앉아 있었고, 벤에게 "크리스마스에 에스프레소 머신을 갖고

싶어!"라고 말했습니다. 그러고 나서 고급 에스프레소 머신을 파는 쇼핑몰 사이트에 들어가 (한 마디 덧붙이자면, 너무 부담스럽지 않은 가격의 머신을 골라서) 사진을 보여주면서 "이런 거!"라고 말했습니다.

벤이 대답했습니다. "네스프레소*는 어때?" 저는 "제발 네스프레소는 절대 사주지 마. 난 그런 거 싫어!" 하고 말했습니다.

그 후 몇 달이 지났고, 저는 그 대화를 까맣게 잊고 지냈습니다. 그리고 크리스마스 날, 우리는 벤의 부모님이 도착하시기를 기다리고 있었습니다. 저는 벤에게 "어머님이랑 아버님 오시기 전에 선물을 먼저 뜯어보자"라고 말했습니다. 왠지 선물을 열어볼 때 옆에 다른 사람들이 없으면 좋겠다는 직감이 들었기 때문이었습니다. 하지만 벤은 부모님이 오시기를 기다렸다가 다 함께 선물을 열어보자고 했고, 저는 마지못해 알겠다고 했습니다.

마침내 시댁 식구들이 도착해 함께 저녁을 먹었고, 몇몇 선물을 열어봤습니다. 벤은 저에게 감동적인 카드를 써주었고, 그 카드를 읽을 때 제 마음은 사랑으로 가득 찼습니다. 그가 그 카드 외에 아무것도 주지 않았다 해도 저는 100퍼센트 만족했을 것입니다. 다음으로, 그는 테이블 위에 큰 상자 하나를 올려놓았습니다. 저는 상자의 포장지를 뜯었는데 — 짐작하셨겠지만 — 그건 망할 네스프레소 상자였습니다! '에이, 장난치는 거겠지.' 저는 혼자 조

---

* 네슬레Nestlé의 캡슐 커피 브랜드.

용히 생각했습니다. '내가 싫다고 한 물건을 진짜로 선물할 리 없잖아.' 하지만 그가 흐뭇한 미소를 지으며 반짝거리는 눈으로 저를 바라보았을 때, 저는 상자 안에 진짜로 네스프레소 머신이 있다는 것을 깨달았습니다. 기분이 상했지만 보는 눈이 있으니 놀란 척을 해줬습니다.

제가 크리스마스 밤의 선물 개봉식이 다 끝났다고 생각하고 있던 바로 그때, 벤이 자리에서 일어났습니다. 그제야 저는 제 뒤에 있던, 바닥에 놓인 선물들을 가리고 있던 큰 담요를 보게 되었습니다. 그는 담요를 걷었는데, 거기에 뭐가 있었는지 상상할 수 있겠는지요? 수십 개의 네스프레소 캡슐이 들어 있는 박스들⋯ 아니 글쎄, 정말로 수십 박스였습니다! 저는 무슨 말을 해야 할지 몰라 그냥 방을 나갔고, 벤과 시아버지는 같이 머신을 설치하러 갔습니다.

그날 우리는 밤늦게 산책을 나가 결판을 냈습니다. 아니, 더 정확히 말하자면 저는 그 문제의 결판을 냈습니다. 저는 너무 속상했고, 선물에 대해 너무나도 화가 나서 울어버렸습니다. 그가 저를 기쁘게 해주려는 마음에 그랬다는 것을 알고는 있었지만, 그 순간 저는 제 내면의 이야기에 정신이 팔린 상태였습니다.

그러니까, 제가 이 이야기를 들려드리는 이유는 결국 뭘까요? 그 이유는, 이 일이 결코 네스프레소 머신 때문에 일어난 일이 아니었기 때문입니다. 제가 앞서 말했듯이, 그가 그냥 카드만 주었더라도 저는 행복했을 겁니다! 이 일은 선물 때문에 일어난 일이 아니었습니다. 그것은 아무도 나를 봐주지 않고 내 말을 들어주지 않는다는 익숙한 느낌, 그 오래된 아픈 느낌 때문에 일어난 일이었습니다.

특히나 원하지 않는다고 말했던 바로 그 물건을 선물로 받았을 때, 저는 아무도 신경 쓰지 않는 사람이 된 기분이었습니다. 그리고 이 기분은 제 안의 어린 소녀, 즉 성장 과정에서 자신이 하는 말을 들어주는 사람이 아무도 없었던 그 소녀의 트라우마를 촉발시켰습니다. 어렸을 때 이곳저곳으로 위탁 가정들을 옮겨 다녔던 일, 복지시설 아동이라는 이유만으로 선생님들로부터 '나쁘다'는 꼬리표를 얻었던 일, 제가 아이들에게 부정적인 영향을 줄 거라고 생각한 학부모들이 자신의 아이들을 저와 놀지 못하게 막은 일 등 그 모든 일들이 제 안에 새겨져 있었습니다. 심지어 많은 치유 작업을 한 지금도 여전히 오해받는 느낌, 나를 봐주거나 내 말을 들어주는 사람이 아무도 없는 느낌에 대해서는 상당히 예민합니다.

만약 제게 이런 과거가 없었더라면 저는 그저 "고마워, 자기!"라고 말하면서 그 일을 웃어넘겼을 겁니다. 그리고 그에게 선물이 별로 마음에 들지 않는다고 말했을 수도 있습니다. 하지만 그 선물은 제 안에 여전히 분명하게 살아 있는, 아주 오래된 어떤 것을 건드렸습니다. 그것은 너무 많은 감정을 불러일으켜서 제가 현실을 제대로 보지 못하게 만들었고, 벤이 저를 사랑하고 있다는 게 진실인데도 우리의 관계에 큰 문제가 있다고 믿게 했습니다. 때때로 그는 우리와 마찬가지로 뭔가를 까먹었습니다. 그렇다고 해서 그게 벤이 저를 얼마나 신경 쓰고 있는지 또는 우리 사랑을 키워나갈 의지가 얼마나 있는지를 반영하는 건 아닙니다.

제가 갇혀 있었던 저만의 이야기는 가장 가까운 이들이 저에게 관심이 없다는 것이었고, 네스프레소 머신은 그 이야기에 딱 들어맞는 완벽한 증거가 되어주었습니다. 벤과 싸웠던 그때 저는 "당신은 내 말 듣지도 않지"와 "당신은 항상"이라는 말을 몇 번이나 반복했었습니다. 물론 벤이 제 말을 주의 깊게 들어주지 않아서 화가 난 저의 감정이 타당하지 않다는 말은 아닙니다. 하지만 과거를 현재에 투영할 때는 보통 상대와의 갈등이 생기면서 감정도 함께 훅 올라옵니다. 그러면 상대방과 더 단절되고, 자신의 진짜 감정이 어떤지 말하는 능력도 떨어집니다. 이해심을 가지고 갈등을 점잖게 해결하고 싶다면 자신의 인생사와 자신이 사랑하는 이들의 인생사를 의식적으로 떠올려봐야 합니다. 그러면 명료한 마음으로 다른 이와 관계를 맺을 수 있습니다.

투영을 치유하는 법

과거를 투영하는 상태에 있을 때, 신경계는 활성화되고 에고의 통제욕은 더 강해집니다. 어쩌면 더 방어적으로 변하거나 회피형 인간이 될 수도 있습니다. 아니면 다가갈 수 없는 사람이 되거나 고집스러워질 수도 있고, 불안을 느낄 수도 있으며 타인을 무시하는 사람, 심지어 못된 사람이 될 수도 있습니다. 누가 어떤 행동을 하든, 어떤 말을 하든 우리가 과거의 렌즈를 통해 그것을 바라본다면 변화는 일어나지 않을 겁니다. 이 말인즉, 우리는 투영을 할 때 누군가를 마음속의 적으로 쉽게 바꿔버린 뒤 그를 밀어냅니다. 사실 우리가 진정으로 원하는 것이 그 사람과 더 가까워지는 것이라 하더라도 말입니다.

투영을 치유하기 위한 첫 단계는, 투영이 일어났을 때 자기 자신의 불편한 마음을 온전히 느끼는 능력을 키우는 것입니다. 대부분의 경우, 투영은 투영이 일어나는 그 순간에 인식되기가 어렵습니다. 왜냐하면 우리의 반응을 정당화해주는 트리거, 즉 과거의 트라우마를 촉발시키는 그것이 너무 진짜처럼 느껴지기 때문입니다. 감정이 너무 강하게 올라올 때, 우리는 그 감정을 떠넘기거나 다른 사람의 문제로 돌리려고 노력합니다. 우리는 상대를 탓하는 말이나 비난, 방어를 통해 투영을 하는 대신, 몸의 감각들을 온전히 느끼고 그것들에 이름을 붙여줌으로써 아픈 기억을 치유의 순간으로 바꿀 수 있습니다. 옛이야기를 놓아주고, 우리가 진정으로 원하는 유대감과 친밀감을 창조할 수 있는 그런 순간으로 말입니다.

잠깐의 멈춤은 자기 인식을 할 수 있게 도와줍니다. 우리가 지금 이 순간 과거를 투영하고 있으며 다시 중심으로 돌아가야 한다는 것을 스스로 인식하는 것이지요. 우리는 자기 인식을 통해 과거의 나와 현재의 나 사이에 다리를 놓게 되고, 그리하여 우리가 안전하다는 사실을 우리의 몸과 뇌에 알려줄 수 있습니다. 오늘날 당신 앞에 있는 사람은 당신의 어머니, 아버지, 선생님 또는 양육자가 아닙니다. 그들은 아마도 당신의 과거 속 누군가와 비슷한 행동과 특성을 나타낼 가능성이 크지만, 그들은 그들만의 독특한 인생사와 트라우마, 이야기를 간직하고 있는 완전히 다른 사람입니다.

다른 사람들을 있는 그대로의 모습으로 봐줄수록, 우리는 친구와 파트너를 더욱 현명하게 선택할 수 있습니다.

한번은 벤과 갈등을 겪고 있을 때, 벤이 제게 해주지 않은 것들에 대해 제가 일장 연설을 늘어놓고 있었습니다. 그런데 그 순간, 무언가를 깨달은 저는 얼어붙고 말았습니다. 제가 그에게 하는 모든 말들은 엄마에게도 똑같이 적용되는 말들이었습니다. 차근차근 현실을 다시 잘 살펴보니, 제가 벤에게 했던 말들은 사실 벤에게 하는 말이 전혀 아니었습니다. 자존심 때문에 그 자리에서 바로 이 사실을 인정하기는 힘들었지만, 몇 시간 후 저는 저 자신의 상처를 그에게 부당하게 쏟아낸 책임을 져야 했습니다. 그리고 가끔은 그것이 우리가 할 수 있는 최선입니다. 중요한 것은, 우리가 자신의 감정적 현실을 일관하기 위해 무의식적으로 애를 쓴다는 것입니다.

패턴을 치유한다고 해서 다시는 비슷한 상황에 처하지 않는 건 아닙니다. (오래된 패턴은 쉽게 사라지지 않기 때문에 다시 그런 상황에 처할 확률이 더 높지요.) 그러나 패턴을 치유하면 상처에서 기인한 반응과 행동이 아닌, 더 의식적인 반응을 보일 수 있으며 나의 진실에 기반하여 행동할 기회가 생깁니다.

투영인지 아닌지 알아보는 방법

- 나의 반응이 통제가 불가능한 수준이라고 느껴짐
- 내가 처한 상황을 객관적으로 봤을 때 나의 분노가 좀 격하다고 느껴짐
- 이런 상황이 일어난 것에 다른 이유가 있지는 않은지 생각하지 않으려 함
- 상대방의 의도가 무엇인지 잘 알고 있다고 확신함
- 앞으로 무슨 일이 일어날지 정확히 알고 있다고 생각함

감정이 훅 올라오는 순간

어떤 상황에 대한 감정이 훅 올라오면 올라올수록, 그 강렬한 감정은 당신이 표면적으로 싸우고 있는 그 이상의 것과 연결되어 있을 가능성이 큽니다. 당신의 감정은 타당하며 당신이 겪는 감정적 경험 역시 중요하지만, 당신의 내면에서 일어난 맨 처음의 반응에만 온 정신을 쏟지 않는 것이 진짜로 중요한 일입니다.

만약 진정으로 유대감을 원하면서도 사랑을 밀어내고 있다

면, 당신에게는 자기 파괴적인 성향이 있을 수 있습니다. 자기 파괴적인 성향은 당신의 내면아이가 비명을 지르며 자신의 말을 들어달라고 요구하는 것입니다. 관계 패턴에서 우리가 어떤 역할을 하고 있는지는 모조리 무시하고 다른 사람들에게 모든 책임을 지우는 게 더 쉬워 보일 수도 있지만, 결국 이것은 더 큰 실망으로 이어질 뿐입니다. 우리 대부분이 진정으로 원하는 것은 사람들의 관심과 존중이기 때문입니다.

투영과 방어의 이면에는 항상 연약함이 있습니다. 당신이 해야 할 일은 연약함과 친구가 되는 것이며 매일, 특히 감정이 훅 올라오는 순간에 그 연약한 마음을 보살피는 것입니다. 자기 자신에게 사랑의 말 해주기, 자신의 불안정한 모습을 사랑하는 사람들에게 기꺼이 보여주기, 아니면 좋은 울음, 즉 마음이 정화되는 울음 터뜨리기 등이 연약한 마음을 보살피는 일에 해당합니다. 방어벽을 거두고 자신의 인간적인 모습을 수용할 만한 마음의 여유를 낸다면 자기 자신과의 정직한 내적 대화를 발전시킬 수 있습니다.

감정이 격할 때 더 의식적으로 존재하기

갈등을 겪거나 방어적인 태도를 취하고 있는 스스로의 모습을 인식했다면 그 순간의 상황에서 잠깐 떨어져 쉬세요. 과거의 트라우마가 촉발된 상황에서는 문제를 해결할 수 없습니다. 그러니 한발 물러서서 다음의 중심 찾기 연습을 통해 문제를 해결해보세요. 그러면 문제의 근본을 살펴볼 수 있을 겁니다.

1. 심호흡을 몇 번 하세요. 가슴과 배에 손을 올려놓으세요.
2. 몸과 연결된 상태로 당신의 감정과 감각에 이름을 붙여주세요. 그러면 현재의 순간으로 돌아오는 데 도움이 됩니다.
3. 이제 귀를 기울인 채로 스스로에게 물어보세요.

- 나는 무엇을 느끼고 있는가?
- 나는 이로 인해 무엇을 떠올리게 되었는가?
- 이 사람/이것은 누구/무엇을 생각나게 하는가?
- 나는 지금 어떤 감정을 밀어내고 있는가?
- 요구하기에는 너무 두려운 것이거나 내가 가질 수 있으리라 믿지 않는 것, 하지만 동시에 내가 정말 필요로 하는 그것은 무엇인가?
- 내가 말하기를 두려워하는 것은 무엇인가? 내가 느끼기를 두려워하는 것은 무엇인가?

4. 따끔거림, 긴장, 열감, 수축 또는 두근거림과 같은 신체 감각을 인식해보세요.
5. 그 감각을 인식할 때는 잠시 호흡하면서 온전히 그것을 느껴보세요.

6. 당신의 몸에서 차분하고, 편안하고, 열려 있는 지점이 어딘지 인식해보세요.

7. 차분하고, 편안하고, 열려 있는 그 지점에서 호흡하면서, 그 경험을 온전히 느껴보세요.

다음은 마음을 진정시키고, 자신의 격한 감정의 근원이 무엇인지를 숙고한 어떤 사람이 얻은 깨달음의 이야기입니다. "지금, 나는 상대를 비난하고 공격하고 있지만 그 비난과 공격 이면에는 깊은 슬픔과 분노가 있다. 지금 내게 정말로 필요한 것은 내가 사랑받고 있으며, 내 파트너는 아무 데도 가지 않을 거라는 사실을 확실히 아는 것이다. 나는 버려지는 것이 두렵다. 지금의 이런 상황은 내가 어렸을 때 격한 감정을 표현할 때마다 무시당했던 경험을 떠올리게 한다."

표면적인 감정의 층 아래에 숨겨져 있던 다른 감정의 층 속으로 더 깊이 내려갈수록 문제의 핵심에 더 가까워집니다. 과거의 트라우마를 유발하는 요인과 상황으로부터 벗어나려 노력하거나 그럴 방법을 고민하는 것으로는 문제가 해결되지 않습니다. 당신 내면의 경비견은 전선을 떠나기 전에 자신이 안전하다는 것을 알아야 하고, 그러기 위해서는 당신의 신경계가 거기에 같이 따라줘야 합니다.

투영의 지혜

우리는 투영을 지나치게 단순화하는 경향이 있습니다. 즉, 관계를 맺으며 마주하는 사건들은 모두 투영이기 때문에 그에 따른 자신의 감정도 타당하지 않다고 생각하는 것이죠. 물론, 그것이 투영일 수도 있지만 어쩌면 그저 건강하지 않은 관계를 맺고 있는 것일 수도 있습니다. 다음 장으로 넘어가면서 우리는 적신호와 가짜 경보음의 차이를 살펴볼 건데, 이를 통해 상대에게 경계선을 세워야 할 때와 과감하게 마음을 열 때가 언제인지를 좀더 쉽게 분간할 수 있을 겁니다.

투영을 치유하면 자신이 어떤 관계를 맺고 있는지를 제대로 볼 수 있는 힘이 생깁니다. 예를 들어 부모님을 떠오르게 하는 누군가로부터 무의식적으로 사랑을 얻어내려 애쓰고 있을 때, 그러한 상황을 인식할 수 있게 해주며 상대에게 매달리지 않고 내 갈 길을 갈 수 있게 도와준다는 말입니다. 우리에게는 특정 지점이 있습니다. 계속해서 자기 자신을 저버리는 지점, 다른 사람들이 자신의 경계선을 넘도록 허용하는 지점, 진정한 나 자신을 보여주기보단 다른 누군가의 삶에 안성맞춤인 사람이 되기 위해 스스로를 굽히거나 바꾸는 지점 등이 바로 그것입니다. 그리고 어떨 때는 우리의 투영이 성장해야 할 바로 그 지점을 우리 눈앞에 보여주기도 합니다.

모든 인간은 관계를 맺으면서 투영을 할 수밖에 없습니다. 투영은 인간의 본성이며, 결코 완전히 사라질 수 없습니다.

과한 투영 습관을 고칠 수 있는 가장 좋은 방법은, 투영에 사로잡혔을 때 그것을 인식하여 투영하는 마음 바깥으로 빠져나오는 법을 배우는 것입니다. 이렇게 할 수 있으려면 스스로에게 솔직해야 하며, 자신만의 이야기에 빠져 있을 때도 기꺼이 그러한 솔직함을 보여야 합니다.

투영을 치유하면 자신만의 드라마에서 벗어나 세상으로 나아가 봉사할 수 있습니다. 치유를 하다 어느 시점이 되면, 우리는 자기 자신뿐 아니라 다른 사람들에게도 도움을 줘야 합니다. 이 여정은 나 자신이라는 집으로 돌아갈 준비라고 할 수 있으며 이곳으로 돌아간 당신은 자신의 에너지를 세상에 나눌 수 있습니다. 당신 영혼의 목적과 부합하는 이 에너지는 강한 영향력을 지닌, 가슴 중심의 에너지가 될 것입니다.

기억해야 할 것들

- 투영이란 과거에 경험한 상처나 배신이 현재 일어나고 있는 듯이 경험하는 것을 말합니다.

- 투영에 사로잡히면 누군가를 향한 격한 감정을 느낄 수 있고, 역지사지로 생각해보거나 건강한 방식으로 갈등을 처리하는 데 어려움을 겪을 수 있습니다.

- 감정이 격앙된 상태라면 문제의 진짜 원인을 알아내기에 좋은 때가 아닙니다. 스스로를 진정시키고 자신만의 경험을 처리하는 데 집중하세요. 그런 다음 문제로 다시 돌아오세요.

- 투영 알아차리기는 당신의 관계 속 건강하지 않은 패턴을 깨기 위한 핵심 단계 중 하나입니다.

- 인간은 투영을 하며 살아갑니다. 이에 대해 부끄러워하지 않아도 됩니다. 우리가 치유될수록 투영을 다루는 방식도 점차 달라집니다.

우리 중 어떤 이들은 가족 체계에

변화를 일으키는 역할을 하러 여기 와 있습니다.

우리는 대대손손 내려오는 트라우마를 종식하고,

고통 대신 사랑을 물려주기 위해 여기 와 있습니다.

9장

관계 패턴 변화시키기

사람들은 종종 치유 작업을 하면 무언가를 완벽히 제거할 수 있으리라 기대합니다. ― 자기 삶의 오래된 방식, 행동, 신념 등을 말입니다. 우리는 반복되는 패턴을 깨고, 그 패턴과 영원히 작별할 수 있기를 바랍니다. 그리고 자신이 이 패턴 하나만 멈출 수 있게 된다면 사랑받는 기분을 느낄 수 있을 것이며 완전해진 기분을 느낄 수 있을 거라고 생각합니다. '이루어질 수 없는' 유형의 사람들과 데이트하기를 멈추기만 한다면, 다른 사람에 대해 너무 비판적인 태도를 거둔다면, 자신의 애정결핍적인 언행을 고치기만 한다면 그렇게 되리라고 생각하는 것이죠. 하지만 어떤 패턴을 근절한다고 해서 그 패턴이 변화되는 것은 아닙니다. 사실, 어떤 패턴을 끊어버리려고 하는 것은 그 패턴에 더 많은 에너지를 주고 있는 것과 같습니다.

모든 것은 에너지입니다. 우리가 에너지를 어떻게 쓰느냐에 따라 패턴이 힘을 얻기도 하고 힘을 잃기도 합니다. 정말로 패턴을 바꾸고 싶다면 에너지를 의식적으로 쓰는 법을 배워야 합니다. 우리의 감정과 패턴은 에너지적 진동을 통해 작동합니다. 에너지가 절제되지 않으면 우리의 삶에 나타나는 온갖 드라마에 에너지를 쏟음으로써 그 에너지를 오용하게 됩니다. — 어쩌면 우리는 복수할 기회를 노리고, 억울한 마음을 붙잡고, 반사적인 행동을 하는 데 에너지를 쓰고 있을 수도 있습니다. 또, 어쩌면 단순히 어떤 감정을 느끼기 위해 무의미한 논쟁에 빠져들거나 관계에서의 마찰을 만들어낼 수 있습니다. 에너지를 사다리라고 생각해본다면, 사다리의 맨 아래는 우리 자신을 표현하는 형태 중 가장 낮은 형태입니다. 이것은 의식 없음, 증오, 파괴의 성질을 지니고 있습니다. 반면 사다리의 맨 위는 의식, 사랑, 확장의 성질을 지니고 있지요. 사다리를 타고 올라가면서 진화하고 있는 우리는 에너지가 아무렇게나 쏟아져 나가게 내버려두기보다는 그것을 의식적으로 조절함으로써 자신의 에너지를 더 높은 차원으로 변화시키고 있습니다.

에너지를 책임감 있게 쓰는 법을 배우면 패턴은 자연스럽게 변화합니다. 모든 것에는 두 가지 측면이 있습니다. 사랑과 증오, 빛과 어둠, 긍정과 부정, 내면과 외면이 바로 그것이지요. 어떤 진동수로 표현되느냐에 따라 그것이 미칠 수 있는 영향은 대단히 다르지만, 이것들은 하나이며 같은 것입니다. 우리가 이 장에서 할 작업이 바로 이런 작업입니다. 당신은 삶의 모든 패턴과 즉각적인 반응을 에너지로 보는 법을 배울 것이고, 자신의 에너지를 올바로 써서 행동하고, 반응하고, 선택하는 의식을 계발하게 될 것입니다. 그러면 삶은 더 나아지고, 더 조화로워지겠지요. 선택은 매 순간 이루어십니다. **당신은 패턴에게 계속 에너지를 줄 건가요? 아니면 패턴에 에너지 주기를 멈추고 그 모든 힘을 다른 어떤 것에 쏟아보고 싶나요?** 변화하기 위해서는 뛰어넘을 준비가 된 그 패턴에 더 이상 에너지를 주지 말아야 합니다.

관계 패턴이란?

케냐는 항상 나쁜 남자에게 끌림을 느꼈습니다. 말하자면 '조잡한 인간' 유형에 끌렸던 것이죠. 케냐는 막다른 지경에 이르고 나서야 끝이 난 몇 달 동안의 데이트들 때문에 지칠 대로 지친 상태였습니다. 그녀는 저와 함께하는 세션 동안 자크를 만났을 때의 그 흥분됐던 기분을 저에게 말해주었습니다. 사랑과 애정을 쏟아주는 자크 덕분에 케냐의 마음속에는 둘만의 아름다운 미래가 그려지기 시작했습니다. 둘은 로맨틱한 데이트를 했고, 속궁합도 정말 잘 맞았습니다!

그런데 어느 시점에선가 갑자기 자크가 변하기 시작했습니다. 공통적으로, 케냐가 만났던 남자들은 어느 순간부터 며칠 동안 연락을 하지 않았다고 합니다. 그럴 때마다 그녀는 큰 충격을 받은 채 자신이 뭘 잘못한 건지 추측하면서 안절부절못했지요. 그들은 며칠, 심지어 몇 주가 지난 후에야 다시 돌아와서 '네가 정말 그리웠다'는 식의 변명들을 잔뜩 늘어놓았습니다.

케냐는 그들을 다시 받아주면서 이렇게 생각했습니다. '이 남자를 위해 모든 걸 해준다면 다시는 나를 떠나지 않을 거야'. 그래서 그녀는 요리도 해주고, 돈도 빌려주고, 애정도 쏟아부었으며 그들이 부르면 모든 걸 다 내팽개치고 달려갔습니다. 그녀는 한 번도 자신의 주장을 내세우거나 무언가를 거절한 적이 없었습니다. 이번에 만난 사람은 자신을 떠나지 않을 거라는 희망을 품고서 말입니다. 자크와도 이런 패턴이 반복되기는 마찬가지였습니다. 그녀는 자크와 이런 패턴을 몇 번 반복했고, 마침내는 잠수 이별을 당했습니다. 그리고 유감스럽게도, 케냐가 잠수 이별을 당한 것은 이번이 처음이 아니었습니다. 그녀는 자신에게 '자기 방임'이라는 패턴이 있음을 깨닫고 나서야 자신의 에너지를 바꾸기 시작했습니다.

자신의 몸이 불안해하고 있음을 발견했을 때, 케냐는 예전처럼 자신을 다 내어줌으로써 불안에 반응하는 대신, 스스로를 돌보는 데 에너지를 썼습니다. 그녀는 자신이 먹을 음식을 요리하고, 산책을 하고, 자신의 실질적인 삶을 가꾸면서 안정감과 내적 평화를 더해주는 것들에 주의를 쏟았습니다. 또, 거절할 때 느껴지는 불편감을 극복하기 위해 노력했고, 더 높은 안목을 가지고 파트너를 고르게 되었습니다. 이러한 변화를 통해 케냐는 악순환을 멈췄고, 있는 그대로의 자신 — 자신의 경계선을 포함한 모든 것 — 을 보여줄 수 있는 좋은 파트너를 만날 수 있었습니다.

물론 우리가 이별한 사람들은 각기 다른 사람들이지만, 우리는 똑같은 갈등, 실망, 문제 등으로 이루어진 똑같은 상황을 반복해서 겪을 수 있습니다. 아무리 노력해도 관계 패턴에서 도망갈 수는 없습니다. 패턴은 우리를 계속 따라다니면서 우리가 누군가와 깊은 관계를 맺을 때마다 다시 그 모습을 나타냅니다. 처음에는 새로운 관계에 대한 강렬한 감정에 푹 빠져 있을 수도 있겠지만, 시간이 조금만 지나면 현실의 삶이 펼쳐지면서 다시 원점으로 돌아갑니다. 그리고 다시 한번, 우리는 이전과 똑같은 그 오래된 권력 다툼을 벌입니다. 과거의 관계에서 겪었던 것과 너무나 비슷한 좌절감을 경험하면서 말이죠.

이러한 패턴들은 우리가 관계를 맺을 때 겪어야 할 성장 도전과제가 무엇인지를 알려주며 우리의 영혼이 이번 생에서 하기로 한 내면 작업이 무엇인지 알려줍니다. 일단 한번 자신의 패턴 — "나는 사랑에 마음을 닫는다", "나는 사랑하는 사람에게 나 자신을 주장하는 것이 두렵다", "나는 다른 사람과 있을 때 있는 그대로 존재할 수 없다" 등 — 을 깨달으면 변화는 시작된 것입니다. 자신의 습관을 인식하면 자신이 어떤 진동수로부터 행위했는지를 더 잘 의식할 수 있습니다.

공통적인 관계 패턴

- 불안-회피형 애착 관계를 맺음
- 갈등이 시작될 기미가 보이자마자 도망감
- 안정된 기분이 들기 시작하면 상황을 혼란스럽게 만들고 갈등을 부추김
- 상대에게 종종 버림받음
- 반복적인 바람 또는 상대에게 이미 다른 짝이 있었음
- 이루어질 수 없는 사랑이나 감정적으로 안전하지 못한 사람들을 쫓아다님
- 누군가와 사귀게 되면 나 자신과의 연결이 끊어져버림
- 위험한 파트너와 헤어진 뒤에는 몹시 안정적인 파트너를 만나지만 전자와의 열정과 후자와의 감정적 친밀감을 둘 다 가질 수 있는 관계를 찾을 수가 없음
- 깊은 친밀감(눈을 맞추거나 가까워지는 것)을 두려워함
- 진실한 자신을 표현하지 않고 억누름
- 카멜레온이 됨("당신이 원하는 그 사람이 되어줄게")

관계 패턴을 치유할 때는 마음을 보호하기 위해 평생 동안 고수해온 방식을 '버리는' 작업을 하게 됩니다. 자신의 몸, 감정, 내

면 세계와 다시 건강하게 연결됨으로써 안정된 내면을 갖추는 법을 배우는 것이죠. 안정된 상태의 특징은 장기적인 관계를 유지할 수 있으며, 도움이 필요할 때 도움을 받을 수 있고, 다른 사람들을 신뢰하고, 높은 수준의 자존감을 향유한다는 것입니다.

어떻게 보면 조건화된 것들을 놓아버리고 모든 게 불확실한 상태로 나아가는 것보다 자신의 패턴 속에 머물러 있는 것이 (고통스럽더라도) 더 안전하다고 느껴질 수 있습니다. '버림'은 어렵습니다. 사실, 버림의 과정은 혼란스럽고 종종 실망스럽기도 합니다. 우리 자신이 관계에서의 혼란을 어떻게 유지하고 있었는지를 제대로 마주하고 나면 충격을 받기도 하지요. 하지만 실수를 저질렀더라도 건강한 사랑을 누릴 수 있는 가치가 충분하다는 사실을 인식하면 치유의 힘을 경험할 수 있습니다. 어떤 관계에서든 항상 안정적일 수 있으려면 친구와의 우정을 통해 안정감을 연습하는 것이 가장 좋습니다. 우리는 친구 관계에서 자신의 연약한 속마음을 내보일 수 있고, 열린 마음과 호기심을 가질 수 있으며, 경계선을 세우는 연습을 할 수 있습니다. 이를 연습하기 시작할 때는 이 원칙들을 삶의 모든 관계에 적용할 수 있다는 것을 기억하세요.

당신의 관계 특징은 무엇인가요?

우리 각각은 일생 동안 우리를 따라다니는 독특한 '관계 특징'(relationship signature)을 가지고 있습니다. 생의 맨 초기에 경험한 애착으로부터 형성된 이러한 관계 특징은 누군가와 가까워지기 시작할 때 보이는 경향이나 로맨틱한 관계를 맺는 방식의 청사진이 됩니다. 우리 중 어떤 이들은 친밀한 관계로부터 멀어지려는 경향이 있는 반면, 어떤 이들은 친밀한 관계를 지향하는데, 가끔은 그런 과정 속에서 자기 자신을 잃어버리는 지경에 이르기도 하지요.

우리가 겪어온 그 모든 경험 속에 존재하는 딱 한 가지 공통분모가 바로 '우리 자신'임을 자각하지 못한 채로 파트너에게만 문제가 있다거나 관계 자체가 문제라는 신념을 갖고 계속 살아간다면 낡은 패턴에 갇히게 됩니다. 하지만 우리는 지금 내면에 빛을 비추고, 스스로에게 성찰의 질문들을 던지게끔 인도받고 있습니다. **첫 번째 질문이자 가장 중요한 질문은, "이 패턴이 나에게 무엇을 가르치려고 하는가?"입니다.** 우리가 선택한 파트너 그리고 그와의 관계를 주의를 기울여 잘 살펴본다면, 그것들이 알려지길 원하고, 봐주길 원하고, 치유되기를 원하는 우리의 일부분을 드러내고 있음을 알 수 있습니다. 이런 우리 자신의 일부분들은 우리의 무의식적인 두려움과 가장 깊은 상처를 활성화시킵니다.

때때로 패턴은 우리가 자신의 요구사항을 좀더 강하게 주장할 필요가 있으며, 더 확고한 경계선을 세울 필요가 있음을 보여줍니다. 또, 우리가 동반의존적인 성향이 있거나 사람들의 비위를 맞춰주는 성향이 있음을 보여주기도 합니다. 이외에도 친밀해지는 것에 대한 두려움, 상처받고 버려지는 것에 대한 두려움, 또는 망가진 인간이 되는 것에 대한 실존적인 두려움을 보여줄 때도 있습니다. 우리 중 어떤 이들은 관계 속에서 직면한 어려운 상황들을 받아들이고, 친밀한 관계로부터 도망가지 않는 법을 배워야 합니다. 또 어떤 이들은 "더 이상은 안 돼"라고 딱 잘라 말한 뒤 이별하는 법을 배워야 합니다. 우리 모두는 배우기 위해 여기에 있고, 각 개인의 삶마다 배워야 할 교훈은 다 다릅니다.

관계 특징을 이해하면 당신의 애착 패턴이 무엇이고 당신이 관계에서 얻어야 할 개인적인 교훈이 무엇인지를 알아내는 데 도움이 될 것입니다. 다음 내용에는 바다, 산, 바람이라는 세 가지 주요 유형이 나와 있는데, 그렇다고 해서 당신의 관계 특징을 이 세 가지 중 하나에 욱여넣을 필요는 없습니다. 또, 이를 자신의 정체성으로 여기며 집착할 필요도 없습니다. 인간으로서의 우리는 믿을 수 없을 정도로 역동적인 존재들이며 애착은 매우 미묘한 것입니다. 어쩌면 당신은 자신이 모든 유형에 속한다고 생각할 수도 있는데, 그렇다고 해서 이상한 건 아닙니다. 하지만 특정한 한 유형이 다른 유형들보다 자신을 더 잘 설명하고 있다고 느끼는 것이 일반적이긴 합니다.

유형별 특징에 대한 설명을 읽고 어떤 것이 가장 마음에 와닿는지 알아보세요. (온라인 테스트를 해보고 싶다면 BTOQuiz.com에서 테스트해볼 수도 있습니다).

바다 유형

특징: 보살피고 돌보는, 생각이나 느낌을 잘 표현하는, 배려심 있는, 직관적인, 민감한, 사랑에 푹 빠지는, 생각이 깊은, 몽상가.

가장 큰 과제: 당신은 관계를 맺을 때 불안을 느끼거나 불안정할 수 있습니다. 아니면 어떤 강박에 사로잡히거나 당신을 안심시켜주는 상대의 말과 행동이 계속 필요할 수도 있습니다. 또, 파트너를 위해 친구나 개인적인 관심사를 내팽개치고 스스로를 방임하는 경향이 있을 수 있습니다. 당신은 통제권을 쥐려 하거나 당신과 관계를 맺고 있는 사람들에게 극도로 비판적일 수 있으며, 그들에게 충족이 불가능할 정도의 높은 기대를 걸고 있을 수 있습니다.

해야 할 연습: 관계 속에서 자신의 진실을 지키는 법을 배우기 위해서는, 상대와 갈등을 겪고 있을 때라 하더라도 당신의 모습을 온전히 다 보여주면서 당신이 원하는 바를 요구하세요. 또, 갈등이 생기거나 데이트를 할 때 절망, 불안, 두려움을 느끼지 않도록 스스로를 진정시키는 방법을 배우세요.

산 유형

특징: 안정적인, 진솔한, 믿음직한, 충성스러운, 헌신적인, 의지할 수 있는, 보살피는, 지혜로운, 인내심 있는, 로맨틱한 관계를 맺고 있을 때도 친구들과의 우정이나 취미에 소홀해지지 않는.

가장 큰 과제: 산 유형의 사람들은 너무 퍼주는 경향, 양육자

처럼 되는 경향, '강한 사람'이 되려는 경향, 다른 모든 사람들의 문제를 자신의 문제보다 우선시하는 경향이 있습니다. 회피 성향의 파트너나 애정 결핍 성향의 파트너를 만나게 되면 당신은 종종 외로움을 느낍니다. 내 마음속 깊은 곳을 알아주는 사람이 아무도 없는 것 같은 기분입니다. 또한 당신은 관계 속에서 선생님이나 코치의 역할을 맡게 될 수 있는데, 시간이 지남에 따라 이런 관계 구조 때문에 기운이 다 빠집니다.

해야 할 연습: 양육자 역할에서 벗어나 가끔은 자신을 돌보도록 하세요. 스스로 할 수 있는 일이더라도 다른 사람들에게 도움을 요청해보세요. 사람들이 스스로 무언가를 파악할 기회를 주세요. 누군가를 구해주거나 고치는 것이 당신에게 달려 있는 일이 아님을 기억하세요. 언제가 연을 끊고 관계를 끝내야 할 때인지, 또 언제가 사람에게 기대어 치유 작업을 해야 할 때인지를 확실히 분별하세요. 치유 작업을 하려면 자신과 상대방에게 기꺼이 그 작업을 하겠다는 의지가 있어야 한다는 사실을, 그리고 당신이 모든 사람을 구할 수는 없다는 사실을 기억하세요.

바람 유형

특징: 자족하는, 자기만의 방식대로 살아가는, 자유 지향적인, 혼자서도 잘 지내는, 혼자 있어야 재충전이 되는, 기지를 잘 발휘하고 문제 해결에 능숙한, 리더십을 타고난.

가장 큰 과제: 때로 당신은 다른 사람을 무시하거나 자신도 모르게 다른 사람에게 큰 영향을 미칠 수 있습니다. 당신은 예측할 수 없는 경향이 있으며 열성적인 사람입니다. 또한 타인에게 자신의 감정이나 연약한 모습을 보여주기 힘들어합니다. 당신은 누군가와 더 깊이 친해지는 것을 회피할 수도 있고, 상대의 '질척거리는' 행동 때문에 단번에 정이 떨어질 수도 있습니다. 또한 극도의 외로움을 느끼며 사람들이 당신을 이해하지 못한다고, 나의 진정한 모습으로는 사람들을 만날 수 없다고 느낄 수도 있습니다.

해야 할 연습: 어딘가에 매여 있지 않은, 자유로운 느낌을 유지하면서 다른 사람과 관계를 맺는 법을 배우세요. 바람 유형은 갈등을 피하려 하지 말고 친구나 연인과 다시 조화로운 관계를 맺을 수 있도록 충분한 시간 동안 불편한 감정을 온전히 느끼는 법을 배워야 합니다. 자신의 모습을 비밀로 남겨두거나 숨기지 말고, 감정을 공유하면서 스스로를 완전히 표현하는 방법을 배우세요.

패턴의 연료가 되는 잘못된 신념

의식적인 관계의 연료가 스스로에 대한 인식, 안전함, 관계에 대한 헌신이라면, 부정적인 패턴의 연료는 잘못된 신념입니다. 우리 사회는 관계에 대한 잘못된 신념들로 어지럽혀져 있어서 우리는 이러한 신념들을 어느새 자신의 것으로 여기고 있음을, 사랑에 대한 우리의 관점에 이러한 잘못된 신념들이 들어 있음을 미처 깨닫지 못했을 수도 있습니다.

열정적인 이끌림과 안전한 사랑 중 하나만 가질 수 있다는 신념, 즉 둘 다는 가질 수 없다는 신념이나 갈등은 정상적인 상황이 아니라는 신념, 내게 맞는 관계가 나타나면 내 문제가 다 사라질 거라는 신념, 파트너가 자신을 과거로부터 구해줄 것이라는 신념, 결혼과 상대방에 대한 충실함은 곧 섹스 없는 관계를 의미한다는 신념, 상대가 시련을 겪게 해봐야 그 사람을 진짜로 믿을 수 있다는 신념 등은 모두 대표적인 잘못된 신념입니다. 이러한 잘못된 신념들은 우리가 원하는 것을 가질 수 없도록 우리를 막아섭니다. 하지만 우리는 이러한 낡고 약발 떨어진 신념들을 그대로 따를 필요가 없습니다. 이것들은 그저 단절의 문화를 부추기고, 관계 속의 요란한 드라마를 부추길 뿐이지요. 우리는 기꺼운 마음과 의도로써 열정적이고 믿음직하며, 영적으로 생생하게 살아 있는 파트너 관계를 상대방과 함께 만들어갈 수 있습니다.

역기능적인 관계 패턴은 내면화된 두려움과 스스로를 제한하는 신념을 통해 유지됩니다. 다음은 관계 문제를 지속시키는, 우리의 마음 깊은 곳에 묻혀 있을 수도 있는 몇 가지 두려움들입니다. 자신에게 어떤 신념이 있는지 살펴보세요. 당신이 인간관계 속에서 스스로를 어떻게 바라보고 있는지 생각해보세요. 당신의 관계에서 계속해서 모습을 드러내는 신념이 있나요?

- 나는 부족하다

- 나는 부담스러운 사람이다

- 다들 나를 떠난다

- 내 감정들은 사랑받을 수 없다

- 나는 구조될 필요가 있다

- 나는 행복할 자격이 없다

- 사랑받으려면 열심히 해야 한다

- 내가 맺고 있는 관계 속에서 나는 구조자 역할을 해야 한다

- 나는 영영 망가져버린 사람이다

- 나와 너무 가까워지는 사람이 있으면 안 된다

- 아무도 날 이해하지 못한다

잘못된 신념들을 인정하면 스스로에 대한 인식이 생기면서 자신의 관계 방식을 극적으로 변화시킬 수 있습니다. 나 자신을 완전하고 가치 있는 사람으로 여기면 "이제 삶을 제대로 살아볼 준비가 되었다"는 뜻이 우리의 몸과 에너지에 전해집니다. 나를 제한하는 것들은 모두 버려버리고 사랑에 마음을 여세요.

무의식적 계약

버지니아 사티어^{Virginia Satir}는 가족치료 분야에 크게 이바지한 저명한 심리치료사인데, 1950년대 당시에는 그녀의 연구 결과가

주류 학계에 편입되지 못했습니다. — 그녀는 모든 가족에게는 가족 구성원 모두가 따라야 하는 무의식적인 계약 또는 암묵적인 합의가 있다는 것을 발견했습니다. 이 무의식적인 계약은 대개 부모들이 통제력을 느끼는 방식이나 어떤 것을 익숙하게 유지하는 방식이었습니다. 가족들은 그 방식들이 역기능적이거나, 가족들을 단절시키거나, 나머지 가족 구성원들을 제한하는 방식이라 하더라도 그것을 유지합니다.

우리 모두는 관계 속에서 어떤 암묵적인 합의를 맺고 있습니다. 하지만 자신의 가치관과 부모님으로부터 훈련받은 것들을 더 자세히 고찰해본다면, 나에게 더 이상 도움이 되지 않거나 진정한 자아와 나 사이를 단절시키는 '규칙'으로부터 스스로를 해방시킬 수 있습니다.

무의식적인 계약은 어떤 모습으로 나타나는가

두 아이를 둔 소냐는 열심히 일하는 워킹맘이었습니다. 소냐의 부모님은 소냐가 태어나기 전에 대만에서 이민을 왔고, 소냐는 대만과 미국 중 어느 나라에도 속하지 못하는 듯한 느낌을 항상 가지고 있었습니다. 소냐의 가정에서는 쉬는 것이 허용되지 않았습니다. "우리는 열심히 일해야 하며, 일한 몫만큼 받는다"는 것이 소냐 부모님이 입에 달고 사는 말이었습니다. 새로운 나라에서 살아남기 위해서는 열심히 일해야 했기 때문입니다. 그렇게 어른이

된 소냐는 아침부터 밤까지 계속 일만 했고, 일정에 공백이 생기기만 하면 그 공백을 다른 할 일로 가득 채웠습니다. 그녀는 아들들과 더 많은 시간을 보내고 싶었지만, 일정이 너무 빼곡히 차 있었습니다. 그녀는 아들들과 함께했던 좋은 시절들이 그리워지기 시작했습니다.

나이가 좀더 들면서, 소냐는 자신이 무언가를 하는 것에 중독되어 있음을 깨닫기 시작했습니다. ― 이는 그녀가 진정으로 긴장을 푸는 법을 몰랐기 때문입니다. 사실, 그녀는 평생 동안 진정한 휴식이라는 걸 누려본 적이 없었습니다. 이러한 패턴을 풀면서, 소냐는 자신이 부모님과의 무의식적인 계약을 지키기 위해 뼈빠지게 노력해왔다는 것을 깨달았습니다. ― 이는 역설적인 상황이었습니다. 왜냐하면 그녀의 부모님조차 이제는 좀 쉬엄쉬엄하라고 말하고 있었기 때문입니다! 그녀는 천천히, 조금씩 아무것도 하지 않는 연습을 시작했습니다. 그러면서 자신이 스스로에게 얼마나 큰 압박을 주며 살아왔는지를 깨닫게 되었습니다. 소냐는 오래된 계약을 깨고 자유를 찾았습니다. 이제 그녀는 아이들과 놀아주고 휴식을 취하는 데 더 많은 시간을 보내기 위해 의식적으로 만든 새로운 계약을 지키며 삽니다.

흔히 볼 수 있는 무의식적 계약과 잘못된 신념

- 자신의 약점을 다른 사람에게 보여주지 말라(감정은 곧 약점이다)

- 분노는 용납할 수 없는 것이며 위험한 것이다(너의 분노는 허용되지 않는다)

- 사신의 소신이나 의견을 말하지 말라(존재를 드러내지 말라)

- 항상 노력하고, 이뤄내고, 일하라(쉬면 안 된다)

- 돈은 나쁘다. 돈이 많으면 안 된다(돈은 너를 이기적으로 만든다)

- 우리는 가족 문제를 비밀에 부친다(연약한 모습을 보이거나 도움을 요청하면 안 된다)

- 자신만의 경계선을 세우는 것은 이기적이다(우리 가족은 끈끈하게 얽혀 있다)

- 어떤 희생을 치르든 간에 평화를 유지하는 것은 내 몫이다(나는 모두를 책임진다)

- 나의 부모님은 나의 정서적인 도움이 필요하다(양육자가 되는 것이 내가 할 일이다/나는 받을 수 없다)

애초에 우리가 이러한 무의식적인 계약에 동의하는 이유는 가족 내에서 안정감과 소속감을 느낄 수 있기 때문임을 기억하는 것이 중요합니다. 어쩌면 우리는 자신에게 할당된 역할을 수행하지 않는 것이 위험하다고 느꼈을 수도 있습니다. 가족 구성원 각자에게 할당된 역할은 배척당하는 것에 대한 인간의 두려움과 밀접히 맞닿아 있기 때문입니다. 모든 인간은 마음속 깊숙이 소속감을 느끼길 원합니다. 따라서 소속감을 얻기 위한 과정에서 자기 자신을 버려야 한다고 할지라도, 대부분의 사람들은 이런 계약에 동조합니다. 이러한 오래된 계약에서 벗어나면, 아래 세대에게 어떤 습관과 의례들을 물려주고 싶은지 생각해볼 기회가 생깁니다. — 부모가 되기로 선택하든 그렇지 않든, 어떤 지혜를 물려주고 싶은지 생각해보세요.

왜 정서적 교감이 불가능한 사람들을 쫓아다닐까

정서적 교감이 불가능한 사람 또는 회피 성향의 사람에게 끌리는 패턴을 가지고 있을 때 해야 할 내면 작업은 당신이 어떤 식으로 스스로를 저버리고 있는지, 어떤 식으로 '자기 자신'에게서 달아나고 있는지를 살펴보는 것입니다. 때때로 타인은 내가 어떤 느낌을 느끼고 있는지 알 수 없게끔 방해하는 역할을 합니다. 다른 사람의 인정과 사랑을 얻기 위해 노력하느라 너무 바쁘게 지내고 있다면, 잠시 숨을 고르면서 "나는 가치 없고 사랑스럽지도 않다"고 느끼는 나 자신의 일부를 온전히 느낄 만한 시간을 낼 수도 없습니다.

만약 누군가를 쫓아다니고, 누군가와 경쟁하고, 어떤 일을 기필코 이루기 위해 힘쓰고 있는 그 모든 에너지를 내면으로 돌려 자기 성찰에 쓴다면 어떻게 될까요? 때로 우리는 정서적 교감이 불가능한 사람들만 만나는 악순환에 갇히기도 합니다. 어떻게 보면 이는 우리가 스스로를 완전히, 남김없이 드러내기를 두려워하고 있기 때문입니다. **교감이 불가능한 사랑을 쫓아다닌다는 말은 곧 교감 가능한 사랑을 피하고 있다는 말과 같습니다.**

이 패턴을 깨기 위해서는 과거의 경험에서 기인한 뿌리 깊은 두려움과 상처가 어떻게 유통 기한을 훨씬 넘긴 그 오래된 이야기를 이어가고 있는지 기꺼이 살펴봐야 합니다. 관계를 맺으려 애쓰고 있거나 파트너를 구하려 애쓰고 있다면, 내면 깊이 들어가보세요. 당신은 그것을 통해 어떤 느낌을 얻으려 하고 있나요? 사랑인가요? 받아들여짐인가요? 안정감인가요? 인정인가요? 자기 자신에게 솔직해지세요. 부끄러워할 것은 아무것도 없습니다. 당신이 추구하는 게 무엇이든 간에, 당신이 쫓아다니는 그 사람이 그것을 줄 수 없다는 사실을 알아야 합니다. 당신이 숨기려고 하는 것은 무엇인가요? 그것들과 소통해보세요. 당신의 마음속 가장 깊은 열망은 무엇인가요? 그것을 분명히 밝혀보세요. 당신은 어떤 느낌을 느끼고 싶나요? 그 느낌을 키워보세요. 당신이 할 일은 자신의 몸과 핵심 가치에 연결되는 것입니다. 또, 나 자신의 진실을 지키고 스스로를 인정해주는 것입니다.

나만의 에너지 운용법 찾기

매우 조건적인 사랑을 받았거나 정서적 돌봄과 보살핌을 받지 못하는 등의 혼란스러운 환경에서 자란 이들은 무언가를 쫓아다니는 것에 도취될 수 있습니다. 이런 경우, 관계 속에서 극적인 일이 생기거나 격변이 있을 때 흥분되는 느낌이 솟구쳐 오를 수도 있습니다. 이는 우리가 망가져서 그런 것도 아니고, 최악의 상황을 원해서 그런 것도 아닙니다. ― 이런 기분이 드는 것은 그저 그것이 우리의 감정적 프로그래밍이기 때문이며, 우리가 아는 전부이기 때문입니다.

저는 개인적으로도 이 패턴을 너무나 잘 이해하고 있습니다. 제가 지금보다 더 어렸을 때, 저는 연애 초기의 행복한 감정에 중독되어 있었으며 새롭고 별난 연애에 뒤따르는 강렬한 감정들에 중독되어 있었습니다. 저는 항상 외적인 것을 추구했고, 상대와의 관계가 평온하게 느껴지기 시작하면 언제나 불행한 느낌이 들었습니다. 하지만 저는 건강한 사랑의 기준을 알지 못했고, 관계라는 것이 언제나 급작스러운 변화와 감정의 롤러코스터로 가득하지만은 않다는 것을 모르고 있었기 때문에 강렬한 감정이 차츰 사라질 때쯤에는 무언가 잘못되었다는 것만을 어렴풋이 생각할 수 있을 뿐이었습니다.

어렸을 때, 저는 수많은 위탁 가정에 맡겨졌었습니다(7학년이 될 때까지 학교 여덟 군데를 전학 다녔을 정도였지요). 저에게는 혼돈이 곧

'정상'이었으며 저의 신경계는 끊임없는 격변과 변화에 맞춰져 있었지요. 저는 치유 작업에 깊이 빠져들고 나서야 제게 패턴이 있음을 알게 되었습니다. 저는 불안한 기분이 들 때마다 상대방의 꼬투리를 잡아 그것을 물고 늘어졌습니다. 일상적이고 한결같은 관계가 될수록, 저는 그 관계를 지루하고 열정 없는 관계라고 생각하게 되었습니다. 그래서 저는 원래의 삶을 다 무너뜨려버리고 처음부터 다시 시작하곤 했습니다.

이런 패턴을 스스로 확인하게 되면서, 저는 이것을 뿌리 뽑으려 하기보다는 어떻게 운용할 수 있는지를 배우게 되었습니다. 그리하여 원래의 삶을 완전히 뒤집어 엎어버리기보다는, 관계 속에서 새롭고 창의적인 일들을 시도함으로써 혼돈을 향한 에너지적 끌림을 변화시키는 방법을 알게 되었습니다.

마음속에 동요가 일기 시작할 때, 저는 스스로에게 "너는 평온하고 안정적으로 있을 자격이 있어"라고 소리 내어 말해주고 이를 몸으로 상기했습니다. 그러면 제 내면아이가 갈망하는 것을 건강한 방식으로 제공해줄 방법을 찾을 수 있었습니다. 저는 캠핑 여행을 갈 계획을 짜고, 방을 꾸미고, 저만의 프로젝트를 만들기 시작했습니다. 그 에너지를 내 인생을 망치는 데 쓰는 게 아니라 내 인생을 치유하는 데 도움이 되는, 생산적인 활동들로 돌릴 방법을 찾은 것이죠.

이렇게 하면 할수록, 혼란스럽던 저의 관계도 크게 변하기 시작했습니다. 저의 신경계가 재구성되어 평온함과 안정감을 즐길 수 있게 되었을 뿐 아니라 갈망하기까지 하는 수준으로 변했기 때문입니다. 만약 제가 창피함이나 두려움 때문에 이 패턴을 무시했었다면, 아마 저는 지금도 그 패턴의 통제하에 있었을 겁니다. 저는 패턴을 없앰으로써 치유된 것이 아닙니다. 그 패턴이 저의 일부라는 것을 인정하고, 이 패턴의 에너지를 어떻게 운용할지 선택함으로써 저는 치유되었습니다.

세계 속의, 미디어 속의 가장 파괴적인 인물들 중 어떤 인물들은 가장 창의적인 인물이기도 합니다. ─ 그들은 그저 자신의 에너지를 잘못 운용했던 것뿐이지요. 영화 속 대부분의 악당들은 매우 똑똑하고 강력합니다. 문제는 그들이 어떤 소모적인 것, 즉 공허한 복수나 파괴에 자신의 에너지를 쏟아부었다는 점입니다. 그 캐릭터들이 자신의 에너지를 다르게 운용했다면 아마 그들은 세상을 더 나은 곳으로 만들 수 있었을 겁니다. 우리 모두는 자신의 에너지를 어떻게 운용할지 선택할 수 있습니다. 우리의 주의를 끄는, 영원히 계속될 그 극적인 상황들에 에너지를 쓰고 싶나요? 아니면 우리의 마음을 어지럽히는 것들에서 한 발 떨어져 그들을 지켜보면서 어디에 에너지를 쓸지 신중하게 결정하고 싶나요?

관계 패턴을 치유한다고 해서 패턴이 완전히 사라지지는 않습니다. 치유로 인해 변화하는 점은, 패턴의 강도가 약해진다는 점과 안정적이었던 것을 엎어버리는 일 없이 패턴을 운용할 수 있

275

는 능력이 생긴다는 점입니다. 과거의 상처에 기인한 반응을 보이기보다는 패턴에 수반되는 자신의 '행동'을 변화시키고 두려움, 불안, 갈등에 차분히 대처하는 법을 배움으로써 삶의 이야기를 다시 쓰는 것이 좋습니다.

나의 관계 패턴 알아내기

이제, 당신에게 어떤 관계 패턴 테마가 있는지 알아내는 것을 목표로 하는 연습을 단계적으로 해볼 것입니다. 이 연습은 자기 인식을 계발하는 데 도움이 되며, 건강한 경계선을 세우고 자신의 진실에 동조될 수 있도록 도와줍니다.

관계 패턴은 한 관계와 다른 관계를 공통적으로 엮어주는 실과 같습니다. 대체로, 모든 사람들은 관계와 삶 속에 일종의 패턴을 가지고 있습니다. 이런 패턴이 언제나 문제가 되는 것은 아닙니다. 하지만 그 패턴이 당신 혹은 당신의 파트너로 하여금 인정받지 못한 기분, 버림받은 기분, 나 자신이 뭔가 부족하거나 너무 부담스러운 존재 같다는 기분을 느끼게 한다면 그때는 패턴을 살펴볼 필요가 있습니다.

패턴이 작동하려는 순간, 그것을 알아차리고 또 포용하면 패턴의 힘이 약해진다는 사실을 기억하세요. 만약 다음의 연습을 하는 동안 스스로를 심판하는 마음이 생긴다면 마음을 돌려 자기 자신에게 자비심을 가져보세요. **패턴을 거부하는 행동 또는 이러한**

패턴을 가진 자기 자신을 심판하는 행동은 당신을 그 패턴에 딱 달라붙게 하는 접착제와도 같습니다. 그러니 패턴이 모습을 드러냈을 때, 스스로 그것을 이해해주고 공감해줄 수 있는지 살펴보세요. 어쩌면 이렇게 관찰하는 과정 속에서 유머 감각을 발휘할 수도 있을 겁니다.

이 책을 함께 읽고 있는 친구가 있거나 독서 모임을 하고 있다면 다음의 질문들을 물어봐줄 인터뷰 짝을 구하는 것도 좋습니다. 그리고 그 짝에게 해답과 가까워질 수 있는, 더 깊은 통찰을 얻을 수 있게 해주는 이외의 여러 가지 질문을 물어봐달라고 부탁해도 좋습니다.

<u>1단계: 관계, 성, 사랑을 주제로 어렸을 때의 환경 탐구하기</u>

이 단계에서는 부모님과 맺었던 관계에 대해 답합니다. 부모님과의 관계를 탐구하면 다른 관계를 어떤 식으로 경험하고 있으며 어떤 관점으로 보고 있는지에 대한 통찰을 얻을 수 있습니다.

나 자신에게 물어볼 질문들

- 부모님은 관계가 어땠나요? 부모님은 결혼 생활을 유지하셨나요? 아니면 이혼하셨나요?
- 부모님은 어떻게 지내셨나요? 부모님 사이에 다툼이나 수동 공격적 행동이 있었나요? 아니면 다정하고 열린 소통

이 있었나요? 두 분 사이에 지나친 과보호, 질투, 외도가 있었나요? 부모님은 서로에게 솔직하셨나요? 아니면 비밀이 많으셨나요?

- 아버지는 어머니에게 어떻게 행동하셨나요?
- 어머니는 아버지에게 어떻게 행동하셨나요?
- 두 분이 사랑의 행위를 하거나, 스킨십을 하거나, 서로에게 긍정적인 말을 해주는 것을 본 적이 있나요?
- 당신은 맨 처음에 결혼에 대해 어떤 생각과 개념 또는 신념을 가지고 있었나요? 맨 처음 "관계는 어떠해야 한다"라고 생각했던 바가 있나요?
- 당신은 맨 처음에 섹스와 관련해서 어떤 생각과 개념 또는 신념을 가지고 있었나요?
- 부모님이 섹스에 대해 이야기한 적 있나요? 뭐라고 하셨나요?
- 부모님이 사랑, 유대, 관계에 대해 이야기한 적 있나요? 뭐라고 하셨나요?
- 당신이 어렸을 때, 남자아이들이나 남자들 주변에 있으면 어떤 느낌이 들었나요? 예를 들어, 안전하다고 느꼈나요? 아니면 위험하다고 느꼈나요? 무서웠나요? 아니면 신났나요? 불편했나요? 아니면 편했나요? 여성보다 더 안전하다고 느꼈나요?
- 당신이 어렸을 때, 여자아이들이나 여자들 주변에 있으면

어떤 느낌이 들었나요? 예를 들어, 안전하다고 느꼈나요?
아니면 위험하다고 느꼈나요? 무서웠나요? 아니면 신났나
요? 불편했나요? 아니면 편했나요? 남성보다 더 안전하다
고 느꼈나요?

2단계: 나의 지난 관계 탐구하기

당신에게 중요하다고 생각되는, 처음으로 맺은 로맨틱한 관
계부터 시작해서 마지막 관계 혹은 현재 맺고 있는 관계까지 쭉
따라 내려가면서 생각해보세요.

나 자신에게 물어볼 질문들

- 그 관계는 어떻게 시작되었나요?
- 그 관계는 얼마나 오래 지속되었나요?
- 그 관계에서 어떤 감정을 가장 자주 경험하셨나요?
- 주로 무엇에 관한 갈등이 일어났었나요?
- 파트너의 정서 상태는 어땠나요? 다정하고 배려심 있었나
  요? 회피적이고, 불안하고, 공격적이고, 질투가 심했나요?
- 그 관계는 어떻게 끝났나요?

3단계: 관계 패턴 파악하기

이제 밝혀낸 모든 것들을 살펴보면서 자신의 관계 속에 어떤

테마들이 있는지 확인해보세요. 어쩌면 파트너들의 신체적 특징, 직종, 성격 등에서 유사한 점을 발견할 수도 있고 아무런 유사점을 찾지 못할 수도 있습니다. 나 자신에 관한 정보는 감정적인 테마 — 각 관계에서 공통적으로 발견된 감정적 경험 — 속에서 가장 많이 발견됩니다.

나 자신에게 물어볼 질문들

- '안정적이고 지루한' 타입과 '위험하지만 섹시한' 타입인 두 사람 사이를 왔다 갔다 하지는 않았나요?
- 각각의 관계에서 거짓말이나 바람과 같은 형태의 배신을 경험해본 적이 있나요?
- 관계를 맺을 때 보통 아무도 나를 봐주지 않거나 내 말을 들어주지 않는 듯한 느낌, 불만스러운 느낌, 내가 중요하지 않은 사람인 것 같은 느낌 또는 다른 어떤 감정을 경험했었나요?
- 당신은 주로 회피 성향 또는 불안해하는 성향의 사람에게 끌리는 편인가요?
- 당신은 이미 파트너가 있거나 감정적으로 교감하지 못하는 사람들에게 더 끌리는 편인가요?

4단계: 에너지 작업하기

우리는 패턴이 나타날 때마다 그것을 거부하지 말고, 재주껏 그 패턴을 활용하는 연습을 해야 합니다. 삶은 우리를 시험하는 것을 좋아합니다. 우리에게는 살면서 에너지를 바꿀 기회가 끝없이 주어집니다. ― 운전 중 누군가가 갑자기 끼어들었을 때, 가까운 사람이 나를 실망시켰을 때, 일이 잘 안 풀릴 때 등. 순간순간 우리는 어떤 반응을 보일지 선택하고 있습니다. 자신의 에너지가 어떤 영향을 미치는지 인식하게 되면 당신은 에너지를 신중하게 사용하게 되며, 진정성과 진실을 향해 자신의 에너지를 쓰게 됩니다.

기억해야 할 것들

- 모든 것은 에너지입니다. 자신의 힘을 되찾을 수 있는 방향으로 에너지를 쓰는 법을 배우면 패턴도 같이 변합니다.

- 당신은 관계 패턴을 '고치거나' 없앨 필요가 없습니다.

- 패턴을 통합한다는 것은 곧 패턴을 받아들인다는 것을 의미합니다. 또, 상처 입은 내면아이가 상황을 장악하게끔 내버려두는 것이 아니라, 그 상황에 성숙하게 대응하는 것을 의미하기도 합니다.

- 관계 패턴에는 원가족 내의 조건화, 신념 체계, 무의식적 계약 등이 반영되어 있습니다.

- 당신의 관계 패턴은 당신이 이번 생에 맡아 처리해야 할 작업입니다. 어쩌면 그 패턴은 완전히 사라지지 않을 수도 있지만, 당신이 치유되고 통합됨에 따라 패턴이 나타나는 방식도 점점 변화되고 부드러워질 것입니다.

- 가장 힘 있는 자신의 모습을 체현하고, 관계 속에서 성숙한 모습을 보일 수 있게 되면 한때 당신의 세상 전체를 뒤흔들었던 그 패턴들 속에 사람들과 연결되고, 그들에게 자신의 연약한 속내를 용감히 드러낼 수 있는 훌륭한 기회가 숨어 있었음을 알게 될 것입니다.

당신이 생존 모드에 들어가 있었을 때

상처에 기인한 행동을 했다고 해서 스스로를 벌하지는 마세요.

당신을 보호해준 방어벽에 감사하세요.

당신의 가슴을 믿으세요.

당신의 순수함은 항상 그 자리에 있었습니다.

당신이 여태까지 배우고 극복했던 그 모든 것으로부터

새로운 이야기가 저절로 탄생하도록 하세요.

10장

연민 어린 자기 인식

우리 중 많은 이들은 어린 시절에 벌을 받고 부끄러움을 느끼면서 자라왔습니다. 즉, 역기능적인 방식으로 양육된 것이지요. 경솔한 행동을 보이거나(성질을 부리고 생떼를 부리는 등), 음식을 다 먹지 않거나, 형제자매와 싸우거나, 말썽을 피울 때마다 우리는 부끄러운 줄 알으라는 소리를 들어왔고, 방에 혼자 남아 벌을 받거나 '나쁘다'고 혼이 났습니다. 또, 우리 중 일부는 엉덩이를 맞거나 매를 맞음으로써 신체적인 벌을 받기도 했습니다. 애착 이론에 따르면, 이러한 방식으로 아이들을 훈육하는 것은 아이들의 자존감을 크게 손상시킵니다. ― 오히려 문제 행동이 더 심해질 수도 있지요. 민감한 아이들은 벌을 더 많이 받을수록, '나쁘다'는 소리를 들을수록, 다른 사람들로부터 분리될수록 더 공격적으로 말썽을 피웁니다.

벌을 받고 수치를 당한다고 해서 더 나은 사람이 되는 법을 알게 되지는 않습니다. 오히려 나의 어떤 면이 괜찮지 않다는 것을 알게 되지요. 우리는 외부에서 배운 것들을 내면화하고, 자신의 어떤 면을 밀어내고, 스스로를 거부하는 법을 배웁니다. 아니면 주변 사람들과 어울리기 위해 가면을 쓰는 법을 배우기도 합니다. 우리는 벌을 받거나 수치를 당함으로써 더 이상 양육자를 믿을 수 없으며 그와의 유대감이 무너졌다고 느낍니다. 벌과 수치는 인정받기 위해서는 외부 세계로 눈을 돌려야 한다고 우리를 압박합니다. 어른이 된 지금도 많은 이들이 자학적인 행동을 통해 이러한 패턴을 이어가고 있습니다. 스스로를 폄하하고, 절대 실패하지 않으려 하고, 몸을 무시하고, 연민과 휴식에 대한 욕구를 무시하고, 통제에 대한 두려움과 불신을 다른 사람들에게 투영하는 것이 이러한 행동의 예입니다.

변화는 비판과 심판, 자책이 아니라 유대와 격려, 칭찬을 통해 일어납니다. "나는 망가졌어" 혹은 "나는 부족해"라는 생각을 계속하는 한, 우리는 치유될 수 없습니다. 왜냐하면 우리가 가진 패턴의 밑바닥에는 "나는 고통받아 마땅하다"는 믿음이 있기 때문입니다. 자기 수용의 핵심은, 연민 어린 자기 인식으로써 자신의 패턴에 다가가는 것입니다. ― 그러면 우리는 성장할 수 있고, 스스로의 삶을 책임질 수 있으며 나 자신뿐만 아니라 가족과 공동체를 위해 가슴과 동조된 채 살아가기 시작합니다.

당신을 침묵시키고, 당신의 힘을 약화시키고, 사람들의 비위를 맞추게끔 당신을 훈련시켰던 과거의 일들을 떠올려보세요. 어쩌면 당신은 "넌 문제가 있어", "넌 너무 예민해", "넌 목소리가 너무 커", "넌 부끄러움이 너무 심해"라는 말을 들으며 살아왔을 수도 있습니다. 또, 당신은 사람들이 달아준 이러한 꼬리표를 당신의 진실한 정체성으로 받아들였을지도 모릅니다. 언젠가는 그동안 나 자신에게 내적으로 해왔던 말들을 진지하게 살펴본 다음, 그 모든 잡음들을 털어내야 할 때가 옵니다. 그렇게 되면 우리는 우리가 가진 재능을 세상에 펼치게 되지요.

패턴을 풀기 시작하면서, 자신이 사람들에게 진정한 모습을 보여주지 않고 있음을 인식하게 될 수도 있습니다. 이는 오래전에 당신이 스스로를 보호하기 위해 체득한 일종의 습관 같은 것입니다. 스스로를 심판하기보다는 "가면 뒤에 있는 나 자신은 누구일까?" 하는 궁금증을 가져보세요. 호기심을 가지고 패턴에 접근하면 우리가 지금까지 내려왔던 모든 선택들이 거의 항상 사랑, 유대감, 또는 안전에 대한 열망 때문에 내린 선택이었음을 발견하게 되는데, 그것을 과연 잘못이라 말할 수 있을까요?

이제 당신이 할 일은, 삶에 대한 주인의식을 가지고 나의 어떤 모습을 세상에 내보일지 자주적으로 선택함으로써 그동안 훈련받은 모든 것들을 지우는 일입니다. 여기, 자기 인식을 연습할 때 활용할 수 있는 세 가지 도구가 있습니다. 바로 자기 연민, 자기 수용, 그리고 자기 용서입니다.

자기 연민

자기 자신과 친절하고 다정한 내적 대화를 나누는 것은 자기 연민의 기초입니다. 스스로를 거부하는 상태일 때, 우리는 스스로를 폄하하는 말을 하고 불가능한 수준의 완벽을 이루고자 합니다. 스스로에게 쉴 시간을 주고, 부정적인 자기 심판을 더 다정하고 수용적인 생각들로 재구성하려 노력하는 일도 자기 연민에 포함됩니다.

자기 수용

자기 수용은 자기가 할 수 있는 일이 아무것도 없다고 생각하거나 좋지 못한 행동을 합리화하는 것이 아닙니다. 진정한 변화를 일으키기 위해 행동을 취하는 것이 자기수용입니다. 진정한 자기 수용은 자신의 모든 모습을 있는 그대로 존재할 수 있게 허용하는 마음입니다. 인간으로서의 우리는 선해질 수도, 악해질 수도 있음을 이해하는 것이 중요합니다. 수치심을 갖지 않을 때, 우리는 치유 과정 속에서 더 정직해질 수 있습니다. 그리고 그래야만 자신의 진실 속으로 들어설 수 있고, 자신의 방어벽을 무너뜨릴 수 있습니다.

자기 용서

패턴 속의 행동을 또다시 행하고 있거나 그 패턴 속 역할을 또다시 맡고 있는 나 자신을 알아차린 순간, 스스로에게 너그러운 마음을 가질 수 있다면 변화를 위한 가장 큰 기회가 생깁니다. 패턴에 스스로 책임을 질 때, 몸에 어떤 느낌이 느껴지는지 주목해 보세요. 만약 몸에서 긴장, 부끄러움, 열감, 수축 혹은 불편함 등의 감각이 느껴진다면 속도를 늦추고 호흡으로 돌아가 스스로에게 다정한 말을 해주는 것도 좋습니다. 이럴 때 읊기 좋은 만트라는 "나는 안전합니다. 나는 괜찮습니다. 나는 나를 용서합니다"입니다.

내면의 메시지 무시하기

열아홉 살이었을 때, 저는 새 남자친구의 집에 머무를 때가 잦았습니다. 그를 숀이라고 부르겠습니다. 숀은 제게 매우 공격적인 어조로 말했고, 그가 내뿜는 에너지는 심술궂고 불쾌했습니다. 제가 창문으로 바깥쪽 주차장을 바라보고 있었을 때, "이 사람은 안전하지 않아. 그는 곧 폭력적으로 변할 거야"라는 내면의 메시지가 크고 선명하게 다가왔습니다. 하지만 저는 그 집을 떠나지도, 숀과 헤어지지도 않았습니다. 저는 그와 동거를 시작했고, 우리는 약 1년 동안 같이 살았습니다. 실제로, 그는 곧 폭력적인 사람으로 변했습니다. 알고 보니 그는 믿을 수 없을 정도로 위험한 사람이었지요.

우리는 왜 내면의 메시지를 무시하는 걸까요? 그리고 내면의 소리를 듣지 않은 자기 자신을 어떻게 용서할 수 있을까요? 어쩌면 당신에게도 자신의 직관을 무시했던 적이 한 번 또는 여러 번 있을 겁니다. 뭔가가 잘못되었음을 알려주는 내면의 작은 속삭임을 듣지 않았거나 신체의 엄청난 통증을 무시했던 것이죠. 아마도 당신은 상대의 해로운 행위를 정당화했거나 누군가가 생각을 바꿀 수 있도록 돕는 데 너무 오랜 시간을 허비했을 수도 있습니다. 하지만 현실적으로 보자면, 당신은 스스로를 위험에 빠뜨리고 있었던 겁니다.

손과의 관계가 끝난 후 몇 년 동안, 저는 직감을 믿지 않았던 저 자신을 상당히 모질게 대했습니다. 저는 스스로를 심판하고 후회하면서 수치심의 굴레 속에 갇혀 있었습니다. 그러다 직관을 무시하고 싶은 충동 기저에 어떤 것이 있는지 알게 되고, 스스로에 대한 연민을 가지고 나서야 비로소 저는 변하기 시작했습니다.

우리들 대부분은 직관을 무시하고, 무언가 이상하다는 징후를 무시해왔습니다. 치유 과정에서 가장 어려운 부분 중 하나는, 자기 자신에게 자비로워지는 것입니다. 우리는 위협을 받거나 갈등에 직면했을 때 자신이 어떻게 반응할지 잘 알고 있다고 생각하지만, 사실 정말 그 상황이 되어보지 않으면 자신이 어떤 반응을 보일지는 모르는 법입니다. 생존 모드에 들어가게 된 우리는 대부분 스스로도 예상치 못했던 반응을 보입니다. 우리는 부정하거나, 넋이 나가거나, 얼어버리거나, 반격하거나, 매달리거나, 경우에 따라 도망치기도 합니다. 많은 경우, 우리는 자신의 반응에 놀랍니다. 때때로 우리는 무언가 이상하다는 징후들을 완전히 놓쳐버릴 때도 있지만, 그게 우리의 직관이 망가졌다거나 다시는 우리 자신을 신뢰할 수 없다는 의미는 아닙니다. 아마도 당신은 무의식적으로 상대방이 자신의 어린 시절 속 누군가와 비슷하다고 느꼈을 수 있으나, 이번에는 자신의 욕구를 충족시킬 수 있기를 바라면서 상대방이 이전의 그 사람과는 '완전히 다르다'고 생각했을 것입니다.

치유되지 않은 부분이 우리 삶의 운전대를 잡고 있으면 우리의 잠재의식은 끝맺어지지 않은 과거의 상처를 끝맺는 데 너무 집중한 나머지 뭔가 감이 안 좋을 때 그것을 무시하거나 정당화하는 경향이 있습니다. 사랑받고 치유되기를 원했던 자신의 마음에 공감해주세요.

패턴 속 나의 모습에 책임지기

숀과의 관계는 격한 분노와 불안, 혼돈이 가득했습니다. 숨겨져 있던 저의 모든 방어기제가 그와의 관계 속에서 수면 위로 떠올랐습니다. 물론, 그의 행동이 다 제 책임이라고 생각하진 않습니다. 하지만 저 역시 그에게 다듬어지지 않은 분노와 미성숙한 감정적 반응을 보임으로써 관계에 악영향을 줬던 것도 사실입니다. 우리의 관계는 내면을 들여다보게 되는 그런 관계가 아니라, 각자가 가진 상처를 서로에게 게워냄으로써 또다시 상처를 주고받는 그런 관계였습니다.

치유 과정 중에 때가 되면, 자신이 무의식적으로 패턴을 지속시키는 방식을 찾아내기 위해 결국 내면으로 시야를 돌려야 하는 때가 옵니다.

제가 치유 프로그램을 진행하며 책임감 부분을 다룰 때, 참여자들에게서 자주 듣는 말들이 있었습니다. "책임을 지면 자책하는 듯한 기분이 들어요", "관계가 잘 안 풀렸던 일이나 누군가가 나에게 상처를 줬던 일이 다 제 잘못 같아요" 같은 말들이었죠. 이런 것들은 책임지기 작업의 진정한 본질과 전혀 일치하지 않습니다.

패턴에 대한 책임을 진다는 것은 '탓한다'는 뜻이 아닙니다. 오히려 그것은 당신이 깨어날 준비가 되었으며 삶을 직접 통제할 준비가 되었음을 의미합니다. 즉, 더 이상 스스로를 무력한 존재로 보지 않겠다고 선택하고, 당신의 넘치는 기개와 힘을 체현할 준비가 되었다는 의미지요. 책임을 진다는 것은 장막에 가려져 있는 어떤 것을 기꺼이 살펴보고 충분한 시간을 가지면서, 이제는 정말로 끝내야 할 필요가 있는 이 오래된 관계 스토리를 지금껏 당신이 어떻게 유발해왔는지를 깨달아 변화하겠다는 의미입니다. 자신의 마음, 판단, 화난 생각에 책임을 지는 것, 자신이 탓하고, 투영하고, 비판하고, 불평하는 방식에 책임을 지는 것, 삶에 변화를 주는 것, 자신의 두려움, 바람, 욕구와 직접 소통하는 것, 경계선을 세우는 것도 다 여기에 포함되는 일입니다.

진정한 책임지기 작업은 자기 연민과 짝을 이루어야만 효과적입니다. 스스로를 수용하는 마음을 내어 패턴 속 나의 모습에 대한 책임을 질 때, 더 깊은 자아 인식의 문이 열립니다. 치유는 과거를 지우고 완전히 다른 사람이 되는 것이 아닙니다. 치유는 당신의 삶을 은밀히 지배해왔던 것들을 인정하는 일입니다. 그리고 이렇게 함으로써 우리는 더 나은 삶을 살아갈 수 있습니다.

패턴은 우리가 책임질 때 변한다

우리 중 많은 이들이 책임지기 작업을 거부합니다. 왜냐하면 이 작업은 우리 자신을 완전히 직면해야 하는 작업이면서도 우리를 수치심과 자기 심판 속으로 빠뜨릴 때가 많기 때문입니다. 하지만 자기 사랑의 마음을 가지고, 순수한 아이를 기르는 다정한 부모의 시선으로 스스로를 바라보면 패턴 속 나의 모습에 대한 책임을 지는 것이 가능합니다.

때로는 자신의 마음, 감정, 행동에 책임을 지는 것이 고통스러울 수도 있습니다. 하지만 이 작업에서 우리가 얻는 바는, 내 삶의 통제권을 내가 다시 쥐게 된다는 것입니다. 물론 자신의 패턴에 대한 책임을 지지 않는다면 그 원인을 모르는 상태로 속 편하게 살면서 일시적인 편안함을 느낄 수도 있습니다. 하지만 이를 바꿔 말하자면, "괜찮은 사람을 찾으면 상황이 바뀔 거야"라고 믿으면서 똑같은 악순환의 굴레를 벗어나지 못할 운명이라는 말도 됩니다. 나의 관계 패턴에 내가 어느 정도 책임이 있음을 깨닫고 ─ 이 말인즉, 관계 패턴을 변화시킬 능력도 나에게 있다는 것입니다 ─ 직접 책임을 져야만 패턴도 변화합니다.

자신이 속한 공동체 안에서 통합된 인간, 의식적인 파트너, 배려심 있는 친구가 되기를 원한다면 책임지기 작업을 하는 것이 필수입니다. 우리는 자신이 때때로 지나치게 비판적인 인간, 가혹한 인간, 공격적인 인간, 상대를 무시하는 인간, 회피 성향의 인간, 통제하려는 인간, 지배하려 드는 인간, 방어적인 태도의 인간, 사람들에게 상처를 주는 인간이 될 수도 있다는 것을 인정하기 힘들어합니다. 안전하지 않은 사람들을 내 삶 속으로 들였던 과거의 나를 용서하는 것 역시 힘든 일이기는 마찬가지입니다.

하지만 진실은, 누군가에게 심적 고통과 아픔을 줄 가능성이 우리 모두에게 있다는 겁니다. ─ 우리들 한 명 한 명이 모두 말입니다. 언제까지고 지옥 같은 상황에 빠져 있을 수는 없습니다. 우리는 반드시 그간의 일 속에서 교훈을 배운 뒤 다시 일어서야 합니다.

그동안 그림자 속에 숨어 있었을지 모르는 당신 성격의 어떤 측면을 발견했다면, 자신의 감정체(emotional body)*를 친절하게 돌봐주세요. 그리고 자신의 패턴에 책임을 진다는 것이 곧 당신이 나쁜 사람이라는 뜻은 아니라는 걸 기억하세요. 우리는 공동체 안에서 그리고 우리의 삶 속에서 자기 인식을 통해 자신감과 감정적 성숙, 리더십을 계발합니다.

내면에 빛 비추기

우리 각자의 내면에는 부정하거나 덮어버리고 싶은 부분이 있습니다. 사랑스럽지 않고, 매력적이지 않고, 생존에 위협이 된다고 믿는 그런 부분들이지요. 감정적 프로그래밍도 이러한 억압의 한 측면입니다. 우리는 주변 세계로부터 무엇이 받아들여지고 무엇이 받아들여지지 않는지에 대한 단서를 수집합니다. 그리고 그 기준에 따르면서 자신의 성격 중 어떤 성격은 억압합니다. 그 결과, 우리는 가장 친하지 않은 자신의 모습을 마음속 지하실로 내려보냅니다.

자신의 모습을 거부하고 그것과 완전히 단절되면 그 모습들은 다른 틈으로 삐져나와 관계에 큰 혼란을 일으키고, 예상치 못한 순간에 모습을 드러내 우리를 당황스럽게 만듭니다. 어쩌면 우

---

* 전체론적 치유(holistic healing)의 관점에서 보면 우리에게는 네 가지 몸이 있다. 육체, 정신체(mental body), 감정체, 영체(spiritual body)가 바로 그것이다. 감정체는 세상에서 경험한 것들을 통합시키고 이해하는 몸이며, 육체와 정신체 사이의 다리 역할을 한다. 감정체는 우리가 반응하는 방식, 무언가를 이해하는 방식 그리고 특정 상황에 대응하는 방식과 관련이 있다.

리는 자신의 미성숙한 자아 또는 상처받은 자아로부터 생겨난 격한 감정에 반응하고, 타인이나 세상을 비난하고, 내면에서 올라오는 강렬한 감정에 대처하지 못하면서 '반응 모드'에 갇혀버릴 수도 있습니다.

그러나 책임지기 작업과 자기 인식을 활용한다면 우리 내면에 무엇이 있는지 살펴볼 수 있고, 감정적으로 더 안정될 수 있으며 더 조화로운 방식으로 세상을 자유롭게 탐구해나갈 수 있습니다. 또, 스트레스를 받거나 감정에 휩싸였을 때 나오는 우리 내면의 완벽주의자를 더 큰 연민으로 바라봐줄 수도 있습니다. 한 번에 한 걸음씩, 우리는 더 느긋한 모습으로 변화해갈 것이며 있는 그대로의 나 자신과 더 친해질 것입니다.

내면의 완벽주의자 치유하기

몇 년 전, 제가 속한 여성 그룹 중 하나에 미나라는 여성이 있었습니다. 미나는 완벽주의 성향이 너무 심해서 조금의 위험도 감수하지 않으려 했고, 자기 자신을 표현하려 하지도 않았습니다. 무언가를 틀릴까 봐 너무 두려웠기 때문입니다. 그녀는 항상 각진 모양의 안경을 썼고, 머리를 단단히 틀어 올려 단정히 묶고 다녔습니다. 모든 것을 깔끔하게 정리해야 하는 그녀의 내면을 반영하는 외모였지요. 미나는 불안으로 고생했고, 자신의 존재를 좀처럼 드러내려 하지 않았습니다. 사람들이 그렇게 해달라고 부탁해도 마찬가지였습니다. 우리 그룹은 미나에게 좀 풀어진 모습을 보고 싶다고 말했고, 머리를 풀어달라고 요청했습니다. 당연히 이것은 그녀에게 있어 큰 도전이었습니다. 하지만 천천히, 우리는 그녀의 변화를 목격하게 되었습니다. 처음에 미나는 머리를 풀었고, 그녀의 에너지도 더 안정적으로 변하기 시작했습니다. 불안도 줄어들었습니다. 그녀는 점점 그룹 내에서 목소리를 내기 시작했습니다. 그리고 지금, 미나는 그룹 내에서 리더 위치에 있고 다른 이들과 함께 그룹의 일을 돕고 있습니다.

완벽주의는 야망이 있는 사람 또는 '성공한 사람'과는 다른 것입니다. 완벽주의는 진이 다 빠질 때까지 원하는 것을 추구하지만 그 추구가 절대 끝나지 않는 것을 말합니다. 이는 "내가 하는 모든 것은 항상 부족하다"는 신념을 갖고 있으면서 끊임없이 실패의 두려움에 휩싸이기 때문입니다. 두려움은 "만약 실패한다면 나는 사랑받을 가치가 없다"고 말합니다. 다른 사람들의 인정과 칭찬을 받는 것을 우선시하느라 자신의 욕구와 열망을 뒷전에 두는 이러한 강박적인 패턴은 일종의 자기 방임입니다. 완벽주의는 외부로 투영되어 관계 속에서도 나타날 수 있습니다. 이 때문에 우리는 상당히 비판적인 사람이 되거나 주변 사람들이 우리의 비현실적인 기준을 충족시키도록 압박하기도 합니다.

기쁨과 창의성이 넘치는 삶을 살기 위해서는 반드시 완벽주의에서 해방되어야 합니다. 완벽주의에서 해방되려면 위험을 감

수하고, 삶의 모든 가능성에 열린 마음을 가져야 하지요. 나 자신
과 다른 사람들을 비현실적일 정도로 엄격한 기준에 맞추려 한다
면 우리는 미지 속으로 걸어 들어갈 수 없습니다.

완벽주의의 특징

- 자신과 타인에 대해 지나치게 비판적임
- 문제를 일으켜서 사랑과 친밀감을 느끼지 않으려 함
- 자신의 성과들이 아직 부족하다고 믿기 때문에 업적이나
  승리를 자축하기 힘들어함
- 절대로 기준에 부합할 수 없을 것 같은 기분이 듦
- 스스로를 다른 사람과 비교하고 경쟁함
- 성과를 내고, 더 많이 해내고, 더 잘 해내야 한다는 압박을
  계속해서 느낌
- 쉬기, 천천히 하기, 느긋하게 있기, 놓아버리기가 힘듦

완벽주의자들이 가진 상처의 핵심에는 보통 "느긋하게 살거
나 통제권을 놓아버린다면, 내가 그동안 피해왔던 어떤 것을 느껴
야 할지도 모른다", "나에 대한 최악의 두려움이 진실임을 발견하
게 될지도 모른다"는 두려움이 있습니다. 완벽주의자들은 스스로
에게 상당히 비판적일 수 있습니다. 하지만 다른 사람들에게도 이
렇게 과하게 비판적인 태도를 취하는 것은 누군가와 친밀해지거

나 깊이 연결되지 않도록 자신을 방어하는 행동입니다. "언제나 트집을 잡아낼 수만 있다면, 나는 당신에게 너무 가까이 다가갈 필요도 없고 상처받지도 않을 것이다"라는 마음인 것이죠. 우리가 사랑을 기피하고 있으며 인간관계를 스스로 망치고 있다는 사실을 인정하고 이에 책임을 지려면 큰 용기가 필요합니다.

만약 당신에게도 완벽주의의 상처가 있음을 발견했다면 이 발견을 숨 쉴 틈을 가질 기회로, 불완전하면서도 아름다운 사람이 될 수 있도록 스스로를 허용할 기회로 받아들이세요. 인생은 원래 통제되어야 하고 깔끔하게 정리되어야 하는 그런 것이 아닙니다. 우리는 스스로를 심판하지도, 불가능한 기준을 세우지도 말고 좀 느긋하게 살면서 우리의 진정한 자아가 모습을 드러낼 수 있도록 기꺼이 허용할 필요가 있습니다.

완벽주의를 버리기 위한 방법들

- 누군가가 집을 방문할 때 집을 살짝 지저분하게 놔두기
- 예술 활동하기, 블로그에 글쓰기, 아직 불완전하거나 공들여 만든 것이 아닌 창작물을 사람들에게 보여주기
- 좋아하는 음악에 맞춰 막춤 추기
- 실수해도 괜찮다는 것 상기하기
- 자신이 화, 분노, 증오, 슬픔과 같은 감정을 온전히 느낄 수 있도록 허용하고 그것을 심판하지 않기

- 모임을 주최할 때 모든 것을 스스로 하기보다는 친구에게 저녁 요리를 도와달라고 부탁하기
- 몸에 귀를 기울이고 쉬는 날 갖기, 감정적인 기복을 느낄 수 있도록 허용하기
- 판에 박힌 일상에서 약간 다른 것 시도하기(미나가 했던 것처럼 머리를 푸는 등). 아니면 약간 긴장되지만 나를 설레게 하는 새로운 스타일의 옷 입어보기

책임지기 작업은 어떻게 하는가

자신의 패턴에 책임을 지려면 자신이 다른 사람들을 심판하고, 비판하고, 탓하는 순간 그것을 알아차리고 잠시 시간을 내어 스스로에게 이렇게 물어봐야 합니다. "외부로 눈을 돌림으로써 나는 나 자신의 어떤 것을 피하고 있는가?" 질투, 분노, 자기 연민(self-pity)에 빠졌을 때 그 감정 아래에 어떤 핵심적인 두려움이 있는지를 살펴보세요. 의식적으로 된다는 것은 머리와 심장을 연결하는 법을 배우는 것입니다. 만약 마음이 조급해지거나 몸에서 불편함 혹은 긴장이 느껴지기 시작한다면 속도를 늦추고 호흡하세요. 그러면 에너지를 밖으로 투영하지 않고 자중하면서 자신의 경험을 온전히 이해할 수 있습니다.

내면에 빛을 비추는 동안에는 항상 스스로를 받아들이는 마음이 우리가 돌아가야 할 안식처가 되어야 합니다. 그래야 우리

자신의 모든 자질을 통합시킬 수 있기 때문입니다. 감추거나 방어할 것이 아무것도 없다면 자연스럽게 마음이 부드러워지고, 삶이라 불리는 이 춤을 더 잘 출 수 있게 됩니다.

일기 쓰기: 책임지기 작업

일기장을 펼치고 펜을 잡은 다음 자신의 생각, 두려움, 감정과 온전히 함께 있어주는 시간을 가지세요. 그리고 아래 질문에 대답해보세요. 이 과정에서는 스스로에게 친절하고 자비로워야 합니다. 치유를 위해 오래된 상처를 건드리고 자기 자신의 깊은 내면으로 들어갈 때, 격한 감정을 경험하는 것은 괜찮을 뿐 아니라 사실 '건강한' 것입니다. 당신은 안전합니다.

- 갈등을 겪을 때 대체로 당신이 느끼는 감정은 무엇인가요?
  (예: 분노, 슬픔, 두려움, 불안)
- 화가 났을 때는 보통 어떻게 표현하나요? (예: 소리 지르기, 공격하기, 탓하기, 상대에게 수치심 주기, 과하게 사과하기, 마음 닫아버리기)
- 당신은 다른 사람들의 어떤 감정을 가장 두려워하나요?
- 당신은 그 감정에 대해 어떤 판단을 내리나요?
- 당신은 스스로가 그 감정을 표현하거나 느끼도록 허용하나요? 만약 그렇게 하도록 허용한다면 어떻게 될까요?

- 지금의 관계에서 반복적으로 불쑥 나타나는 어린 시절의 감정이 있나요? (예: 아무도 내 말을 들어주지 않고 나를 봐주지 않는 기분, 힘이 없는 기분, 버려진 기분)

- 당신은 다른 사람들의 어떤 특성 또는 특징에서 가장 혐오 감을 느끼나요? (예: 탐욕, 질투, 분노, 자랑, 오만)

- 스스로에게서 그러한 특성이나 특징을 느껴본 적이 있나 요? (이 주제를 깊이 탐구해보세요. 아주 약간의 인정도 큰 발전으로 이어집니다!)

- 만약 그렇다면 그 특성이나 특징이 내게서 어떻게 나타나 는지 간단히 써보세요.

- 당신은 가장 편한 사람이나 가장 친한 친구와 있을 때 당신 의 어떤 면을 보여주나요? (예: 우스꽝스러운 면, 감정이 풍부한 면, 진지한 면)

- 사람들이 당신에 대해 추측하는 것들 중 어떤 것이 상처가 되나요?

- 사람들이 당신에게서 어떤 모습을 보았으면 좋겠나요?

- 위에서 대답한 그 모습을 더 체화시키려면 어떤 노력을 해 야 할까요?

- 아직 온전히 느끼는 것이 불편해서 좀더 편안하게 느낄 수 있으면 좋겠다고 생각하는 감정이 있나요?

- 당신이 바꿀 준비가 된 습관이나 행동 패턴은 무엇인가요?

일기 쓰기만으로 패턴을 치료한 사람은 아무도 없습니다. 이 과정은 당신이 자기 자신과 더 연결된 느낌을 느낄 수 있게 해주고, 표면적인 당신의 반응과 방어기제 아래에 무엇이 깔려 있는지 알려줄 수 있도록 설계되었습니다. 당신은 아무것도 '할' 필요가 없습니다. 그저 이러한 정보를 얻음으로써 스스로를 더 잘 인식하고, 자기 자신에 대한 더 깊은 자비심을 가지면 됩니다.

상대에게 내면 작업을 이야기하는 것에 관하여

저와 함께 작업했던 많은 여성들은 자신의 패턴에 책임을 진다는 것의 진정한 의미를 마침내 체화했을 때 그것을 극복했다고 느꼈습니다. 이렇게 됐을 때, 과거의 그 사람에게 연락해서 자신이 그동안 배운 모든 것들을 공유하고 싶어하는 것도 무리는 아닙니다. 이런 대단한 경험을 전 파트너에게도 말해준다는 게 꽤 구미가 당기는 일일 수도 있지만, 저는 이를 권장하지는 않습니다. 특히나 그 사람과의 관계에서 떠들썩한 일이 많았거나 그 사람이 어떤 식으로든 당신을 학대했었다면 더더욱 그렇습니다. 당신의 책임지기 작업은 연약하고 신성한 것입니다. 책임의식을 갖고 앞으로 나아가기 위해 당신에게 상처를 준 사람들에게 당신의 이야기를 공유할 필요는 없습니다. 만약 지금 연애를 하고 있다면, 당신의 현 파트너에 대해 새로 알게 된 정보를 그와 공유하고 싶을 수도 있습니다. 하지만 적절한 상황과 분위기에서만 그렇게 해야 하며, 어떤 반응이 되돌아오더라도 당황하지 않을 준비가 되어 있어야 합니다.

저는 책임지기 작업을 완전히 체화하기 전까지, 또는 남의 인정을 전혀 필요로 하지 않으면서도 내면 작업의 은밀하고 사적인 과정을 공유할 수 있기 전까지는 이를 공유하지 말기를 일종의 지침으로서 추천합니다. 당신이 사랑하는 그 사람은 당신이 기꺼이 자신의 연약한 속마음을 공유해준 것에 대해 고마워할 수도 있지만 그렇지 않을 수도 있습니다. 어쩌면 당신이 정말 원치 않았던 반응을 보일 수도 있습니다. 이러한 이유로, 저는 당신이 자신의 내적 과정을 가슴속에 잘 간직해두었다가 당신이 믿을 수 있는, 내면 작업에 대한 이해가 있는 사람들에게만 그것을 공유하라고 추천하고 싶습니다. 상담사, 코치, 영적 안내자, 친구 또는 파트너와 같은 사람들에게 말이죠. ― 이들이 당신의 연약한 부분을 다정하게 받아줄 마음을 지닌 사람임을 보여왔다면 그들에게 당신의 이야기를 공유하세요. 아니면, 당신이 바랐던 반응을 얻지 못했을 때 떠오르는 모든 생각과 감정에 기꺼이 책임을 지면 됩니다.

순간순간의 자기 연민

기분이 안 좋을 때나 예전의 익숙한 대처방식으로 되돌아갔을 때, 스스로에게 더 연민 어린 마음을 낼 수 있느냐 내지 못하느냐가 자기 인식을 지속할 수 있을지 없을지를 결정합니다. 수치심이나 죄책감에 기인한 반응에 빠져 있을 때는 완벽이 당신의 목표가 아니라는 것을 기억하세요. 소중하고 순수한 아이에게 내어줄 따뜻한 마음으로 자기 자신과 대화하세요.

자기 연민 실천 연습

한쪽 손은 가슴에, 한쪽 손은 배에 얹으세요. 몇 번의 깊은 호흡을 천천히, 길게 내쉬어보세요. 4×4×4 호흡(box breath)을 해보세요. 4×4×4 호흡이란, 넷을 세는 동안 들이마시고 다시 넷을 세는 동안 숨을 참고 있다가 넷을 세면서 내쉬는 호흡법입니다. 자, 그렇다면 어떻게 나 자신에게 더 부드러운 말들을 해줄 수 있을까요? 지금 당장 당신이 듣기를 원하는 말은 격려하는 말, 따뜻한 말, 다정한 말 중 어떤 것일까요? 일기장에 다음의 문장들을 따라 적은 뒤 문장을 완성해보세요.

비록 내가 _____에 반응하긴 했지만, 그래도 나는 여전히 좋은 사람이다.

비록 내가 지금 당장은 _____ 기분이지만, 나는 사랑받을 자격이 있다.

비록 내가 지금 당장은 _____ 기분이지만, 나는 그 아래에
깔려 있는 _____ 그리고 _____ 같은 다른 기분에 접근할 수
있다.

나는 _____ 때문에 내가 자랑스럽다.

기억해야 할 것들

- 자기 심판이나 수치심은 우리를 패턴에 가둬놓습니다. 패턴에서 벗어나 앞으로 더 나아가려면 연민 어린 자기 인식이 핵심입니다.

- 우리가 거부한 우리 자신의 일면들 대부분은 살아남고, 사랑을 얻고, 인정받기 위해 감춰졌습니다. 이런 일면들을 연민과 수용으로 감싸주면 우리를 패턴에 묶어두는 근본적인 원인을 변화시키고, 다시 자신의 온전함을 되찾을 수 있습니다.

- 책임을 진다는 것은 자신에게 닥쳐온 일에 아무 관련도 없는 무고한 희생자 역할을 맡는 것이 아니라, 자신의 삶과 관계 속에서 적극적인 역할을 맡겠다는 뜻입니다.

- 책임지기 작업은 자책하는 것이 아닙니다. 책임지기 작업은 더 의식적인 나 자신이 될 힘을 키우는 작업입니다.

- 책임지기 작업은 당신을 자유롭게 만들어줄 수 있습니다. 왜냐하면 근본적으로 이 모든 것의 목적은 자기 수용이기 때문입니다!

- 자기 인식은 더 깊은 변화가 일어날 수 있는 길을 열어줍니다.

- 완벽한 사람은 존재하지 않습니다. 실수해도 괜찮습니다.

당신의 몸은 신성합니다.

당신의 에너지는 신성합니다.

연인과 친구를 지혜롭게 선택하세요.

이 삶은 당신을 깎아내리고 싶어하는 사람들에게

낭비하기에는 너무 소중합니다.

적신호, 청신호

몇 가지 행동요령 목록들로 인생을 정리할 수 있다면 인생이 얼마나 쉬워질까요. 그러면 데이트를 나갈 때 그 목록만 챙겨 나가서… 짜잔! 하고 더 이상의 관계 문제는 없는, 그런 세상이 올 텐데요. 하지만 인생은 일목요연한 목록들로 정리할 수 없고, 관계에 적신호가 켜졌음을 알아차리려면 체크 박스에 V 표시를 하는 것보다 훨씬 더 많은, 미묘한 뉘앙스를 읽을 줄 알아야 합니다. 이 장에서는 적신호, 황신호, 청신호를 자세히 알아볼 것인데, 적신호보다는 청신호에 주요 초점을 맞춰 알아볼 것입니다.

생각해봅시다. 만약 우리가 언제나 적신호에만 주의를 기울인다면 우리는 어떤 걸 끌어당기게 될까요? 그렇습니다. 적신호만 '더' 끌어당길 겁니다. 누군가를 만나거나 데이트를 나갈 때마다 적신호에만 주의를 기울이는 사람이 되고 싶나요? 그보다는 건강하고 행복한 관계는 어떤 모습이며 어떤 느낌인지에 대한 기초를 배우는 것이 더 낫습니다. 그러면 진짜 관계의 청신호가 어떤 것인지 알게 되고, 당신과 교류하는 사람들에게도 그것을 기대할 수 있습니다. 또, 이 장에서는 진짜 적신호가 켜졌을 때와 가짜 경보음이 울릴 때를 어떻게 구분하는지에 대해서도 다룰 겁니다. 다시 말해, 그것이 직관인지 두려움인지를 구별하는 것이죠.

사람들이 보편적으로 생각하는 적신호에는 학대와 폭력 같은 것이 있습니다. 하지만 "이건 적신호 목록에 있어야 하는 거 아닌가?" 싶은 것들이 의외로 황신호 목록에 들어가 있기도 합니다. 예를 들어 거짓말이나 바람 같은 것들이죠. 물론 당신과 당신의 핵심 가치, 상황들에 따라 여전히 주관적으로 남아 있는 것들도 있을 겁니다.

불과 100년 전만 해도 이혼은 엄청나게 금기시되는 것이었습니다. 대부분의 연인들은 아주 짧은 교제를 한 뒤 결혼했고, 결혼 생활이 불행하더라도 같이 지냈지요. 이제, 우리 사회는 완전히 그 반대의 상황이 되었습니다. 우리는 관계를 빨리 정리할 수 있게 되었고, 관계가 잘 안 풀리더라도 그 관계를 끝까지 유지하는 일이 적어졌습니다. 하지만 당신의 모든 요구를 100퍼센트 충족시켜줄 완벽한 사람은 없습니다. 우리 모두는 관계에서 상처를 주고받습니다. 중요한 것은 언제가 관계를 끝내야 할 때인지, 언제가 소매를 걷어붙이고 관계 해결을 위해 힘써야 할 때인지를 제대로 아는 것입니다. 당신과 당신의 관계에 있어 무엇이 옳다고 말할 수 있는 사람은 아무도 없습니다. ― 그것은 당신에게 달린 문제니까요. 일반적으로, 당신이 교제 중이며 상대방과의 관계 속에 상호 간의 사랑, 존중, 끌림, 그리고 함께 내면 작업을 하려는 의지가 있다면 그 관계는 진전을 이룰 수 있습니다. 그러나 만약 둘 중 하나 또는 둘 모두 관계 개선을 원하지 않거나, 자신의 행위가 상대에게 어떤 해를 주는지를 알지 못한다면 아무 데로도 가지 못하는 다람쥐 쳇바퀴를 탄 것과 같습니다.

저는 관계에서 일어날 수 있는 사소한 역경과 싸움 모두를 하나하나 체크하면서 그 관계가 어떤지 평가하는 것은 좋지 않다고 생각합니다. 왜냐하면 우리는 모두 실수를 하고, 때로는 그런 실수가 두 사람 사이에서 치유와 이해의 기회가 되기 때문입니다. 또, 어떤 때는 그런 실수가 당신의 불같은 활기를 찾고, 확고한 경계선을 세우고, 관계를 끝낼 수 있는 기회가 되기도 하지요. 선을 넘는 상대의 행동 중 어떤 것들은 다시 기회를 주기에는 너무 심각한 일이거나, 가슴에 대못을 박아버리는 일일 때도 있습니다. 만약 당신의 몸이 '노'라고 말한다면, 그 말을 들으세요. 당신은 '내면 작업을 한다'는 명목으로 안전하지 않다고 느끼는 상황에 구태여 머무를 필요가 없습니다. 때로는 그 사람을 떠나는 일이 내면 작업을 하는 일이 되기도 합니다.

적신호, 황신호, 청신호는 무엇인가?

적신호, 황신호, 청신호는 행동을 카테고리별로 분류하는 데 도움이 됩니다. 빨간색은 용인될 수 없는 것이나 위험할 수 있는 것, 노란색은 무언가 조정이 필요할 수 있기 때문에 주의를 기울여야 한다는 경고, 초록색은 건강하고 유대감이 잘 형성된 관계입니다. 물론, 때로는 모든 것을 분류하고 꼬리표를 붙이는 것이 독단적이거나 제한적인 일이 될 수도 있지만, 어떤 행동은 괜찮고 어떤 행동은 안 되는지 잘 모르겠거나 혼란스러울 때는 범주화가 도움이 될 수 있습니다. 저는 여기서 적신호, 황신호, 청신호의 개념을 최대한 상세하게 다루면서 당신이 그것을 확실히 이해할 수 있도록 최선을 다했습니다. 하지만 이것으로도 확신이 안 선다면 당신이 신뢰하는 사람, 즉 자격을 갖춘 상담사, 영적 교사, 코치 또는 안내자로부터 전문적인 지침을 받는 것이 좋습니다.

적신호

적신호는 관계를 이어나갈 수 없게 만드는 치명적인 특성이라고 할 수 있습니다. 건강한 관계가 형성되기 전에 심각하게 개선, 주의 또는 해결이 필요한 특성이나 행동이지요. 생애 초기 때 학대, 방치를 경험했거나 역기능적 가정에서 자랐던 많은 이들은 적신호가 켜진 행동을 정상이라고 생각합니다. 만약 자신의 모습이 적신호 목록에 들어 있다면, 자신이 상대에게 해를 입힌 상황을 바로잡고 그러한 행동을 바꾸기 위해 필요한 내면 작업을 하겠다고 선택하면 됩니다.

적신호의 특징

- 이전 파트너나 가족에 대해 말할 때 욕설을 사용함
- 상대방이 과거 관계에 대해 말하는 것을 들어보면 상대의 전 파트너들은 다 미친 사람이거나 정신병자임
- 낯선 사람들, 서비스직에 있는 사람들, 도로 위 운전자들에게 분노 또는 공격성을 보임
- 중독성 물질에 중독되어 있거나 위험한 일에 연루되어 있음
- 나를 통제하려 하거나 나와 내가 아끼는 사람들 사이를 이간질하려 함
- 나 자신을 표현하거나 상대에게 동의하지 않으면 보복당할까 봐 두렵고, 그런 행동이 안전하지 않다고 느껴짐
- 나의 경계선을 넘어버림. 또는 내가 '노'라고 했을 때 내 말을 무시하면서 그것이 재밌다고 생각함
- 질투가 많고 의심이 많으며 내 전자기기나 일기를 살펴보면서 나의 사생활을 침해함
- 상대와의 관계가 대체로 긴장되고 혼란스러운 분위기이며 롤러코스터처럼 오르락내리락함. 상대가 다음에 어떤 말과 행동을 할지 알 수 없고 나를 어떻게 생각하는지도 알 수 없음

- 내 몸을 평가하면서 마음에 상처를 주고, 무례하거나 몰지 각한 성적 행동을 함
- 상대와 나의 관계는 '비밀'이며 한 번도 상대의 친구나 가족을 만나본 적 없음
- 싸울 때 폭발적으로 싸우며 절대 먼저 사과하지 않음
- 관계에 대한 진지한 애기를 나누는 것을 기피하거나, 나를 바보로 만들거나, "너는 너무 어려운 사람이다", "너는 너무 내면 작업에 빠져 있다"는 등의 애기를 함
- 내 주변 사람들 중 내 파트너를 좋아하는 사람이 단 한 명도 없음
- 나와 친한 친구들에 대해 성적인 말을 하거나 내 앞에서 다른 사람들과 시시덕거림
- 술만 마시면 다른 사람으로 변하는 상대방 때문에 불안하지만, 상대는 이것이 문제라고 생각하지 않음
- 관계 초반의 좋았던 시기가 끝나자 사람이 완전히 변함
- 주변의 모든 이들에게 고통을 안겨주는 정신 질환을 앓고 있지만 도움을 받지 않으려 함
- 우리의 관계가 적신호로 가득 차 있는데도 상대는 그 문제들을 인정하려 하지 않고 내면 작업에 관심을 갖지 않음
- 말로 정확히 설명할 수는 없지만 상대에게서 불편하고 위험한 느낌이 그냥 느껴짐

황신호

황신호는 당신이 주의를 기울이게 하고, 몇 가지 질문을 던지게 만드는 경고 표지판과 같습니다. 황신호는 이 관계를 신중하게 발전시키는 게 현명할 것이라는 뜻입니다. 현실적으로, 모든 관계에는 어느 정도의 황신호가 켜져 있습니다. 당신과 당신의 잠재적인 파트너가 본격적으로 깊은 관계를 맺기 전에 서로의 모든 것을 알아내기란 힘듭니다. 황신호는 명확하고 직접적인 대화를 나눌 기회이자 당신과 상대방이 내면 작업을 할 의향이 있는지 아니면 성장에 저항하고 싶어하는지를 알아볼 기회가 됩니다. 이런 대화 속에서 부정 혹은 저항에 부딪힌다면 황신호가 적신호로 변할 수도 있습니다. 그러나 그 대화가 관계를 어긋나게 하는 것들을 변화시키겠다는 새로운 다짐과 더 큰 정직함으로 이어진다면 황신호가 청신호로 변할 수도 있습니다.

황신호의 특징

- 한 명 또는 둘 다 비밀이 있거나 거짓말을 하고 있음
- 나의 가족과 친구들이 상대를 굉장히 싫어하면서 내가 걱정되고 염려된다고 말함
- 나의 감정이나 연약한 속내에 대해 상대와 이야기를 나눌 수 없음
- 상대가 빚쟁이고, 그 빚을 지게 된 합리적인 이유가 딱히 없음

- 질문에 대답하는 것을 안 좋아하고 "과거는 과거일 뿐"이라는 말을 자주 함
- 계속 실직하거나, 해고당하거나, 돈을 빌려달라고 함
- 막판에 나를 바람맞힘
- 개인적인 취미, 관심사, 열정을 갖고 있는 분야가 없음
- 바람피운 전적이 있음
- 자신의 SNS에 나와의 관계에 대한 어떤 것도 올리지 않음 (SNS를 활발히 하는 사람일 경우)
- 갈등이 생겼을 때 쉽게 실망하거나 자신의 감정을 전달하는 것을 어려워함
- 전 파트너들과 연락을 끊지 않고 지냄 (어떤 경우에는 오히려 이것이 청신호가 될 수도 있기에 미묘한 분위기 차이를 잘 감지해야 합니다! 전 파트너들과 인간적인 우정을 지킨다는 것은 그 사람의 관계 기량을 보여주는 긍정적인 행동일 수도 있습니다. 하지만 반대로 그 사람에게 여러 비밀이 있거나, 그들의 관계 때문에 당신이 소외되는 느낌을 받거나, 상대의 전 파트너를 한 번도 만나본 적 없으며 그렇게 하고 싶지도 않다면, 또 상대의 전 파트너가 당신의 현재 관계를 존중하지 않음으로써 당신의 경계선을 넘는다면 이러한 행동은 황신호 또는 적신호가 될 수 있습니다.)

청신호

청신호는 "계속 가세요"라는 뜻입니다! 관계에서의 청신호는 두 사람이 상호 존중, 진정성, 신뢰, 감사로써 관계를 맺고 있음을 의미합니다. 청신호가 켜진 관계를 맺게 되면 안전한 느낌과 안정감이 느껴집니다. 있는 그대로의 나 자신이 될 수 있고, 나만의 생각과 의견 그리고 열망을 가질 수도 있지요.

청신호의 특징

- 나를 공개적으로 표현하는 것이 안전하다고 느껴짐
- 둘의 의견이 일치하지 않는다고 해서 관계가 위태롭지는 않음
- 각자 친구나 가족을 만나고 다니는 것에 대해 긍정적임
- 신체적 접촉, 성생활, 의사소통, 개인의 소유물에 대한 경계선을 서로 존중함
- 각자 자신이 내뿜는 에너지, 감정, 행동에 대해 스스로 책임을 짐
- 갈등이 일어났을 때, 한쪽이 '언제나' 맞거나 틀렸다는 식으로 결론을 내기보다는 둘 다 자신의 말과 행동에 책임을 짐
- 이 관계는 내가 최상의 내 모습이 될 수 있도록, 그리고 내가 이 세상에 사랑을 비추도록 영감을 줌
- 힘들거나 스트레스를 받을 때도 사랑이 식거나 서로를 벌

하기보다는 서로 기대거나 품을 내어줌

- 관계의 대체적인 분위기가 혼란스럽지 않고 일관적임
- 다른 사람들 앞에서 서로를 띄워주며 깔아뭉개거나 낮추지 않음
- 약점 잡힐까 걱정하지 않고서도 서로에게 연약한 모습을 보일 수 있음
- 갈등 속에 성장이 있다고 생각하며 갈등이 있을 때 언어적으로나 신체적으로 해를 입히면 안 된다고 생각함
- 갈등 후에 관계를 회복할 수 있음
- 갈등 후 자리에 앉아 의견 차이에 대해 논의할 수 있고, 서로에게 더 나은 모습을 보여주기 위해 노력함
- 둘만의 관계 외에도 각자의 삶이 있음
- 이 관계가 둘 모두에게 영감의 원천이 됨

상대는 멋진 사람이지만 여전히 안전하다는 느낌을 받지 못한다면?

파트너가 안전함을 느낄 수 있도록 상대방이 도울 수 있는 방법이 분명히 있긴 하지만, 보통 안전함을 느끼는 것은 두 부분으로 이루어져 있습니다. 바로, 건강한 외적 상황과 건강한 내면입니다.

저와 작업한 많은 이들은 자신이 원하던, 너무나 다정하고 친절한 '멋진 사람'을 만났지만 그들 역시 안전한 사람이라는 느낌

이 들지 않아서 큰 혼란과 실망을 느꼈다고 말합니다. 그들은 마음속으로 왜 그 사람이 나에게 적합하지 않은 건지에 대한 온갖 이유를 떠올려보거나, 마침내 올 것이 오기를 가슴 졸이며 기다립니다.

당신이 '안전하다고 느끼는' 것은 다른 사람에게만 책임이 있는 문제가 아니라 당신의 내면과도 관련 있는 문제입니다. 이것이 바로, 관계 패턴 속에서 신경계가 수행하는 역할을 필수적으로 알아야 하는 이유입니다. 이를 이해하면 몸이 보내는 신호와 새로운 관계를 쌓을 수 있으며 자신이 적신호, 황신호, 청신호를 판단하는 방식과 거기에 대응하는 방식, 두려움과 걱정을 표현하는 방식을 파악하는 데 도움이 됩니다. 이에 더해, 안전하고 안정적이며 건강한 관계를 맺게 되었을 때 자신이 그 관계 속에서 편안히 있을 수 있는지도 이를 통해 알게 됩니다.

이 책에 나오는 내면 작업과 신체적인 연습들 이외에도, 몸 안으로 들어가는 연습들은 몸의 패턴을 다시 짜는 데 엄청난 도움이 됩니다. 안전한 느낌을 느끼기 힘들거나, 종종 진이 다 빠진 기분이 들거나, 아직 해결되지 못한 트라우마적인 기억들을 지니고 있다면 신체 경험(Somatic Experiencing)* 전문가와 함께 당신만의 연습들을 더 만들어도 됩니다. 신경계 작업은 상당히 미묘한 작업이

---

* 피터 A. 레빈Peter A. Levine 박사가 개발한 신체 중심의 치료 기법. 트라우마 및 기타 스트레스 장애를 치유하기 위해 정신 치료, 약물 치료, 코칭, 물리 치료와 같은 다양한 분야에 적용된다.

지만 당신의 상황을 눈에 띄게 개선해줄 수 있을 만큼 강력하기도 합니다. 당신의 마음이 진행하고 있는 재패턴화의 속도를 몸이 따라잡을 수 있도록 신경계 치유 작업을 내면 작업과 결합하세요. 치유의 힘은 바로 여기서 나옵니다.

지금까지 적신호가 켜진 관계밖에 모르고 살았다면요?

어떤 이들은 적신호가 켜진 관계만을 맺으며 살아왔습니다. 적신호가 아닌 관계를 경험할 기반을 세우기 전까지, 이들은 자신이 청신호가 켜진 관계를 맺을 수 없다고 믿을 수도 있습니다. 저는 자신이 건강한 관계를 맺기에는 너무나 많이 망가져버렸다고 생각하는 이들에게 공감합니다. 저도 그런 생각을 해봤기 때문입니다. 굳은 결의만 있다면 뿌리 깊은 패턴에서 벗어나 의식적인 관계를 맺는 일은 전적으로 가능합니다. 더 나아가, 완전한 변혁을 경험할 수도 있습니다. 크게는 세상과 관계를 맺는 방법에서부터 일하는 방식이나 가족, 친구, 공동체 등과 연결되는 방식에 이르기까지 모든 것이 변할 수 있지요.

내면 작업에는 너무나 많은 이점이 있습니다. 저는 심각하게 고통스러운, 트라우마적인 과거를 가진 수천 명의 사람들이 그것을 딛고 일어나 씩씩하고 멋지게 살게 된 그 과정을 지켜봐왔습니다. ─ 그런 멋진 삶이 언제나 그들의 과거 때문이라고는 할 수 없지만 대개 그것 때문이긴 합니다. 때로, 아픈 과거는 우리가 자기 자신을 아주 깊이 만날 수 있는 통로가 되어주기도 합니다. 그리고 결국 그 끝에 우리에게 남는 것은 지혜, 사랑, 연민의 샘입니다. 힘든 일이나 트라우마를 겪었을 때, 믿기지 않을 정도로 힘겨운 그 현실을 온전히 느끼고 인정하면 더 큰 이해와 공감 능력이 생깁니다.

적신호가 켜진 관계가 의식적인 관계로 변할 수도 있을까?

적신호가 켜진 관계를 겪어본 사람은 그것이 얼마나 혼란스러운 경험인지를 잘 알고 있습니다. 하지만 막상 그런 관계를 맺을 때는 그 관계 패턴이 얼마나 건강하지 못한지를 제대로 보기가 힘듭니다. 종종, 우리는 그 관계에서 벗어난 뒤에야 비로소 그 모든 것을 실감하기 시작하지요. 우리는 자신이 왜, 어떻게 그 관계에 그렇게나 오래 머물러 있었는지 이해할 수가 없다고 생각하면서 상대의 그러한 행동을 내가 왜 그냥 놔뒀을까 생각합니다.

제가 여러 집단과 함께 작업하면서 적신호라는 주제를 꺼내면 가장 많이 받는 질문 중 하나가 "적신호가 켜진 관계가 의식적인 관계로 변할 수도 있나요?"입니다. 이 질문은 그리 간단하게 대답할 수 있는 질문이 아닙니다.

상호 간의 사랑과 의지만 있다면 거의 모든 관계 패턴이 바뀔 수 있습니다. 하지만 두 사람이 적신호가 켜진 그 관계를 안전하고 안정적인 관계로 변화시키고 싶을 때, 현재 형태의 관계는 완전히 없어져야만 합니다. 본질적으로는 두 사람 모두 처음부터 다시 관계를 쌓아갈 준비가 되어 있으며, 기꺼이 그렇게 할 의지가 있는 경우에만 관계를 변화시킬 수 있는 겁니다. 하지만 적신호가 켜진 관계에는 대부분 그럴 의지가 보이지 않습니다. 보통은 한 파트너가 의지를 보이지만 다른 파트너는 그걸 원하지 않는 형태지요. 이런 상황에서 패턴을 변화시키는 유일한 방법은 그 관계에서 벗어나 혼자 내면 작업을 하는 것입니다.

적신호가 켜진 관계가 소울메이트 혹은 쌍둥이 불꽃(twin flame)***관계일 수도 있을까요?**

당신과 요란스러운 관계에 있는 사람이 소울메이트이거나 쌍둥이 불꽃일 가능성은 확실히 있습니다. 하지만 그렇다고 해도 그것이 그 관계에 계속 머물러야 할 이유가 되지는 않으며, 둘이 함께할 운명임을 의미하는 것도 아닙니다.

개인적으로 저는 우리에게 수많은 소울메이트가 있다고 믿습니다. — 우리 영혼의 여정을 함께하는 영혼들은 고작 한두 명이 아니라 백 명 이상이라고 믿습니다. 친한 친구, 가족 구성원, 연인, 그리고 심지어 반려동물도 우리의 소울메이트일 수 있습니다.

---

* 거울 영혼(mirror soul)이라고도 불리며 한 존재가 반으로 갈라져 둘이 된 것을 말한다. 쌍둥이 불꽃끼리 만나면 매우 강한 연결감을 느끼는데, 보통 로맨틱한 관계의 파트너로서 만난다고 한다. 서로의 불안과 결점을 반영하기 때문에 이 둘이 건전한 관계를 맺는 경우는 거의 없다.

반면, 우리 주변의 어떤 사람은 우리의 소울메이트 집단에 속하지 않을 수도 있습니다. 당신이 식료품점에서 자주 마주치는 사람이나 지난 15년 동안 당신의 우편물을 배달해준 집배원도 당신의 소울메이트 집단에 속해 있을 수 있습니다. 우리에게 한 명의 소울메이트 — 신화에나 나오는 '정해진 짝' — 만이 주어진다는 생각은 결핍에 초점을 맞춘 사고방식을 따르게 만들고, 유익하지 않은 것에 매달리게 만듭니다. 영적인 연결은 결코 자기 방임의 변명이 될 수 없습니다. 그러니 소울메이트와 관계가 생길 수도, 생기지 않을 수도 있지만, 만약 그런 사람을 만났다면 관계를 놓아버려야 할 때 그것을 놓아버려도 괜찮다는 것을 믿으세요.

두려움과 직관을 구분하는 법

직관은 과거에서 기인한 두려움과 종종 헷갈리기도 합니다. 과거에 나쁜 관계를 맺은 적이 있거나 트라우마를 촉발하는 트리거를 가지고 있다면 당신의 마음은 관계와 관련한 당신의 가장 큰 두려움을 증명할 증거를 매우 능숙하게 수집합니다. 무시당하는 것, 통제당하는 것, 상처받는 것, 아무것도 아닌 존재가 된 느낌 등이 이러한 가장 큰 두려움에 속하지요. 직관을 훈련할 수 있는 가장 효과적인 방법 중 하나는, 내 마음이 어떻게 작동하고 내 상처와 두려움이 어떻게 나타나는지를 아는 것입니다. 이를 알고, 또 스스로 이를 책임지면 몸이 하는 말을 믿을 수 있게 됩니다.

두려움은 대개 시끄러운 머릿속 혼잣말이나 이야기 지어내기, 또는 무언가 안 좋은 일이 일어날 거라는 예측과 결합되어 있습니다. 반면 직관은 '본능적인' 감각이자 '내적인 앎'이라고 할 수 있습니다. 직관은 이렇게 저렇게 하라는 식의, 두려움에 휩싸인 요구들이라기보다는 오히려 은근한 속삭임에 가깝습니다. 두려움에 사로잡히면 우리는 대개 에고의 환상으로 되돌아갑니다. ― 앞에서 말했던, 도망쳐서 숲에서 혼자 살겠다는 저의 환상처럼 말입니다. 직관을 느꼈을 때도 두려움을 느꼈을 때처럼 어떤 행동을 취해야겠다는 충동이 느껴질 수 있습니다. 하지만 이때의 충동은 우리의 최고선에 도움이 됩니다. 두려움과 투영은 직관과의 진정한 연결을 막고, 우리가 최악의 시나리오들을 떠올리게 하거나 무언가를 심판하게 만듭니다. 내면의 목소리와의 건강한 연결은 우리가 맑은 렌즈를 통해 세상을 볼 때 진정으로 가능해집니다. 직관을 신뢰하는 법을 배우는 것에는 몸과 마음이 두려움의 메시지를 전할 때 그것이 참인지를 면밀히 검토해보는 일도 포함됩니다. 그러면 과거 경험이 아닌 진실에 기반한 자신의 선택에 확신을 가질 수 있습니다.

마음의 늪에 빠지다

벤과 저는 더 깊은 관계를 맺고자 약혼을 했는데, 그러자마자 우리 사이에는 권력 다툼이 많아졌습니다. 그리고 그 과정에서 저의 모든 두려움도 수면 위로 완전히 떠올랐습니다. 저는 1년 이상의 약혼 기간 대부분을 에고가 만든 드라마 속에서 허우적댔습니다.

돌이켜보면 저는 배신당하거나, 무시당하거나, 이용당하는 것을 두려워했던 제 안의 어린 소녀에 대해 너무나 많은 연민을 가지고 있었습니다. 저는 어린 시절에 배신당하고, 무시당하고, 이용당하는 경험을 하기도 했지만, 이혼을 겪으면서도 이를 경험했었습니다. 그리고 곧 재혼할 예정이었지요. 재혼을 앞둔 저는 엄청난 위험을 감수하고 있는 기분이 들었고, 실제로 여러 번 파혼하려고도 했습니다. '재혼'을 하는 것에 대한 수치심과 이 결혼 역시 잘되지 않을 것이라는 생각이 제 마음에 계속해서 떠올랐습니다. 그 시간 동안, 저는 벤을 매몰차게 밀어냈습니다. 우리는 유례없이 심하게 다퉜고, 저는 심지어 결혼식을 취소하려고도 했습니다. 다행히 벤과 저는 관계의 굴곡을 유연하게 넘어갈 수 있는 여러 방편들을 알고 있었고, 튼튼한 기반도 있었지만 그래도 그 시기는 넘기기가 정말로 힘든 시기였습니다.

어느 날 벤과 저는 이사를 위해 짐을 꾸리고 있었는데, 그가 저를 무시하는 듯한 냉담한 느낌으로 제게 무언가를 말했습니다. 저는 심호흡을 하고 우리 둘 다 스트레스를 받았다는 사실을 인식하는 대신, 즉시 격렬한 감정을 내비쳤습니다. 저는 침실로 가서 거기에 들어앉았습니다. 그리고 도움이 필요하다는 생각이 들어 저의 소중한 친구이자 관계 코치인 조던 그레이Jordan Gray에게 전화를 했습니다. 그는 저의 불만과 두려움을 성심성의껏 들어주었습니다. 저는 뜨거운 눈물을 줄줄 흘리며 이렇게 말했습니다. "조던, 나는 벤이 나를 통제하려고 할까 봐 두려워. 벤은 나를 존중하지 않을 거고, 나를 거들떠보지도 않을 거야. 그는 불도저처럼 나를 깔아뭉갤 거고, 나란 사람은 사라져버리겠지." 그는 잠시 제가 하는 말을 듣고 나서 부드럽게 대답했습니다. "글쎄, 내가 보기에는 네가 벤과 관계를 맺은 이후로 더 힘 있고 더 존재감 있는 사람이 된 것 같은데? 그렇지 않아?" 순식간에, 제 상태는 뒤바뀌었습니다. 마치 조던이 저를 꿈에서 깨운 것만 같은 기분이었습니다. "그래, 맞아." 제가 말했습니다. "고마워, 내가 내 문제 속에 완전히 빠져 있었네."

조던은 저를 판단하거나 저의 두려움에 맞장구쳐주지 않은 채로 제가 무엇에 빠져 있는지를 제대로 볼 수 있는 사람이었기에 제가 현실로, 현재의 관계로 돌아갈 수 있도록 부드럽게 도와줄 수 있었습니다. 이것이 바로 내면 작업에 충실한 사람들과 맺은 우정의 힘입니다.

친구를 현명하게 선택하세요

필요할 때 기꺼이 당신에게 이의를 제기할 수 있는 절친이나 신뢰할 수 있는 친구를 사귀는 것은 필수입니다. 인습적인 우정에서는 서로 의기투합하여 전에 만났던 사람에 대한 뒷담화를 하거나 친구가 파트너와 싸울 때 친구의 편을 들어주는 것이 관례입니다. 사람들은 타인의 지지를 받고 있다는 기분을 원하며, 때로는 자신의 경험을 인정받았다는 기분을 가장 원하기도 합니다. 하지만 어떨 때는 이런 소망이 파괴적인 것이 될 수 있습니다. 의식적인 우정 관계에서 친구의 역할은 경청하고, 호기심을 가져주고, 잠재적으로 자기 성찰과 치유가 일어날 수 있도록 도와주는 것입니다. 제가 벤에게 저의 두려움을 투영했을 때 조던이 부드럽게 저를 깨운 것처럼, 우리 모두는 자신이 혼란스러운 상태에 있을 때 도움을 줄 것이라 믿을 수 있는 친구나 신뢰할 수 있는 상담가, 코치 또는 안내자를 적어도 한 명쯤은 원합니다.

행동하거나 두려움을 잠재우거나

두려움이 하는 말이든, 직관이 하는 말이든 간에 뭔가가 잘못된 것 같다고 느껴지면 절대 그것을 무시하지 마세요. 자신의 두려움에 공감해준다는 말은 그 두려움을 무시하는 게 아니라 인정한다는 뜻입니다. 어떨 때는 두려움이 생길 만한 타당한 이유가 있기도 하지만 또 어떨 때는 변화가 임박했을 때 나타나는 자연스러운 반응으로서 두려움이 생겨나기도 합니다. 우리는 결국 편안해지고자 하는 존재이기 때문에 삶에서 큰 변화를 겪어야 할 때 얼마간은 불편한 느낌이 들 수 있습니다. 이는 무척 행복한 일이 일어났을 때도 똑같이 적용됩니다. ― 예를 들어 새로운 관계를 시작할 때, 약혼할 때, 결혼할 때, 내 집을 장만할 때, 아이를 갖게 될 때, 항상 바라왔던 승진을 했을 때, 자신의 가장 큰 목표 중 하나를 달성했을 때 등. 이런 행복한 일들 역시 예상치 못한 두려움을 수면 위로 불러올 수 있지만, 그런 반응이 무언가 잘못되었다는 것을 의미하지는 않습니다!

두려움은 신성한 것입니다. 자신의 두려움을 존중하는 일은 기꺼이 연약해지는 과정이기도 하며, 우리는 이러한 과정에 다정한 관심을 쏟아줄 필요가 있습니다. 우리는 마치 두려움이 절대적인 진실인 양 반응하지 않아야 합니다. 대신, 두려움이 올라오면 스스로를 탐구하고, 인내심을 갖고, 자신을 더 알아보고자 하는 자세를 가져야 합니다.

의식적으로 두려움을 향해 나아가면 어떤 상처가 활성화되더라도 그 상처를 해결할 기회가 생깁니다. 당신이 아끼는 사람에게 내밀한 속 이야기를 터놓겠다고 선택하는 것 역시 그 사람에게 당신과 함께 치유될 기회를 주는 행동입니다. 반대로, 당신의 두려움이 이 사람 또는 관계가 당신과 맞지 않다는 현실을 가리켜 보이고 있다면 상황을 명료하게 정리해줄 질문들, 즉 물어볼 필요가 있는 질문들을 직접적으로 자문해보는 연습을 해야 합니다.

두려움이 올라오면 다음의 과정을 따라보세요

두려움 인정하기

이 두려움이 어디에서 온 것인지 자문해보세요. 이 두려움은 과거의 경험에서 올라온 걸까요? 이 두려움에 대한 확실한 근거가 있나요? 이 두려움은 지금의 관계에서 생겨난 두려움인가요 아니면 이전부터 있던 두려움인가요?

두려움의 위치 찾기

몸의 어느 부위에서 두려움이 느껴지나요? 몸이 당신에게 말하는 바는 없나요? 기억하세요, 몸 역시 특정 방식으로 반응하도록 훈련될 수 있으니 몸의 반응이 정말인지 가끔은 검토해볼 필요가 있습니다. 스스로 이렇게 물어보세요. "이것은 믿을 만한 반응인가 아니면 훈련된 반응인가?"

두려움 시험하기

두려움에게 이렇게 물어보세요. "일어날 수 있는 최악의 일은 무엇인가? 그 일이 일어나면 어떻게 되는가?" 두려움의 근원에 가 닿을 때까지 계속 이 질문을 물어보세요.

두려움 드러내기

두려움을 유발하는 사람에게 마음을 열고 이야기를 들어달라고 요청하는 것이 맞다고 느껴지면 그렇게 한 다음 당신의 마음에 어떤 것이 올라왔는지 얘기해도 됩니다. 아니면 거울 명상을 하면서, 즉 거울을 보고 가슴에서 우러나오는 말을 함으로써 자신의 두려움을 밝혀보세요.

두려움 풀어주기

자신의 두려움 또는 이번에 그 두려움이 주었던 교훈을 상징하는 어떤 물건을 제단에 올려놓아도 됩니다. 아니면 돌아오는 달 주기(moon cycle) 때 불에 태울 편지를 써도 좋습니다. 준비가 되면 두려움을 풀어주는 것을 상징하는, 리추얼적인 행위를 하세요. 이런 행위에는 꽃잎 목욕, 불태우기 의식, 물건을 자연에게 돌려주는 의식(낙엽, 솔방울, 돌멩이, 꽃, 흙 등 자연에 해를 입히지 않는 선에서 가져올 수 있는 자연적인 물건들만 사용하세요) 등이 있습니다.

가짜 경보음 알아내기

최악의 상황만을 생각하도록 훈련되면 우리는 황급히 달아나거나, 충분한 정보를 얻기도 전에 최악의 일이 일어날 거라 예측합니다.

물론, 적신호가 켜졌다는 게 너무나 확실해서 당연히 그 즉시 뒤돌아 떠나야 할 때도 분명 있습니다. 상대에게 학대를 당하고 있다면 그들의 의도가 무엇인지 더 알아볼 필요도 없습니다. 하지만 지금 제가 말하는 것은 그런 상황과는 조금 다릅니다. 제가 말하는 상황은, 관계에 정상적인 기복이 약간 있을 뿐인데도 작은 일을 확대해석하면서 최악의 상황을 대비하는 상황, 즉 우리의 두려움을 투영하는 상황입니다. 이것은 이제 막 서로를 알아가기 시작한 단계인 당신의 새로운 파트너가 데이트 앱에 등록되어 있다고 해서 그 사람이 다른 상대를 만난다고 추측하는 것과 같습니다. 아니면 그가 즉시 당신의 고양이에게 푹 빠지지 않는다고 해서 그가 감정적으로 교감이 불가능한 사람이거나 회피형 인간이라고 꼬리표를 붙이는 것과 같습니다. 과거의 관계에서 많은 고통과 트라우마를 겪었다면 누군가를 만날 때 좀더 주의하는 것이 맞는 일이고, 또 그것이 현명한 일이긴 합니다. 하지만 우리는 직접적이고 명확한 의사소통을 적극적으로 해야 합니다. 그래야 상대방이 자신만의 관점을 우리에게 얘기할 기회를 줄 수 있기 때문입니다. 버려짐의 상처가 있는 사람은 정말 작은 오해만으로도 격렬한 반응을 보이거나 그것을 아주 부정적인 뜻으로 왜곡하여 받아들일 수 있습니다. 버려짐의 상처가 활성화되면 마음은 온갖 종류의 이야기들을 지어내 당신을 설득할 것인데, 대개 아주 암울한 이야기를 해댈 것입니다.

이런 경우는 실제로 켜진 적신호에 반응하는 것이 아니라,

가짜 경보음에 반응하는 것입니다. 어쩌면 당신은 현실을 왜곡하면서 생겨난 익숙한 두려움에 굴복하고 있을 수도 있습니다. "저 사람은 내가 안중에도 없어. 저 사람은 나를 좋아하지 않아. 저 사람은 나쁜 사람이야. 저 사람은 나를 떠날 거야. 저 사람은 회피형 인간이야. 저 사람은 믿을 수 없는 사람이야" 등등이 바로 그런 두려움입니다. 이런 순간들은 성숙한 성인으로서 상황을 명확하게 해줄 질문들을 던지고, 당신이 원하는 바가 무엇인지 말함으로써 그 관계를 '시험'해볼 훌륭한 기회입니다. 이렇게 했을 때 상대가 어떻게 반응하는지를 보면 당신 마음이 혼자서 지어낸 이런저런 이야기를 듣고 있는 것보다 상황이 훨씬 더 명료해집니다.

사실 확인하기: 상황을 명확하게 만들어줄 질문은 어떻게 하는가?

로맨틱 코미디물을 본 적 있다면 당신은 작가가 극중 긴장감을 주로 어떻게 조성하는지를 잘 알고 있을 겁니다. 나쁜 의도가 없었던 두 인물이 서로를 심각하게 오해하면서 직접적으로 소통하기를 거부하지요. 그러면서 상황은 혼란과 좌절에 빠지고, 둘 사이의 암묵적인 싸움이 벌어집니다. 직접적인 의사소통을 하고 상대에게 설명할 기회를 주면 관계에서의 정신적 피로가 크게 줄어듭니다.

직접적인 의사소통 방법을 배우고, 호기심을 갖고, 타인에게 새로운 방식으로 말하는 법을 연습하면 당신은 훨씬 더 큰 힘을 얻게 됩니다. 다시 말해, 뭔가를 추측하거나 섣부른 판단을 내리는 것이 아니라 속도를 좀 늦추고 심호흡을 하게 된다는 것이죠. 대화의 물꼬를 트려면 상대방에게 먼저 다가가세요. 그리고 '사실 확인'을 하세요. 사실 확인이란 당신의 에고/마음이 문제를 질질 끌면서 이런저런 이야기를 지어내고 있을 때 그것을 알아차리고 그 이야기가 진실인지 거짓인지 가릴 수 있게 충분한 시간을 가지는 일입니다.

만약 당신이 누군가와 첫 데이트를 했는데 그 사람이 소름 끼치는 느낌을 준다면 그런 사람과 함께 이런 작업을 할 필요는 없습니다. 그 사람에게 한 번 더 기회를 주고 싶은 마음이 없다면 그와 함께 사실 확인을 할 필요는 없다는 말입니다. 하지만 저의 경우를 들자면 저는 결혼 준비를 하고 있는 상황에서 마음이 미쳐 날뛰고 있었습니다. 그래서 그 정신없는 상태로부터 깨어나 다시 마음 중심으로 돌아가기 위해서는 사실 확인이 꼭 필요했습니다.

사실 확인은 당신이 느끼는 게 직관인지 두려움인지를 분별할 수 있도록 도와줍니다. 사실 확인에는 용기가 필요하며, 기꺼이 상대방과 의사소통하겠다는 자세가 필요합니다. 이 과정에서 언제나 당신이 원했던 답만을 얻을 순 없겠지만 적어도 상황을 더 명확하게 볼 수는 있을 것입니다. 바로 이것이 핵심입니다. 때로 우리는 상대방에게 질문을 하지 않을 때가 있습니다. 왜냐하면 우리는 깊은 속마음으로는 답을 원하지 않기 때문입니다. 우리는 놓아주기를 두려워하기 때문에 적신호를 무시하거나 모든 것이 산산이 무너져 처참한 상황이 될 때까지 상대방에게 어떤 질문도 하지 않습니다.

하지만 의사소통을 한다면 상대와의 관계에서 더 강한 친밀감과 이해심을 느끼는 정반대의 현실이 펼쳐질 수도 있습니다. 우리의 마음은 언제나 어떤 의미를 지어내거나 이야기를 만들어내지만, 우리가 지어낸 그런 의미들이 항상 정확한 것은 아닙니다. 때로 우리는 서로 좋은 의도를 가지고 있지만 직접적으로 소통하지는 않는 그런 로맨틱 코미디의 흐름에 빠져 있기도 합니다.

나의 두려움을 누구에게 털어놓을지 선택하기

나의 두려움을 상대방에게 이야기할 때는 상처받기가 정말로 쉽습니다. 물론 내면 작업에는 이성보다 믿음이 더 중요한 면도 있지만, 저는 누구에게 자신의 가슴을 열어 보일지 선택하는 문제에 대해서는 주의하는 것이 맞다는 단호한 믿음을 가지고 있습니다. 특히, 우리가 다른 때보다 더 민감해져 있는 상태라면 더더욱 그렇습니다. 자신의 연약한 면을 내보이자마자 바로 무시당하거나 거절당한 기분을 느끼는 상황은 그다지 이상적인 상황은 아닙니다. 때로는 당신의 과거 트라우마를 촉발시키는 사람에게 당신의 두려움을 직접적으로 말할 수 없는 때도 있다는 사실을 생각해 보세요. — 그 대상은 부모님이 될 수도 있고, 데이트 상대, 심지어 는 당신의 파트너가 될 수도 있습니다. 당신을 깊이 이해해줄 수 있는 주변 사람에게 두려움을 털어놓으세요. 확실하지 않은 상황 이라면 두려움을 털어놓기 전에 상대방에게 양해를 먼저 구하는 것이 현명할 것입니다. 모든 사람에게는 어느 정도의 한계선이 있 습니다. 그러니 가끔은 일기를 쓰거나 숲을 산책하면서 혼자 자신 의 내면을 보듬는 것도 좋습니다.

사실 확인이란 이런 것

"나 지금 좀 힘든데 혹시 마음의 여유가 된다면 내 얘기 좀 들 어줄 수 있어?"

"우리 관계 안에서 몇 가지 두려움이 내게 올라왔어. 혹시 판 단하는 마음 없이 열린 자세로 내 얘기 좀 들어줄 수 있을까?"

"나는 너와 가까워지는 게 두렵고 상처를 받을까 봐 두려워. 또, 이 관계에서 도망치고 싶은 마음이 든다는 걸 스스로 알아차 리고 있어. 이런 얘기를 하는 건, 말로 이런 내 마음을 설명해야 두려움이 더 이상 힘을 쓰지 못할 것 같아서야."

"예전에 네가 한 말이 내 안에서 격한 감정을 불러일으켰어. 그래서 몇 가지 사실 확인을 좀 하고 싶은데 괜찮을까?"

"네가 한 말 때문에 내 마음에 어떤 감정이 올라왔어. 이 일에 대해 얘기 좀 할 수 있을까?"

"예전에 네가 ＿＿＿라고 말했을 때 그 말이 내 안의 무언가를 불러일으키더라고. 왜냐하면 나는 예전에 ＿＿＿ 경험이 있거든. 그 말이 정확히 어떤 의미로 한 말이었어?"

"나는 관계에서 중요하다고 여기는 게 ＿＿＿야. 그리고 네가 그것에 대해 열린 마음을 가지고 있는지 궁금해."

기억해야 할 것들

- 적신호, 황신호, 청신호는 뉘앙스가 중요합니다. 이 주제를 지나치게 단순화해서 생각하면 안 됩니다.

- 적신호는 도저히 용인할 수 없는 치명적인 단점을 뜻합니다. 하지만 사람마다 그 기준은 약간씩 다를 수 있습니다.

- 학대 같은 적신호는 절대 용납되어서는 안 되는 것이지만 바람과 같은 적신호는 그 커플이 함께 헤쳐나가기로 선택한 문제가 될 수도 있습니다. 이러한 과정을 거칠 때는 자기 자신을 존중하세요.

- 우리 모두는 실수를 하고, 가끔 좋지 않은 모습을 보이기도 합니다. 가장 중요한 것은 자기 자신에 대한 책임을 지고 치유 과정에 전념하는 일입니다.

- 과거에 상처를 받았거나 배신당한 적이 있다면 내면에서 '가짜 경보음'이 울릴 수 있으며, 이에 따라 황급히 달아나버리거나 불안에 떨게 될 수 있습니다. 때로 우리는 이런 상황을 헤쳐나갈 수 있도록 믿음직한 상담사나 안내자의 도움을 받을 필요가 있습니다.

- 청신호가 켜진 관계에 초점을 맞추는 것, 건강하고 안전한 관계를 형성하는 데 에너지를 쏟는 것이 중요합니다.

- 스스로를 존중하고 자기 자신을 인식하고자 노력하면 자신의 직관을 더 신뢰할 수 있습니다.

4부

나의 진실과
다시 동조되기

무언가를 배우고자 한다면

모든 것 속에 당신을 위한 가르침이 숨겨져 있음을 알게 됩니다.

누군가가 당신의 경계선을 침범한다는 것은

당신의 목소리를 내라는 뜻입니다.

누군가가 당신과 친밀해지는 것을 피한다는 것은

당신이 관계 속에서 진정으로 원하는 것이 무엇인지

스스로 자문해보라는 뜻입니다.

때로 거절처럼 보이는 그것은

사실 당신의 힘을 되찾으라는 부름입니다.

내 몸을 믿기, 경계선 세우기

경계선은 우리의 에너지 상태가 어떤지, 우리가 얼마나 온전한 상태인지를 나타내는 지표이기도 합니다. 상대를 기쁘게 해줘야 할 것 같은 충동을 강하게 느끼는 사람, 달리 말하면 상대에게 모든 것을 다 해줘야 할 것 같다고 느끼는 사람이나 '노'라고 말하기 힘들어하는 사람을 만났을 때, 우리는 그들을 온전히 믿지 않습니다. 경계선이 없다는 것은 어쩌면 사랑을 지키고 싶다는 열망에 기인한 특징일 수도 있습니다. 하지만 사람들은 대개 그런 사람에게 흥미를 느끼지 못하기 때문에 경계선의 부재는 깊은 관계를 맺는 데 장애물이 됩니다. 중요한 건, 우리의 경계선은 우리가 삶에 얼마나 열려 있는지를 반영하고, 자기 자신과의 관계를 반영하며, 상대에게 진솔하고자 하는 의지가 얼마나 강한지를 반영한다는 점입니다.

경계선은 깊은 관계를 맺을 때 필수적인 요소입니다. 경계선은 우리의 인간관계를 강화해주며 우리가 심리적으로 안정되게 해줍니다. 상대방을 보이는 그대로 믿고 받아들여도 괜찮으며 상대방의 욕구를 존중하려면 상대를 믿어야 한다는 앎이 생기기 때문입니다.

경계선 문제는 대개 나 자신과 내 몸에 대한 믿음이 부족하다는 것이 핵심입니다. 건강한 한계선을 정하는 것은 나 자신을 분명하고 직접적으로 표현하는 것과 같습니다. 경계선을 세우는 것은 또한 '내'가 나 자신의 감정적, 영적, 신체적 행복에 있어 무엇이 최선인지 알고 있다고 믿는 것이기도 합니다.

자신만의 경계선을 자신 있게 세운다는 것은 기꺼이 '노'라고 말하거나, 경계를 침범한 사람과 더 이상 만나지 않거나, 누군가가 나의 경계선을 연달아 침범했을 때 그것을 바로잡는다는 뜻입니다. 또한 이것은 나의 의도를 명확히 정한다는 뜻이기도 합니다. ― 당신은 상대방과 더 가까워지기 위해 경계선을 세우나요? 아니면 스스로를 해로운 행동으로부터 보호하기 위해 경계선을 세우나요? 당신은 두려워하는 마음으로 경계선을 세우고 있나요? 아니면 사랑의 마음으로 경계선을 세우고 있나요?

만약 경계선을 세웠는데도 원하는 그림이 나오지 않는다면 그것에 책임을 지고 새로운 방식으로 의사소통하는 법을 배워야 합니다. 자신에 대한 믿음과 자신감을 가지고 스스로를 표현하면 친절하면서도 단호할 수 있고, 의사 전달 방식에 주의를 기울이면서도 직접적인 의사소통을 할 수 있습니다. 이런 기반을 다져 놓는다면 더 이상 자신의 선택을 해명할 필요 없이 삶을 스스로 통치하게 됩니다. 또, 진정하고 진실한 나 자신으로서 편안히 있게 되며, 자신에게 있어 중요한 사람들과 더 깊은 유대를 맺게 됩니다.

잠시 내면에 집중하면서 가장 빛나고 힘 있는 내 모습은 어떤 모습일까 상상해보세요. 나의 온전한 가치를 아는 기분, 진심에서 우러나오는 나의 '예스'와 '노'를 믿는 기분, 내가 무엇을 필요로 하는지 스스로 인정할 수 있는 기분, 나 자신을 위해 한계선을 정하고 그것을 존중하는 기분은 어떤 기분일까요? 이 책의 4부 그리고 이번 장은 당신의 경계선, 당신이 가장 중요하게 여기는 것, 어떤 식으로 사랑받고 싶은지, 관계 속에서 어떤 것을 주고받고 싶은지를 명명백백히 알아내는 데 초점을 두고 있습니다. 또한 당신의 성장 도전과제가 무엇인지도 알아볼 것입니다. 다시 말해, 당신이 자신감을 더 키워서 정확히 무엇을 원하는지를 상대와 명확히 의사소통할 수 있으려면 어떻게 해야 할지 알아보겠다는 말입니다.

경계선이란 무엇인가?

경계선이란 나의 신체적 공간, 느낌, 욕구, 책임을 다른 사람들의 그것과 분리해주는, 보이지 않는 선과 같습니다. 경계선이 최고로 잘 기능하면 더 건강한 관계를 맺을 수 있습니다. 그리고 우리는 건강한 관계를 맺을 때 진정한 나 자신으로서 관심과 존중을 받고 있다는 기분을 느낄 수 있습니다. 다른 사람들은 경계선을 통해 우리가 어떤 행동과 의사소통 방식을 받아들이고, 또 받아들이지 않을 것인지를 알게 됩니다.

경계선은 균형이 중요합니다. 만약 일말의 융통성도 없이 자기 보호의 한 방식으로서 경계선을 활용한다면, 경계선은 우리가 진정으로 갈망하는 유대감으로부터 우리를 차단하는 일종의 벽이 될 수 있습니다. 반대로, 어떤 경계선도 세우지 않는다면 억울한 마음 속에서 허우적댈 수도 있습니다. 나 자신의 요구사항을 우선시하지 않았기 때문입니다.

경계선을 균형 있게 세우려면 우리가 원하는 것에 더 가까워질 수 있는 방식으로 경계선을 세우고, 그것을 존중해야 합니다. 다시 말해, 경계선을 방어를 위한 도구로 활용하면 안 된다는 말입니다. 우리가 원하는 바를 명확히 말하면 사람들은 우리를 더 사랑하게 됩니다. 경계선은 다른 사람들과의 연결이 유지되게끔 돕는 동시에, 개인으로서의 자주성이 유지되게끔 도와주기도 합니다. 가끔은 아주 단호한 경계선을 세워야 할 때도 있습니다. 계속 선을 넘는 사람들이나 감정이 너무 격한 사람들을 대할 때가 바로 그런 때입니다. 각기 다른 유형의 이러한 경계선들에는 각각의 특색이 있습니다. — 이러한 경계선들은 건강한 분리를 만들어내는 역할을 합니다.

경계선과 자존감

경계선은 자존감과 엮여 있습니다. 어쩌면 경계선을 세우는 것에 대해 생각하기만 해도 마음속에서 두려움이 올라올 수 있습니다. 이는 한계선을 정하면 모두가 나를 떠날 것이고, 결국 나는 혼자가 될 것이라는 상상을 하기 때문입니다. 만약 경계선을 세우는 것에 익숙하지 않다면 요구해도 괜찮은 것이 무엇인지(이 부분은 다음 장에서 설명할 것입니다), 나와 타인 사이 어디쯤에 선을 그어야 하는지, 어떻게 사랑을 밀어내지 않으면서도 경계선을 세울 수 있는지 확신하지 못할 수도 있습니다. 만약 당신이 정말로 민감하고 공감 능력이 뛰어난 사람이라면, 사람들의 감정을 보호해주는 것이 당신이 할 일이라는 믿음을 가지고 있을 수도 있습니다. 아니면 당신은 상대방이 보일 수도 있는 어떤 반응을 두려워한 나머지 경계선을 세우지 않고 있을 수도 있습니다. 또, 사람들이 당신에게 경계선을 세웠을 때 그것을 자신에 대한 거부로 해석함으로써 상대가 방어적이라거나 예민하게 반응한다고 느낄 수도 있습니다.

이러한 패턴은 자존감이 높아짐에 따라, 그리고 나만의 경계를 세우면 내 삶에 괜찮은 사람만 남게 될 거라는 믿음이 생김에 따라 점진적으로 치유됩니다.

어쩌면 당신에게는 첫 번째 데이트 때는 저녁 식사를 하지 않는다는 당신만의 규칙이 있을 수도 있고, 술을 마시지 않는 친구나 가족 구성원들하고만 시간을 보내길 원할 수도 있습니다. 아니면 쉬고 싶거나 어떤 일 때문에 바빠서 친구가 뭔가를 부탁했을 때 거절해야 할 수도 있습니다. '노'라고 말해도 괜찮다는 것을 믿어보세요. 당신이 상대에게 무언가를 열심히 해줘야만 유지되었던 인간관계라면 당신이 '노'라고 말했을 때 관계가 끊어지겠지만 대부분의 인간관계는 끊어지지 않을 것입니다. 오히려 사람들은 당신의 경계선을 존중할 것이고, 당신의 의사를 존중해줄 것입니다! 어떤 경우, 사람들은 당신에게 영감을 받아 자신만의 경계선을 세우는 법을 배우기도 합니다. 그저 최선을 다하며 살되, 일어날 일은 일어나게 놔두세요. — 결국에는 당신에게 꼭 맞는 사람들이 당신 곁에 남게 될 겁니다.

경계선의 다섯 가지 종류

신체적 경계선

신체적 경계선은 내가 부담스럽게 느끼지 않을 만한 신체적 거리와 내 몸에 대한 경계선입니다. 이러한 경계선이 명확하면 우리는 상대와 신체적으로 얼마나 가까워져도 괜찮은지, 자신이 무엇을 선호하는지, 자신의 신체적 욕망이 무엇인지를 잘 인식합니다. 우리는 타인을 만지기 전에 허락을 구함으로써 타인의 신체적 경계선을 존중합니다. 우리 중 많은 이들은 어렸을 때 우리가 모르는 사람들을 안아주라는 강요를 받음으로써 신체적 경계선이 무너진 경험이 있습니다. 하지만 요즘에는 상대방의 허락을 구하는 것이 훨씬 더 중요해졌습니다. 신체적 경계선을 지키는 일은 내 몸이 다른 누구의 것도 아닌 나 자신의 것이라는 앎과 관련이 있습니다.

물질적 경계선

물질적 경계선은 개인의 소유물에 관한 것입니다. 물질적 경계선이 명확하면 우리는 자신의 개인적 소유물과 다른 이들의 소유물을 존중합니다. 친구에게 어떤 물건을 빌렸다가 다시 돌려주겠다고 약속한 그 시간에 딱 맞춰 돌려주는 행동이 그 예입니다. 누군가가 당신의 물건을 빌리고 싶다고 말했을 때 정말로 빌려주고 싶지 않다면 거절하는 것도 또 다른 예가 될 수 있습니다. 저도 사람들에게 책을 빌려주는 것에 대한 저만의 경계선을 명확히 세우기 전까지는 거의 도서관처럼 사람들에게 책을 빌려주곤 했습니다.

소유물에 대해 남들보다 조금 더 예민한 사람들에게는 물질적 경계선이라는 것이 훨씬 더 무거운 주제가 될 수 있으므로 그런 사람들을 대할 때는 더 많은 주의가 필요할 수 있습니다.

감정적 경계선

감정적 경계선은 내 감정을 다른 사람의 감정과 분리하는 것과 관련이 있습니다. 감정적 경계선이 명확하면 나와 타인 사이에 적절한 감정적 거리를 둘 수 있게 됩니다. 건강한 감정적 경계선은 상대에게 너무 퍼주거나, 모든 책임을 다 나에게로 돌리거나, 상대를 감정의 구렁텅이에서 구해주려고 하거나, 다른 사람의 경험에 대해 자신이 책임을 느끼거나 하는 일들을 막아줍니다. 감정적 경계선이 명확하면 타인의 경험을 객관적으로 바라볼 수 있고, 그의 경험을 개인적으로 받아들이지 않으면서도 그 사람을 도와줄 수 있습니다. 이와 동시에, 내 몸에 거하면서 나만의 경험을 온전히 겪을 수 있습니다. 감정적 경계선이 확고하지 않으면 동반의존 상태에 빠지기 쉬우며 밀착(enmeshment)* 상태에 빠지기도 쉬워집니다. 다시 말해, 다른 사람에게 나라는 사람이 흡수되어버리고, 상대방이 느끼는 감정 하나하나가 내게 영향을 미치게 됩니다.

정신적 경계선

정신적 경계선은 자신만의 생각, 가치관, 의견을 가지고 자아감을 유지하면서 동시에 나와 다른 타인의 그것 역시 존중하는 태도와 관련이 있습니다. 정신적 경계선이 명확하지 않으면 타인이

---

* 보통 가족에게서 많이 보이는 현상으로, 밀착된 가족은 강한 소속감 때문에 자율성이 부족하고 개인적인 경계선이 미비하며 각자의 역할 구분이 희미하다. 자녀가 아버지 혹은 어머니의 대리 배우자 역할을 하는 경우도 이러한 현상 중 하나다. 이러한 가족구조 내에서는 한 가족 구성원의 행동이 즉각적으로 다른 가족 구성원에게 영향을 주며 가족 구성원들이 지나치게 밀집되어 있어 사생활이 거의 없다.

나와 다른 의견을 말할 때 예민하게 반응할 수 있고, 타인의 피드백을 받을 때 방어적일 수 있으며, 다른 사람의 판단을 나 자신의 판단으로 받아들일 수도 있습니다. 정신적 경계선이 쉽게 흔들리는 상태에서는 나와 타인의 차이에서 위협감을 느낄 수 있습니다. 이럴 때는 열린 마음을 가지기보다는 나의 것을 상대에게 투영하고, 상대를 내 마음대로 추측하기도 합니다. 하지만 건강한 수준의 정신적 경계선이 세워져 있을 때는 타인의 피드백을 받아들일 수 있고, 나에 대한 다른 사람의 의견을 들을 때 그것들을 즉시 개인적인 사실로 받아들이지 않을 수 있습니다. 또, 누군가가 우리와는 완전히 반대되는 방식으로 세상을 바라볼 때, 그것에 예민하게 반응하는 대신 호기심을 가질 수 있습니다. 정신적 경계선이 명확히 세워져 있으면 무엇이 내 마음에 공명하며 무엇이 공명하지 않는지를 구분하는 필터를 가질 수 있는 동시에, 그때그때 마음을 바꿀 수 있을 만큼의 내적 유연성을 지닐 수도 있습니다.

영적 경계선

명확한 영적 경계선이라는 것은 다른 사람들이 선택한 그들만의 길을 존중하고 거기에 간섭하거나 불필요한 영적 조언을 하지 않는 것, 그들만의 에너지 버블energy bubble**을 존중하는 것입니

** 뉴에이지 개념 중 하나로, 신체를 둘러싸고 있는 에너지장을 말한다. 이 에너지장에는 그 사람만의 고유한 성격 특성과 감정, 생각 등이 들어 있다.

다. 우리 모두에게는 각자의 에너지 버블 혹은 에너지장이 있습니다. 이것은 오라^{aura}라고 불리기도 합니다. 타인의 에너지적 경계선을 존중하는 법을 배움으로써 우리는 자신의 민감성을 되찾고 마음의 속도를 늦추게 되며, 이를 통해 에너지를 진정으로 감지하고 느끼게 됩니다. 에너지적 경계선을 존중하는 연습을 함으로써 우리는 더 자비로워지고, 상대의 말을 더 경청하게 되며, 더 건강한 친구이자 파트너이자 공동체 구성원이 됩니다. 건강한 영적 경계선을 갖고 있는 사람은 타인을 구해주고, 고쳐주고, 깨우쳐주는 것이 자신이 할 일이 아니라는 것을 압니다.

우리는 치유의 길을 걷고 있으므로, 영적인 경계선을 세우는 일은 아주 중요합니다. 아마 우리 모두는 한 번쯤 다른 누군가가 어떻게 살아야 하는지, 어떻게 성장해야 하는지, 어떻게 치유해야 하는지에 대해 우리에게 조언했던 경험이 있을 것입니다. 그리고 그런 상황은 우리의 심기를 거슬리게 하기도 합니다. 누군가가 우리에 대한 질문을 하기보다는 우리가 어떻게 느끼는지 잘 안다면서, 혹은 우리가 무엇을 믿는지 잘 안다면서 우리에 대해 섣부른 판단이나 추측을 했을 때의 기분은 정말 좋지 않습니다. 만약 사람들이 삶에 대해 어떤 자세를 가져야 한다는 식으로 자신의 신념이나 개념을 타인에게 투영한다면, 어떤 면에서 그것은 타인의 운명에 개입하는 일이 됩니다. 우리는 각자 자신만의 교훈을 배우기 위해 이곳에 있는 것이며, 각자의 학습 과정을 방해해서는 안 됩

니다. 좋은 영적 경계선을 갖추고 있는 협력자, 안내자, 코치 또는
상담사는 다른 사람의 현실 역시 타당할 수 있다는 이해심이 담긴
지침을 사람들에게 제공할 수 있습니다.

경계선 유형에 따른 특징

우리는 삶의 각 영역(일, 친구, 가족, 로맨틱한 관계 등)에서 각기 다
른 경계선을 가지고 있습니다. ― 물렁한 경계선, 경직된 경계선,
건강한 경계선이 바로 그것입니다. 우리 대부분은 어떤 분야에서
는 경계선 문제 때문에 힘들어하지만 다른 분야에서는 아주 건강
한 경계선을 가지고 있기도 합니다. 예를 들어, 직장 관계에서 건
강한 경계선을 가지고 있을 수도 있지만, 가족 관계 혹은 파트너
관계에서는 경계선 문제가 있을 수 있습니다. 어쩌면 당신은 대부
분의 친구들과는 건강한 경계선을 지키고 있지만, 부모님이나 과
거의 양육자를 떠올리게 하는 누군가와 교류할 때는 경계선 문제
때문에 힘들어할 수도 있습니다.

다음 설명을 읽으면서 당신과 가장 관련이 있는 경계선 유형
이 무엇인지 확인해보세요. 각 경계선 유형의 설명 아래에는 균형
을 되찾는 연습법이 나와 있습니다. 그 연습법을 읽을 때 몸에서
느껴지는 느낌을 주목하세요. 에고는 성장의 움직임을 감지했을
때 성장의 길에서 벗어나려 하거나 저항함으로써 방어적인 반응을
보입니다. 만약 당신이 이러한 연습에 거부감을 느낀다면, 그것은

이 연습이 당신을 변화시켜줄 수 있다는 신호일 수 있습니다.

물렁한 경계선 유형의 특징

- 다른 사람의 영향을 쉽게 받음
- 진이 다 빠지고, 억울하고, 화나는 기분이 들 때가 있음
- 다른 사람의 문제를 자신이 떠안음
- 거절하기가 힘듦
- 나의 생각이나 느낌 따위는 중요하지 않다고 느껴짐
- 버려짐의 상처 때문에 힘들 때가 종종 있음
- 남을 돌봐주거나 남을 구해주는 사람의 느낌을 풍김
- 거절당하거나 버려지는 것을 두려워함
- 외부의 인정에 많이 의존함
- 경계선은 나쁜 것이라는 생각이 있음

이 유형이 해야 할 연습: 당신은 3장에서 살펴본 불의 요소를 체현하는 것이 좋습니다. 어렵게 느껴지더라도 자신감을 갖고, 직접적인 소통을 하고, 자기 목소리를 내는 연습을 해보세요. 당신의 성장 도전과제는 자기 자신을 최우선으로 두고, 무언가를 거절해야 할 때는 단호히 거절하는 것입니다. 얼마간은 자신이 이기적이라고 느껴질 수도 있습니다. 그렇다면 그것을 받아들이세요. 시간이 지남에 따라, 당신은 에너지를 써야 할 때와 쓰지 않아야 할

때의 균형을 찾게 될 것입니다.

경직된 경계선 유형의 특징

- 고집이 세고 다른 것들에 절대 영향받지 않으려 함
- 호기심이 별로 없고 방어적임
- 경계선을 활용하여 자신의 마음을 보호하거나 가림
- 감정적으로 취약한 부분을 자부심으로 방어함
- 협력을 원하지 않음
- 관계 중심적이라기보다는 자기중심적임

이 유형이 해야 할 연습: 당신은 물의 요소를 더 많이 체현하는 것이 좋습니다. 벽을 천천히 허물고, 내적 민감성과 연결되고, 스스로가 외부의 지지와 사랑을 받을 수 있도록 허용하세요. 당신의 성장 도전과제는 자신의 연약한 모습에 편안함을 느끼는 것, 다른 사람들의 필요와 욕구를 위해 배려해주면서 그 사람들에게 마음을 여는 법을 배우는 것입니다. 당신의 상처와 경계심의 이면에는 당신의 보살핌이 필요한, 상처받기 쉬운 여린 마음이 있습니다.

건강한 경계선 유형의 특징

- 상황에 따라 단호해질 수도 있고 부드러워질 수도 있음
- 타인의 의견이나 피드백을 듣고 어떤 대응을 할지 선택할

수 있음

- 몸과 내면의 목소리를 신뢰함
- 다른 사람을 구해주거나 과하게 돌봐주지 않으면서도 그의 고통이나 감정을 보듬어줄 수 있음
- 죄책감을 느끼더라도 '노'라고 말할 수 있음
- 다른 사람의 경계선을 존중함
- 개인적인 이야기를 적절하게 할 줄 앎(너무 과하지도, 너무 적지도 않게)
- 자신의 경계선을 명확하고 직접적으로 알려줌
- 경계선이 더 건강한 관계를 만든다고 봄
- 개인적인 공간, 시간 등이 필요하다는 것을 말할 수 있을 정도로 자신을 잘 알고 있음

이 유형이 해야 할 연습: 우리의 경계선이 삶의 또 다른 영역에서 시험받을 여지는 항상 있습니다. 당신의 성장 도전과제는 당신이 관심을 둬야 할 삶의 다른 영역이 있음을 계속 상기하는 것, 스스로를 신뢰함으로써 자기 자신을 존중하는 방식으로 타인과 소통하는 것입니다.

몸과 내면의 소리 신뢰하기

당신의 몸과 내면의 소리 — 직관이라고도 알려진 — 는 건강

하고 의식적인 경계선을 세우기 위한 나침반이라고 할 수 있습니다. 내면의 소리는 두려움에 의해 지배되지도, 마음이 지어낸 이야기와 함께 떠오르지도 않습니다. 그것은 나의 진실을 식별하는 데 도움을 주는 일련의 감각, 진동 또는 소리입니다. 내면의 소리는 우리 각자에게 다른 방식으로 나타나기 때문에 자신의 몸에 귀를 기울이고 내면의 소리가 나의 삶 속에서 어떻게 나타나는지 배우는 것이 중요합니다. 나의 몸과 조화를 이루는 일은 내가 가진 진정한 힘에 이르는 길이 됩니다. 치유되고, 평화로워지고, 원하는 삶을 창조할 수 있게 해주는 주문과 마법은 모두 나의 몸 안에 있습니다.

내면의 소리가 나타나는 방식

몸의 감각

감각은 우리가 '예스'라고 말해야 하는지 아니면 '노'라고 말해야 하는지 알려주기도 합니다. 오장육부에서 어떤 격렬한 느낌, 수축하는 느낌, 무거운 느낌이 느껴지거나 즉각적인 두통이 느껴진다면 그것은 몸이 '노'라고 말하는 것일 수 있습니다. 찌르르한 느낌, 확장되는 느낌, 가볍게 열리는 느낌 또는 '따뜻한' 느낌은 몸이 '예스'라고 말하는 것일 수 있습니다.

말과 목소리

말과 목소리는 당신 내면의 '예스' 또는 '노'를 알려줄 수 있습니다. 만약 당신이 어떤 결정을 내릴 때 많이 망설이는 성격이라면 당신이 하는 말과 목소리의 톤이나 진동에 주목하세요. 그것은 긍정적인 톤과 진동인가요? 아니면 부정적인 톤과 진동인가요? 이러한 자기 탐구 연습은 어떤 것이 좋은 느낌이고 어떤 것이 나쁜 느낌인지 몸이 알려줄 때, 그것을 익숙하게 알아차릴 수 있도록 도와줍니다. 이것은 심지어 예와 아니오로 대답할 수 있는 가장 간단한 질문들에도 적용됩니다.

번뜩이는 영감

우리 중 어떤 이들은 '즉각적으로' 어떤 것에 대해 알게 되기도 합니다. 이런 일은 대개 가슴, 심장 또는 비장/신장 부위에서 일어납니다. 만약 당신이 '번쩍' 하고 어떤 통찰을 내려받는 편이라면, 그러니까 즉각적으로 '노'라고 말하는 편이라면 사람들은 당신을 충동적인 사람으로 볼 수도 있습니다. 아니면 당신은 즉각적인 앎을 신뢰하지 않고, 그것이 의사결정에 영향을 미치지 않도록 하느라 머릿속에서 자기 자신과 언쟁을 벌일지도 모릅니다. 그렇다면 당신이 해야 할 연습은 이러한 통찰을 신뢰하고, 이것에 몸과 마음을 내맡기는 것입니다.

감정처리(Emotional processing)

만약 당신이 어떤 결정을 내릴 때 시간이 많이 걸리는 타입이라면, 다른 사람들에 의해 마음이 급해지거나 결정을 빨리 내려야 한다는 압력을 받은 때가 많았을 것입니다. 당신이 해야 할 연습은, 결정을 내리는 데 필요한 요소들을 존중하고 스스로 결론에 도달할 수 있는 시간을 충분히 갖는 것입니다.

다운로드

우리 중 어떤 사람은 크라운 차크라crown chakra(정수리 부위)가 열리면서 정보가 쏟아져 들어오는 느낌을 경험하기도 합니다. 저는 다운로드를 받을 때 빛의 관(tube)이 정수리에 집중되어 내려오는 기분이 드는데, 다른 사람들은 무언가가 몸 안으로 불쑥 들어오는 식으로 이를 경험하기도 합니다. 당신이 해야 할 연습은, 당신과 공명하는 방식으로 영과의 관계를 발전시키는 시간을 가지는 것입니다. 그러면 신성의 안내를 더 잘 받을 수 있습니다.

경계선에 대해 소통하기

우리는 그동안 친절하고 상냥한 태도로 의사소통을 해야 한다고 배웠지만, 이런 태도는 오히려 직접적이지 못한, 에두른 의사소통으로 이어지며 우리의 진정한 감정을 회피하는 일이 될 수도 있습니다. 당신은 못된 사람이라는 느낌을 주지 않으면서도 직접적인 소통을 할 수 있습니다. 그러니 굳이 자신의 말에 사탕발림을 할 필요는 없습니다.

경계선에 대해 소통할 때 가장 중요한 사항은, 당신이 왜 이러한 경계선을 세웠으며 경계선을 세움으로써 어떤 상황이 연출되면 좋겠는지를 명확히 알리는 것입니다. 이 과정에서는 당신이 풍기는 분위기가 중요합니다. 차분하게 자신의 의도에 집중하면 그 의도가 상대에게도 전달됩니다.

만약 당신이 두려움에 빠져 있거나, 과거의 상처가 활성화된 상태에 있거나, 화가 나 있다면 그것 또한 상대에게 전염됩니다. 건강한 경계선을 세우는 법을 처음 배울 때는 한 극에서 다른 극으로 계속 왔다 갔다 할 수도 있습니다. 자신의 생각과 의견을 표현하는 것을 두려워한다면, 마침내 폭발해버리기 전까지 조금씩 조금씩 마음속에 안 좋은 것들을 꾹꾹 담아둘 수도 있고, 경계선이 아예 없었다가 갑자기 굳건한 마음의 벽을 세워버림으로써 사려 깊다기보다는 공격적이거나 냉혹한 사람이 될 수도 있습니다. 특히, 이전에 경계선을 침범당한 적이 있었다면 경계선을 세우는 일이 과거의 상처를 활성화시키는 일이 될 수도 있습니다. 의도한 바대로 일이 풀리지 않아도 스스로에게 상냥하게 대해주세요. 일이 풀리지 않을 때는 이렇게 말하면 됩니다. "저번엔 잘 안 됐던 것 같아. 다시 해볼까?"

경계선을 세우기 전에는 잠시 심호흡을 하고 몸에 집중해보세요. 소통이 어떻게 이루어졌으면 좋겠는지를 생각해보고, 이 경계선 이면에 깔려 있는 당신의 가치관이 무엇인지 느껴보세요. 경계선을 세우는 것에 편해지려면 시간이 걸리지만, 어떤 경계선을 세우는 일은 다른 경계선을 세우는 일보다 더 쉽기도 합니다.

아래의 연습을 할 때는 스스로에게 상냥하게 대해주세요. 항상 '완벽할' 수는 없습니다. 반드시 기억해야 할 것은, 당신은 지금 최선을 다하고 있으며 새로운 기술을 배우는 과정에 있다는 것입니다.

몸으로 돌아가는 리추얼

경계선을 세우기 전이나 자신이 몸을 떠나 있음을 발견했을 때 이 리추얼을 해보세요. 경계선이 지속적으로 침범당했을 때 또는 불안하거나 격한 감정에 휩싸였을 때 우리는 몸을 떠납니다.

1. 심호흡을 길게 세 번 하세요.
2. 호흡을 알아차리세요. 호흡이 얕나요? 아니면 진정되어 있나요?
3. 외부와 닿아 있는 당신의 몸 부위에 집중하세요. 발이 땅에 닿아 있음을 느끼고, 엉덩이가 바닥에 닿아 있음을 느끼고, 등이 바닥 혹은 의자 등받이에 닿아 있음을 느껴보세요.
4. 방을 훑어보면서 당신이 어디에 있는지를 인식하고, 이러

한 인식이 당신에게 가져다주는 현존감을 느껴보세요.

5. 보디 스캔을 하면서 어떤 것을 느끼고 있는지 인식해보세요.

6. 심호흡을 길게 세 번 더 하세요.

7. "나는 지금 여기 있다. 나는 중심이 잡혀 있다. 나는 안전하다"라고 말하세요.

대면해서 대화하는 것에 대한 경계선 갖기

밀레니얼 세대와 Z세대는 대면해서 이야기하는 것보다 문자로 더 많이 소통합니다. — 이는 시대상의 일면이기도 하지만, 걷잡을 수 없이 커진 세상의 불안과 단절을 더더욱 키우는 일이기도 합니다.

문자로는 상대방이 어떤 톤으로 말하는지 알 수 없고, 상대방이 풍기는 분위기나 어떤 의미로 그러한 말을 한 건지 그 미묘한 느낌도 감지할 수가 없습니다. 이러한 이유로, 문자 메시지에 대한 경계선을 세우는 것은 그 자체로 가치 있는 일입니다. 직접적으로 의사소통을 하지 않거나 문자로 소통하느라 서로의 말을 잘못 이해하면 많은 의사소통 장애가 생깁니다.

이 주제에 있어 좋은 경계선은, 내적 갈등이나 마음속에 생겨난 두려움과 같은 중요한 주제를 얘기할 때 직접 만나서 얘기하거나, 만날 수 없는 상황에서는 전화로 얘기하는 것입니다. 만약 상대와의 관계에서 상처받은 감정이 있거나 불만을 느끼는 점이 있다면, 장문의 문자를 한가득 보내는 것보다 마주 보고 앉아서 대화하자고 말하는 것이 훨씬 낫습니다. 편지 쓰기도 의사소통의 또 다른 방법이 될 수 있습니다. 특히나 당신이 자신의 경계선을 표현해야 할 때 몸이 굳거나 마음이 닫히는 경향이 있다면, 또는 상대방에게 당신의 경계선을 말하는 것이 안전한 일이 아니거나 상대방을 다시는 보고 싶지 않다면 말입니다.

과거, 저는 제 모든 마음을 다 나타내는 데는 편지가 좋을 것 같다고 느꼈던 때가 있었습니다. 그래서 저는 벤이 이런 식으로 저와 의사소통을 해줄 수 있는지 양해를 구한 뒤 편지를 쓴 적이 있습니다. 물론 그 후에는 얼굴을 마주 보고 얘기도 했습니다. 만약 관계를 더 돈독히 하기 위해 경계선을 세우는 거라면 용기를 내서 직접적인 대화를 나눠보세요.

확실하게 말하기

경계선 설정 작업을 할 때는 자신의 경계선을 어떻게 표현할 것인지도 고민해봐야 합니다.

경계선 문제 때문에 계속 싸우고 있나요? 당신은 스스로를 명확하고 직접적으로 표현하고 있나요? 상대를 추측하고 있나요? 아니면 상대가 나의 요구사항 혹은 한계선을 알아채길 바라고 있나요? 괜찮은 사람이라면 당연히 나의 경계선을 알아줄 거라 믿기에 상대방이 나의 경계선을 알아주지 않으면 분한 마음이 드나요?

만약 내가 사랑받고 싶은 방식대로 사람들이 나를 사랑하게끔 경계선을 세워두지 않았다면 자신이 관계에서 어떤 태도를 보이고 있는지 인식하고, 그것에 책임을 지는 것이 중요합니다. 만약 상대방이 당신과 한 번도 논의한 적이 없는 경계선을 넘는다면 그 사람을 벌하거나 그 사람에게 화를 내는 것은 공정한 처사가 아닙니다. 그런 상황은 당신과 상대방이 서로 다른 태도나 사고방식을 가지고 있음을 알 수 있는 기회입니다. 물론, 학대, 욕설, 기타 극단적인 행동처럼 용납되지 않는 행동이 있긴 합니다. 상대방이 우리를 존중하는 마음으로써 대하게 하려면 이러한 행동들은 관계 내에서 배제해야 합니다. 대부분의 경우, 안전하고 이해받는 기분을 느끼려면 우리가 원하는 바와 필요로 하는 바가 무엇인지에 대해 아주 솔직해져야 할 필요가 있습니다. 우리의 내면아이는 아무것도 하지 않은 채 보살핌을 받고 싶어하지만, 성숙한 어른인 자아를 체현하려면 자신의 필요와 욕구에 관한 의사소통에 책임을 져야 합니다.

죄책감 극복하기

경계선을 세울 때는 내면의 죄책감을 다뤄야 할 수도 있습니다. 어떤 사람들은 죄책감을 피하기 위해 경계선을 세우지 않습니다. 하지만 결과적으로 봤을 때, 죄책감을 다루는 과정을 질질 끌수록 그 과정은 더 힘들어집니다. 우리는 상대의 감정적인 반응(반발)이나 자기 자신의 힘든 감정을 외면하고 싶어하기 때문에 다루기 힘든 주제에 관한 대화를 애써 피하며 살기도 합니다. 어쩌면 우리는 자신의 진실을 부정하거나, 나와 분명히 동조하지 않는 어떤 것을 무시하는 일에 최선을 다할 수도 있습니다. 하지만 이러한 전략은 진실에 기반해 있지 않기 때문에 일시적으로만 기능할 뿐입니다. 무언가가 우리의 밤잠을 방해하거나 하루 종일 음식을 먹어대도록 만든다면, 이제는 뭔가를 말할 때가 온 겁니다.

이제 막 경계선을 세우는 법을 배우고 있는 중이라면 복합적인 감정이 느껴지는 것이 정상입니다. 어쩌면 당신은 '노'라고 말한 뒤 방금 말한 것을 철회하고 싶은 충동을 느낄 수도 있고, 상대방의 기분을 좋게 만들어야 한다는 조급한 마음이 들 수도 있습니다. 당신은 그들을 구해줄 필요가 없습니다. 최선을 다해 편하게 있으세요. 그러면 일이 더 쉬워질 겁니다.

경계를 침범당했을 때

경계를 침범당했을 때는 상대방과 소통하면서 앞으로 어떻게 행동해줬으면 좋겠는지 요청할 필요가 있습니다. 또, 경계선을 심각하게 침범당했다면 외부의 도움 또는 전문가의 도움이 필요할 수도 있습니다. 심각한 경계선 침범은 혼자서 감당할 수 있는 일이 아닐 수도 있습니다. 위험할 수도 있기 때문입니다.

상대방을 사랑한다고 할지라도, 그를 더 이상 우리 인생에 들이지 않는 것이 가장 좋은 선택일 때가 있습니다. 그리고 그것이 우리 가슴을 따르는 길이기도 합니다. "사랑해"라는 말을 듣거나 한다고 해서 그 관계에 존중, 정직, 진정성, 표현의 자유 등이 필요하지 않은 건 아닙니다. 우리는 타인을 사랑하는 동시에, 자기 자신을 최우선으로 여길 수 있습니다. 당신을 최우선으로 여겨줄 수 있는 건 오로지 당신 자신뿐입니다. 우리가 할 일은 우리가 최대한의 잠재력을 발휘하여 사랑하고, 사랑받고 있는지를 확인하는 것입니다. 우리는 상대방을 사랑하고, 상대가 '왜' 그러한 행동을 하는지 이해하는 동시에 그가 우리에게 더 이상의 상처를 주는 것을 허락하지 않을 수 있습니다.

누군가의 고통의 근원을 이해한다는 말은 곧, 그 사람이 상처로부터 기인한 행위를 하고 있으며 자신의 트라우마를 반복하고 있음을 알아본다는 말입니다. 상대를 악마처럼 생각할 필요도 없고, 상대의 행동이 나의 가치를 규정하도록 놔둘 필요도 없습니다. 또한 사람들을 고통에서 구해주는 것이 우리에게 달려 있는 일이 아님을 기억해야 합니다. 우리에게는 그들의 상처를 치료해주거나 그들의 문제를 해결해줘야 할 책임이 없으며, 밑 빠진 독처럼 다른 사람의 트라우마를 끝없이 받아줄 필요도 없습니다. 우리는 자신의 에너지를 지키고, 스스로를 존중해야 합니다.

성적 경계선

과거의 성적 트라우마가 경계선을 세우는 능력과 '노'라고 말할 수 있는 능력에 영향을 끼친다는 사실은 종종 간과되곤 합니다. 신체적 경계선을 침범당한 적이 있다면 자신의 목소리를 내고 자기 몸에 대한 소유권을 주장하게 되기까지 많은 치유 과정을 거쳐야 하기도 합니다. 당신이 과거에 '노'라고 '반드시' 말해야 한다고 느꼈지만 그럴 수 없었거나 그러지 못했던 순간이 있었다 해도 절대 부끄러워하지 마세요. 생존이 위협받는 기분이 들 때, 신경계는 얼어버리는 반응을 보이거나 자기 보호의 일종으로서 상대에게 아첨하는 태도를 취하게 됩니다. 이는 무감각한 모습, 마음을 닫아버린 모습 또는 상대가 우리를 이용하는 사람이거나 위험한 사람인데도 그를 달래기 위해 요구를 들어주는 모습 등으로 나타납니다. 이러한 트라우마를 회복하려면 너그러운 마음과 이해심이 필요합니다. 만약 당신이 성적인 부분에서 치유할 거리가 있다면 파트너와 몇 가지를 조정해야 할 수도 있습니다. 또한 느린 속도로 나아가되, 치유되는 동안 당신이 안전하다고 느끼려면 어떤 것이 필요한지에 대해 연약한 모습을 드러낸 상태에서 파트너와 대화를 나눠야 할 필요가 있습니다.

스스로를 표현하는 방식이나 성생활에는 옳고 그름이 없습니다. 하지만 상대와의 관계를 쌓아가려는 의도로 상대를 차근차근 알아가고 있다면 유념해야 할 점은 있습니다. 섹스는 유대와도 같습니다. 따라서 서로가 관계를 더 발전시키고 싶어한다는 것을 확실히 느낄 때까지는 섹스를 하지 않는 것이 현명할 수 있습니다. 하지만, 우리는 가끔 상대와의 섹스나 스킨십과 관련된 경계선을 세웠으면서도 달아오른 분위기에 몸을 맡겨버리기도 합니다. 그렇다면 이처럼 스스로 경계선을 넘어버렸을 때는 어떻게 해야 할까요?

당신의 몸은 당신의 것입니다. 그러니 마음을 바꿔도 됩니다. 당신은 상대와 한 번 섹스를 한 뒤에 당분간 혹은 영원히 그 사람과 섹스하지 않겠다고 결정해도 됩니다. 또한 당신에게는 즐거움을 누리고 경험할 권리가 있으므로 당신이 선택한 그 누구와도 가벼운 섹스를 즐길 자유가 있습니다! 성적인 경계선에 관해서는, 내 몸에 귀를 기울이고 내 느낌을 온전히 신뢰하는 것이 필수적입니다. 좋은 성적 경계선이라는 것은 각자의 이념, 성격, 선호하는 바에 따라 다른 것입니다. 하지만 스스로를 잘 돌보는 연습을 하고, 자신의 요구사항에 대해 소통하는 일은 우리 몸과의 관계를 치유할 때 핵심적인 요소입니다. 가장 중요한 것은, 자기 자신에게 철저하게 정직해야 한다는 것 그리고 성적인 행위에 대한 자신의 느낌이 변했다면 기꺼이 상대와 이를 조정할 수 있어야 한다는 것입니다.

섹스 전 고려해야 할 사항들

- 이 사람과 함께 있으면 몸이 안전하다고 느끼나요?
- 이 사람에게 존중받는 느낌, 이 사람이 내 말을 잘 들어주는 느낌이 드나요?
- 사랑받기 위해 섹스를 하고 싶은 건가요, 아니면 진심으로 이 사람과 섹스하고 싶은 욕망을 느끼나요?
- 섹스 도중에 혹은 후에 당신이 상대에게 무언가를 요구해도 안전하다고 느끼나요?
- 당신은 이 사람과 다시 섹스하고 싶나요?
- 당신은 에너지적으로 예민한가요? 지금의 이 섹스가 내일 또는 일주일 동안 당신에게 어떤 영향을 미칠까요?

벽인가, 경계인가?

벽은 우리의 여린 가슴을 방어하고, 사람들이 우리를 완전히 알 수 없게 만듭니다. 반면, 경계선은 우리를 지켜주고, 사람들과 건강한 거리를 유지하게 해줍니다. 또, 경계선은 우리를 사람들과 연결해주고, 우리 삶 속에 사람들이 안전하고 기분 좋은 방식으로 들어올 수 있게 해줍니다.

벽을 치고 있는 것인지 아니면 경계선을 세운 것인지는 자기 자신만이 알 수 있기 때문에 스스로도 그것이 분명하지 않을 때는 몸으로 돌아가서 이를 확인하는 연습이 필요합니다. 무서운 기분이 드나요? 마음을 닫은 상태인가요? 사람들과 다시 연결되는 것이 안전하다고 느끼려면 필요한 것이 있나요? 어떤 문제를 명확히 분간하기 위한 시간이나 공간이 필요한가요? 스스로를 알아가세요. 가끔은 벽을 세워도 됩니다. 자신을 비판하기보다는 자신에게 호기심을 가져보세요. 그러면 변화가 필요한 건지 아니면 두려움이 올라온 건지, 아니면 내면아이에게 돌봄이 필요한 건지를 알아낼 수 있습니다.

벽이란

- 공허한 위협 또는 최후의 통첩
- 친밀한 관계를 맺는 데 방해가 되는 것
- 거칠고 공격적인 언행
- 무언가를 함께하고자 하는 의지가 부족하거나 융통성이 부족함
- "내가 하자는 대로 하기 싫으면 가버려라"는 식의 사고방식

경계선이란

- 나를 더 적절히 사랑해달라는 초대장
- 내가 용납하지 않는 특정 행동 방식을 가르는 기준선
- 관계 속에서 안전함을 느끼려면 필요한 것
- 관계를 돈독하게 해주는 존재 방식, 관계 방식, 의사소통 방식

- 기꺼이 누군가와 함께하고자 하는 마음, 기꺼이 더 알고자 하는 마음

나의 진짜 경계선 찾기

경계선은 사람마다 다르며, 시간이 흐름에 따라 바뀔 수도 있습니다. 아래의 예시들을 읽으면서 어떤 문장이 눈에 띄는지 잘 관찰해보세요. 어떤 문장들은 속이 시원한 느낌을 주는, 마음에 울림을 주는 문장일 것이고 어떤 문장들은 별다른 느낌이 없을 수도 있습니다. 또, 어떤 문장은 당신을 움츠러들게 만들 수도 있습니다. 이러한 감각들은 당신의 경계선이 무엇인지를 알려주는 신호가 됩니다.

영적 경계선들

- 나는 피드백이나 영적 가르침들에 열린 마음을 갖고 있지만, 그중 내게 맞다고 느끼는 것들을 선택적으로 수용할 것이다.
- 나는 내 영적인 목표를 남들에게 강요하지 않는다.
- 나는 다른 사람들이 자신만의 길을 찾을 것이라고 믿는다. 다른 사람을 구해주거나 고치는 일은 내가 할 일이 아니다.

감정적 경계선들

- 나는 다른 사람들을 위한 마음의 공간을 어느 정도까지만 내어줄 수 있다.
- 나는 상대에게 어떤 얘기를 하기 전에 내 얘기를 들어줄 수 있냐고 요청함으로써 상대의 감정적 경계선을 존중할 것이다.
- 나는 상대의 이야기에 공감해줄 여유가 있을 때나 없을 때 모두 상대방과 소통할 것이다.
- 나는 가족들의 문제를 해결해주는 조정자나 중재자가 아니다.
- 나에게는 다른 사람의 감정을 돌볼 책임이 없다.
- 나는 도움이 필요할 때 도움을 요청한다.

관계의 경계선들

- 우리는 서로에게 상냥한 태도로 말한다.
- 우리는 서로에게 소리를 지르지 않는다.
- 우리는 갈등이 생긴 후 48시간 이내에 둘의 문제에 대해 이야기하는 것에 동의한다.
- 우리는 서로에게 솔직하고 열린 마음을 갖고 있다.

자기 돌봄의 경계선들

- 나는 야근 시에 자정이 넘을 때까지 일하지 않는다.

- 나는 중요한 회의 전날 밤에 술을 마시지 않는다.

- 나는 일기를 쓰고 자기 돌봄을 연습하기 위해 적어도 일주일에 한 번은 혼자만의 시간을 보낸다.

- 나는 일주일에 하루 정도는 내 파트너 이외의 친구들과 함께한다.

- 나는 매일 나를 위한 고요의 시간을 가진다.

데이트의 경계선들

- 나는 안전한 느낌이 들지 않거나 뭔가가 마음에 걸릴 때, 밖으로 빠져나가기 쉬운 장소에서 첫 데이트를 한다.

- 나는 누군가와 처음 만날 때 공공장소에서 만나기로 한다.

- 나는 첫 데이트에 술을 마시지 않는다.

- 나는 우리가 진지한 관계를 고려해보기 전까지는 상대와 잠자리를 같이 하지 않는다.

- 나는 누군가와 처음 만날 때, 진지한 관계를 진정으로 원하는 사람하고만 데이트하려 한다는 것을 상대에게 먼저 알려준다.

- (만약 당신이 좀더 가벼운 관계를 원한다면) 나는 내가 가벼운 관계를 맺고 싶다는 것을 알리고, 데이트 상대에게도 그와 같

은 관계를 요청한다.

- 나는 중독 문제가 있는 사람과는 데이트하지 않는다.

글쓰기 세션: 경계선에 대한 나의 신념 탐구하기

어떤 사람들은 이타적이어야 한다고 배웠기 때문에 경계선을 갖는 것이 이기적이거나 못된 것이라는 신념을 가진 채 성장했을 수도 있습니다. 나의 요구사항을 자신 있게 표현하려면, 먼저 경계선이 무엇을 나타내는지에 대한 나 자신의 신념을 이해해야 합니다. 다음의 글쓰기 질문들은 나만의 고유한 경계선이 무엇인지 파악할 수 있는 질문들입니다. 이를 통해 당신은 스스로를 신뢰하고, 자신의 요구사항을 표현하는 데 자신감을 느낄 수 있습니다.

- 당신은 경계선의 목적이 뭐라고 생각하나요?
- 당신은 어떻게 하여 자신의 삶에서 경계선을 벽이라고 착각하게 됐나요?
- 경계선을 세운 것에 대해 죄책감을 느꼈던 과거가 있나요?
- 경계선이 당신에게 더 큰 권리와 힘을 안겨준다고 생각하나요? 만약 답이 "그렇다"라면 당신은 그런 권리와 힘을 가지는 것이 편안하게 느껴지나요?
- 큰 힘과 권리를 지니고 있으면 다른 사람을 다치게 할 수

있다는 믿음이 약간이라도 있나요?

당신은 세상의 이런저런 경계선들을 죄다 모아 머릿속에 넣어둘 수는 있지만 '경계선을 세우는 것은 못되고 이기적인 일'이라는 신념을 가지고 살아간다면 절대 자신이 하고자 하는 말을 당당하게 말할 수 없을 것입니다. 실제로 우리는 스스로의 권리와 힘 그리고 분노를 두려워하기 때문에 가끔 경계선을 세우지 않기도 합니다. 어쩌면 우리는 융통성 없는 경직된 경계선을 가지고 있을 수도 있습니다. 이는 우리가 이용당하는 것을 크게 두려워하거나 풀어야 할 통제 패턴이 있기 때문입니다. 천천히 나아가도 괜찮습니다. 그러니 한 걸음 한 걸음 천천히 내디뎌보세요.

연습법 중 가장 좋은 것은, 스스로 사소한 경계선을 세운 뒤 그것을 지키는 일입니다. 내 삶에 일으키고 싶었던 작은 변화를 한 가지 정해도 좋습니다. 알코올 섭취량을 제한한다거나, 비상금을 매달 조금씩 저축한다거나, 직장 상사에게 적절히 선을 긋는다거나, 매일 일과 중에 스트레칭을 한다거나 하는 일은 거창한 계획이라기보다는 사소한 일들처럼 보일 수 있습니다. 하지만 당신이 만나고 싶어하는 상대의 모습을 스스로 체현하려면 이런 사소한 일들부터 시작해야 합니다. 스스로 세운 경계선을 지키고 존중하면 자신이 원하는 모습으로 성장할 수 있습니다.

기억해야 할 것들

- 경계선은 관계를 강화할 수 있습니다.

- 긴 시간 맺어왔던 관계 속에서 새 경계선을 세우려면 인내가 필요합니다. 때로는 관계가 조정될 수도, 때로는 관계가 끝나버릴 수도 있습니다.

- 당신에게는 경계선을 세울 권한, 그 경계선을 지키고 표현할 권한이 있습니다.

- 경계선은 당신이 성장함에 따라 변하고 바뀝니다.

- 당신은 어떤 관계에서는 경계선을 세우는 데 능숙한 반면, 다른 관계에서는 그렇지 않을 수 있습니다. 그리고 이를 통해 당신은 어떤 영역에 주의를 더 기울여야 하는지 알 수 있습니다.

- 경계선을 세우려는 당신의 노력이 처음에는 약간 공격적인 인상을 줄 수도 있습니다. 계속 노력하세요. 당신에게 맞는 방법으로 당신의 권리와 힘을 되찾는 연습을 하세요.

- 완벽한 사람은 없습니다. 당신은 절대로 100퍼센트 완벽해질 수 없으며 다른 사람들도 마찬가지입니다.

- 당신의 마음을 알아서 읽어줄 수 있는 사람은 없습니다. 당신에게는 자신의 경계선을 명확하고 직접적으로 알려야 할 책임이 있습니다.

나는 연애 초기의 설렘이 영원히 지속되는 걸 원치 않아요.

나는 함께 높은 산을 오르고

낮은 계곡을 걸었을 때만 생길 수 있는

깊은 마음을 원해요.

나는 흥분과 욕망의 감정들을 원하지 않아요.

나는 치유의 평안을 원하고,

더 나은 미래로 향하는 길을 다지기를 원해요.

—우리는 서로 영감을 주고받으면서 미래를 만들어갈 거예요.

나는 고요하고, 헌신적이고, 장난기 많은 사랑을 원해요.

우리의 에너지를 청소기처럼 다 빨아들이는

그런 소모적인 사랑이 아니라

우리의 재능을 공동체와 세상 속으로 다시금 나눠줄 수 있는

생산적인 사랑을 원해요.

더 높은 목적을 위해 봉사할 에너지를 얻을 수 있는 그런 사랑을요.

나의 기대치 알아보기

우리는 매일 수십 개의 새로운 데이트 앱이 쏟아져 나오는 선택의 시대, 그렇지만 누군가와 정착해 사는 것이 매우 힘들어진 시대에 살고 있습니다. 하지만 "절대 정착해서 살지 않겠다"고 결심한 세대에게는 그늘진 면이 존재합니다. 그 그늘진 면이란, 이만하면 충분하다는 느낌을 절대 느낄 수 없다는 것입니다. 우리는 완벽한 관계를 끝없이 추구하면서 어떤 인간도 우리의 모든 욕구를 충족시켜줄 수 없고, 그 누구도 우리에게 극도의 행복을 계속해서 느끼게 해줄 수 없음을 인정하지 않기도 합니다. 현실 감각을 잃는 것입니다.

관계 속에는 이런저런 것들이 모두 들어 있습니다. 좋은 날도 있고 나쁜 날도 있는 법이지요. 자기 자신에 대한 확신과 의식적인 관계의 모습에 대한 현실적인 기대를 품고 파트너 관계를 맺으

면 의식적으로 어려움을 헤쳐나갈 수 있는 회복탄력성(resilience)*
과 용기를 가질 수 있습니다. 또, 우리는 파트너 관계를 통해 배운
교훈들을 우리의 영적 스승으로 삼게 될 것입니다.

하지만 파트너에 대한 자신의 기대치가 합리적인지 아닌지 잘
모르고 있다면 어떨까요? 당신이 너무 많은 것을 바라고 있는 건
아닐까요? 아니면 너무 적은 것에 만족하면서 현실에 안주해 있는
건 아닐까요? 내 기대치가 너무 높거나 낮은 건 아닌지, 아니면 적
절한지는 정확히 어떻게 알 수 있는 걸까요? 당신은 유일무이한 존
재입니다. 그렇기에 당신이 관계 속에서 자양분을 얻고 있다고 느
끼기 위해 필요한 바는 다른 누군가의 그것과는 아주 다를 수도 있
습니다. 이런 이유로, 무엇을 기대해도 좋은지 혹은 무엇을 기대하
면 안 되는지에 대한 구체적인 목록을 찾기보다는 좀더 철학적인
접근을 해보는 것이 좋습니다. 그러면 상대와 더 지혜롭게 관계를
맺을 수 있으며, 스스로를 더 잘 인식할 수 있을 것입니다.

우리가 사랑을 할 때 마주하는 장애물들은 대부분 두려움과
관련이 있습니다. ― 버려짐에 대한 두려움, 사랑을 잃는 것에 대
한 두려움, 부족한 존재가 되는 것에 대한 두려움 또는 부담스러
운 존재가 되는 것에 대한 두려움 등. 이러한 두려움은 다양한 방
식으로 나타날 수 있습니다. 하지만 푸대접을 받아도 그저 만족하

---

* 고난 또는 실패에서 느끼는 좌절감을 발판 삼아 더 나은 상태로 도약할 수 있는 능력.

거나, 누구도 만족시킬 수 없을 정도의 높은 기대치를 가지는 식
으로 나타나는 것이 가장 일반적입니다. 이번 장은 당신이 상대에
게 건강한 기대를 함으로써 '자신을 존중'하고 있는지, 아니면 매
우 엄격하거나 비현실적인 기대를 함으로써 과한 '자기 보호'를
하고 있는지 알려줄 것입니다.

완벽을 추구하는 우리들

파트너가 나의 모든 것이 되어주고, 나의 모든 요구사항들을
100퍼센트 충족해주고, 언제나 나를 이해해주고, 내 기분에 둔감
할 일은 절대 없을 거라고 기대한다면 우리는 영원히 그러한 사랑
을 찾아다니며 살 수밖에 없습니다. 당신은 이 모든 것들을 충족
시키는 상대를 찾을 수 없을 것입니다. 이런 사람을 찾을 수 있을
확률은 당신이 이런 사람을 만날 자격이 있는지 없는지 혹은 내면
작업이 얼마나 됐는지와는 상관이 없는 일입니다. 솔직히 말하자
면, 이런 사람은 존재하지 않습니다!

완벽한 파트너는 없습니다. 언제나 완전히 의식적으로 깨어
있으며 절대 실수로 당신의 기분을 상하게 하는 법이 없고 하루
종일 당신이 원하는 모든 것을 다 안겨줄, 그런 깨달음을 얻은 존
재는 없습니다. 성장은 이러한 현실을 인정하고 받아들이는 것 —
파트너를 인간적인 존재로 바라보고 그의 모든 면을 사랑해주는
것 — 에서부터 시작됩니다.

마법은 우리가 다른 사람과 함께 깨어 있는 의식을 향해 나아갈 때 일어납니다. 마법은 길을 따라 나 있는 울퉁불퉁한 요철들을 지나며 일어납니다. 다시 말해, 서로의 짐을 우연히 발견하고, 그 짐을 함께 풀어보고, 그것을 보고 웃고, 그것을 품어 안고, 그것과 함께 춤을 추고, 그것을 거부하지 않으면 마법이 일어납니다. 여린 가슴을 방어하고, 상대를 트집 잡고, 상대가 너무 부족하다거나 이것저것이 너무 과하고 부담스럽다고 말할 방법은 무궁무진하게 많지만, 그 이면에는 우리의 두려움이 깔려 있습니다. "이만큼을 원해도 괜찮은 걸까?" 혹은 "내 모습을 다 보여줘도 괜찮을까?" 같은 두려움이 깔려 있는 것이죠.

완벽을 추구하는 것은 사랑과 거리를 두고, 낡은 인생 패턴을 계속 유지하고, 자신의 상처를 보이지 않으려는 은밀한 자기 보호 전략입니다. 건강한 관계가 무엇인지에 대해 현실적이고 통합적인 관점으로 볼 수 있다면, 또 가장 힘 있는 버전의 자기 모습이 편하게 느껴진다면 우리는 경계선을 세울 수 있으며, 자신의 감정적 욕구들을 존중할 수 있습니다. 이와 동시에, 파트너가 불완전한 모습을 보여도 너른 마음으로 수용할 수 있습니다. 하지만 사랑은 불완전하다는 사실을 받아들인다는 것이 곧 우리가 원하는 사랑에 대한 비전이나 기준을 놓아버린다는 말은 아닙니다. 우리는 관계 속에서 원하는 바를 원해도 됩니다.

우리 모두는 감정적 교감이 가능하고, 헌신적이고, 진솔하고,

힘든 시기를 기꺼이 함께 헤쳐나갈 파트너를 만날 자격이 있습니다. 당신과 함께 내면 작업을 하는 것에 관심이 있는 파트너 또는 영적인 차원에서 당신과 함께할 누군가를 찾는다는 것은 비현실적인 일이 아닙니다. 하지만, 가장 조화로운 파트너 관계에서조차 관계에 문제가 되는 어떤 차이점이나 특성들은 있기 마련입니다. 우리는 그러한 차이를 품을 수 있는, 너른 마음을 가질 필요가 있으며 상대가 우리 인생 속으로 들여오는 것들에 감사하는 법을 배울 필요가 있습니다. 그 사람은 나와 '다르기' 때문입니다. 참 이상하게도, 처음에는 가장 끌렸던 상대의 어떤 면이 나중에는 우리를 가장 힘들게 하는 면이 될 때가 많습니다.

저는 그룹 세션 때 나디아라는 여성과 함께 작업한 적이 있었습니다. 그녀는 강한 여성으로, 자기표현을 잘했고 자신의 파트너가 어떠했으면 좋겠는지에 대한 매우 분명한 기준을 가지고 있었습니다. 저는 즉시 나디아가 불 원소 — 리더십, 단순명쾌함, 자신감 — 에 편안함을 느끼는 사람이라는 걸 느낄 수 있었습니다. 하지만 그녀는 데이트를 할 때 자신에게 질문을 많이 하는 남자도 없었고, 자신이 바라는 식으로 구애를 해오는 남자도 없었다고 불평했습니다. 그녀는 계속해서 남자들에게 질문을 하고 자신에 대한 이야기를 해주었다고 합니다. 그들은 그녀의 이야기를 흥미롭게 들어주고, 또 칭찬을 많이 하면서도 나디아처럼 진취적으로 행동하지는 않았습니다.

관계를 맺으며 사는 모든 사람은 흙, 공기, 불, 물 중 한 원소를 나머지 다른 원소들보다 더 선호하고, 또 그 원소를 더 잘 체현하면서 사는 경향이 있습니다. 흔히 있는 일이지만, 나디아 역시 불 원소가 거의 없고 오히려 물 원소에 가까운, 감정적인 유형의 사람들을 자신에게로 끌어당기며 살고 있었습니다. 자신과는 다른 에너지를 가져다주는 이들을 만난 것입니다. 저는 나디아에게 질문 개수를 줄여보고 만약 상대가 대화를 이어나갈 의지가 없다면 그냥 대화가 끊기게 놔두라고, 그러니까 너무 적극적으로 나서지 말고 상대방이 그녀에게 먼저 다가올 수 있도록 해주면 어떻겠냐고 말해주었습니다.

나디아는 저와 이 문제를 더 깊이 탐구해보는 동안, 저와 벤의 파트너 관계에 대해 감탄하면서 자신도 우리와 같은 관계를 너무나 원했다는 말을 꺼냈습니다. 그 말을 들은 저는 우리의 관계에도 나름의 난관들이 있었음을 보여주기 위해 제 이야기를 조금 해줘야겠다는 생각이 들었습니다. 저는 나디아에게 이렇게 말했습니다. "당신이 간과하고 있는 부분이 있어요. 저는 벤의 불 원소적인 모습과 리더십에 가장 끌렸었는데, 그의 그런 면은 제 과거의 트라우마를 가장 잘 촉발시키기도 해요!"

저는 언제나 모험을 구상하고, 리드하고, 저와 동등한 수준으로 관계에 이바지하는 파트너를 원했었고, 벤은 이 모든 것들을 훌륭하게 해냈습니다. 저는 저의 불 원소에 편안함을 느끼고, 엄청나게 독립적인 구석이 있습니다. 하지만 동시에 대단히 민감하며 삶 속에서 물 원소와 부드러움을 갈구하는 마음이 크기도 합니다. 벤이 가장 어려워하는 원소가 바로 이 물 원소입니다! 그래서 우리 둘이 함께해야 할 작업은 감정을 다루는 법을 배우는 것입니다. — 벤은 마음을 더 부드럽게 해서 저를 그의 마음 안으로 더 들여야 할 필요가 있고, 저는 그가 제게 꼭 맞게끔 물과 불 원소의 균형을 완벽하게 이뤄주지 못해도 인내심을 갖고 그에게 친절하게 대해야 할 필요가 있습니다. 우리가 어떤 상황을 차분하게 받아들일수록, 그 상황은 더 빠르게 좋은 쪽으로 바뀝니다. 나디아는 제 이야기를 집중해서 들었고, 그녀의 몸자세는 눈에 띄게 이완되었습니다. 그녀는 이렇게 말했습니다. "정말로 나를 알아준다는 기분, 누군가에게 이해받는 기분이에요. 드디어 알겠어요." 저는 나디아에게 불 원소를 기념하는 원소 제단(3장 참고)을 만들어내면 작업을 하면서 더 물 원소적이고 민감한 자신의 일면 속으로 발을 들여보는 게 어떻겠냐고 제안했습니다.

누구를 파트너로 선택하든 상관없이, 관계를 맺을 때는 언제나 내면 작업을 할 거리가 있기 마련입니다. 그러니 "정말 이 사람만 있으면 되는가?"라는 질문보다는 "이 사람과 함께 성장하고 배워나갈 것을 생각하면 기대가 되는가?"라는 질문을 스스로 해봐야 합니다.

비현실적인 기대들

- 갈등은 절대 없을 것이다.

- 파트너가 나의 모든 요구사항을 다 충족시켜줄 것이다.

- 파트너가 항상 나의 기분을 좋게 해줄 것이다.

- 우리는 결코 서로의 감정을 상하게 하지 않을 것이다.

- 내 파트너는 나를 위한 시간과 여유를 언제든 내줄 수 있을 것이다.

- 내 파트너는 내가 아무리 몰아세워도 내게 마음을 열고 나와 함께해줄 것이다.

- 내 파트너는 언제나 나와 동일한 어젠다를 가지고 있을 것이다.

- 내 파트너는 나처럼 생각하고 행동할 것이며, 나처럼 될 것이다.

- 파트너가 나의 고통이나 내적 괴로움을 덜어줄 것이다.

현실적인 기대들

- 파트너와 함께 있으면 안전한 느낌이 들고, 존중받는 느낌이 들 것이다.

- 우리 관계는 다정하고, 정직하고, 헌신적일 것이다.

- 우리는 관계 속에서 놀이, 웃음, 즐거움, 신뢰를 경험할 수 있다.

- 내 파트너는 갈등을 건강한 방식으로 처리하는 방법을 배우고 싶어할 것이다.
- 우리의 파트너 관계는 함께 성장하려는 의지에 뿌리를 두고 있다.
- 우리는 갈등을 겪을 때도 안전하고, 관심받고 있으며, 존중받는 느낌을 느낄 수 있다.
- 내 파트너에게는 나와 공통된 관심사도 있을 것이고 나와 다른 관심사도 있을 것이다.
- 내 파트너는 우리의 관계를 우선시할 것이지만, 친구와 가족도 우선시할 것이다.
- 관계를 맺다 보면 항상 우리 둘 다 내면 작업을 해야 할 때가 온다.

건강한 관계에도 갈등은 있다

저는 자신의 파트너가 "올바른 관계에는 갈등이 없다"고 믿는다며 하소연을 하는 사람들을 수도 없이 봐왔습니다. 저 역시 예전에는 그런 믿음이 있었습니다! 하지만 장담컨대, **모든 관계에는 갈등이 있습니다!** 우리는 상황에 어떻게 대처해야 할지 모를 때 갈등이 없는 관계에 대해 공상을 하곤 합니다. 또, 갈등을 두려워하거나 완전히 피해버리기도 하며 언쟁이 시작되려고 할 때 자기 자신을 잃지 않고 굳건히 서 있는 법을 모르고 있기도 합니다.

파트너와 의견이 맞지 않을 때 건강하게 대처하는 법을 배우면 스스로의 마음을 탐구하고, 자신의 연약한 모습을 내보일 놀라운 기회가 생깁니다. 갈등을 내 마음의 창이라고 생각하면 많은 치유가 일어날 수 있습니다. 우리는 연습을 통해 손에 쥔 칼을 내려놓을 수 있고, 자기가 맞다며 서로 싸우거나 서로에게 자신의 마음을 투영하기보다는 파트너에게 우리의 감정 상태를 솔직하게 털어놓을 수 있습니다. 이런 과정에서 스스로의 과거에 대해 무언가를 배울 수도 있고, 이러한 배움이 서로를 더 많이 사랑하는 데 도움이 될 수도 있습니다.

건강한 관계를 맺을 때는 어떤 주기를 겪게 됩니다. 계절과 마찬가지로 우리는 관계가 가볍고 재밌게 느껴지는 시기(여름)를 겪고, 관계가 더 어렵게만 느껴지는 시기(겨울)를 겪습니다. 관계를 더 깊게 맺을수록, 각 계절과 그들이 가져다주는 유익한 경험을 기쁘게 받아들이는 것이 우리의 목표가 됩니다.

원하는 것을 표현하기

경계선 문제에 있어, 다른 사람이 내 마음을 알아서 읽어줄 거라고 기대하면 안 되는 것과 같이, 내가 원하는 것이 무엇인지 확실히 말하는 연습 또한 필요합니다. 데이트만 몇 번 해본 관계든 장기적인 관계든, 모든 관계에는 너무나 깊은 유대감이 느껴지고 장단이 잘 맞는 순간이 있는 반면, 상대가 주는 신호를 포착하지 못하고 삐걱대는 순간도 있습니다. 관계를 잘 맺으려면 내가 원하고 바라는 것을 요구하는 것과 나만의 고집을 좀 느슨하게 풀어주는 것 사이에서 균형을 잘 맞춰야 합니다. 이는 인내심과 약간의 유머 감각이 필요한 일종의 기술이라고 할 수 있습니다. 이 기술을 잘 활용하려면 내가 무언가를 너무 고집하고 있지는 않은지, 일이 특정 방식으로만 일어나기를 바라고 있지는 않은지 잘 알아차려야 합니다. 이를 알아차리지 못한다면 억울한 마음이 쌓이거나 상대방과의 유대감을 있는 그대로 즐길 기회를 날려버릴 수도 있기 때문입니다. 만약 당신이 관계를 맺으면서 억울함을 느낀다면, 그 관계 문제의 중심에는 미처 말하지 못했던 어떤 기대가 있었다고 추측해볼 수 있습니다. 이러한 억울함은 내가 진정으로 원하는 것에 대해 솔직해지고, 욕구가 충족되지 않았다는 기분을 인정하라는 신호이자 내가 갈망하는 것에 대한 목소리를 높이라는 신호입니다.

제 친구 중 어떤 친구는 자신이 '망상 연애'를 점점 더 크게 불리는 경향이 있다고 말한 적 있습니다. 망상 연애란, 직접적인 어떠한 대화도 없이 혼자 어떤 사람과의 관계를 마음속에서 만들어가는 일입니다. 여기에는 환상과 오해의 여지가 다분합니다. 때로 그녀는 자신이 어떤 사람과 사귀고 있다고 확신했는데, 나중에 알고 보면 막상 상대는 아무것도 모르고 있었던 때가 많았다고 합니다! 바로 이것이 속으로만 너무 많이 생각하고 진짜 자신이 원하는 것이 무엇인지 표출하지 않을 때 일어날 수 있는 일입니다. 이러한 패턴을 깨는 가장 좋은 방법은 최대한 빨리 당신의 진짜 마음을 밝히는 것입니다.

멀리 내다보기

자신의 상처를 분석하는 한편, 관계 속에서 권력 다툼과 에고의 드라마를 헤치며 나아가면 진정으로 의식적인 관계가 시작됩니다. 치열했던 치유 과정이 한 김 식으면서, 관계를 통해 더 깊은 영적 목적을 체현하기 시작하는 것입니다. 정화 작업은 꼭 필요한 일이지만 그렇다고 해서 그게 최종 목적은 아닙니다.

에고가 우리를 안전하게 지키려는 방식들을 온전히 이해하고 그것에 책임질 때, 우리는 의식적인 관계를 맺습니다. 의식적인 관계라고 해서 권력 다툼이 아예 안 일어나는 것은 아니며, 두 파트너 모두 높은 수준의 깨달음을 얻어 하루도 기분 나쁜 날 없이 사는 것도 아닙니다. 하지만 커플(또는 각 개인)이 성숙하고 진화하면 그들의 관계 방식도 상당히 달라집니다. 에너지의 사용에 더 유의하기 때문에 합이 잘 맞지 않았던 작은 순간이 장기적인 갈등이나 큰 갈등으로 번지는 일이 거의 없는 것이죠.

우리 문화는 '진정한 사랑'에 대한 너무나 많은 거짓 이야기들로 둘러싸여 있습니다. 진정한 사랑은 쓰나미처럼 몰려오는 느낌이라는 둥, 영원한 지복 같은 느낌이라는 둥의 그런 이야기들 말입니다. 우리는 종종 새로운 사랑에서 성숙한 사랑으로의 정상적인 변화를 관계의 파탄이라고 해석하기도 합니다. 관계 초반의 알콩달콩한 시기는 여러 면에서 나만의 세계에 빠져 있는 느낌입니다. 당신은 새로 만난 그 사람을 위해 어떻게든 시간을 내고, 그 사람을 새로이 탐구하고 밝혀내는 일에 집중합니다. — 이 모든 일은 매우 신선하고 흥미진진한 일이죠!

성숙한 사랑이라고 해서 더 이상 파트너에게 끌림, 강렬한 느낌 또는 깊은 열정을 느낄 수 없는 건 아닙니다. 성숙한 사랑이란 곧, 이런 감정들이 더 단단히 뿌리를 내렸다는 뜻입니다. 성숙한 사랑에는 치유력이 있습니다. 성숙한 사랑은 당신이 파트너 관계 속으로 가져온 각각의 독특한 재료들을 연금술을 통해 변화시킵니다.

관계는 관능적, 감정적, 영적인 면에서 장기적으로 활력을 불어넣어줄 수 있습니다. 의식적인 파트너 관계 속에서 커플은 서로의 에고와 부딪힐 수도 있고, 짜증이 날 수도 있고, 잠시 서로를 오해할 수도 있지만 머릿속에서 부정성을 키우기보다는 지난 일은 툭툭 털어버리고 넘어가자고 생각할 수도 있습니다. 당신의 관계가 앞으로 얼마나 더 아름다워질 수 있는지를 생각하며 멀리 내다보세요. — 치유 작업이 영영 힘들어야만 할 필요는 없습니다.

글쓰기 세션: 나의 기대치 탐구하기

관계에 대한 기대치를 탐구해보면 인생에서 반복적으로 일어나는 패턴을 이해하는 데 도움이 됩니다. 자신의 기대 중 어떤 것이 현실적이고 어떤 것이 비현실적인지를 인식하게 되면, 당신은 의식적인 관계를 위한 기초를 마련하게 됩니다. 펜과 종이를 가지고 아래의 질문들에 대한 답을 써보세요. 각각의 질문에 답할 때는 자기 자신에게 정직하세요. 또, 자기 연민 리추얼이 필요할 때는 언제든 10장으로 되돌아가도 좋습니다.

갈등과 관련한 나의 생각에 대해 무언가 알아차린 게 있나요?

관계라는 것은 어떤 모습이어야 하며, 어떻게 되어야 한다고 생각하나요?

당신이 관계 속에서 경험한 가장 실망스러운 일은 무엇이었나요?

일이 특정한 방식으로 이뤄져야만 한다는 믿음이 있었는데 결국 예상한 대로 되지 않아서 크게 실망한 적이 있었나요?

일이 특정한 방식으로 이뤄져야만 한다는 그 믿음은 어디서 배운 것인가요? (예: 로맨틱 코미디물을 많이 시청함, 성장기에 디즈니 콘텐츠를 많이 보았음)

기대에서 핵심 가치로 넘어가기

기대(expectation)라는 단어는 '기다림'이라는 뜻의 라틴어 'expectationem'에서 기원했습니다. 기대란, '미래에 어떤 일이 일어날 것이라는 강한 믿음'으로 정의할 수 있습니다. 그러나 관계는 이런 식으로 굴러가지 않습니다. 관계는 계산할 수 없고, 예측할 수 없고, 틀 안에 구겨 넣을 수 없으니 말입니다.

자신의 엄격한 기대에 대한 집착을 줄이고 그저 일이 자연스럽게 일어나도록 내버려둘수록 우리는 더 행복해집니다. 언제나 파트너가 무언가를 말하거나 행동하기를 기다리고 있다면 미리 실망할 준비를 하는 것이나 다름없습니다. 우리는 마음속으로 환상에 가까운 시나리오를 만들어내고, 현실이 우리에게 다른 것을 보여주면 그것에 실망합니다.

특별한 기대 없이 어떤 상황이나 관계 속으로 들어갈 때, 우리는 평화를 느낍니다. 사람들이 언제나 내 계획표에 맞춰서 무언가를 해주지는 않습니다. ─ 상대가 "사랑해", "고마워"라고 말해주길 바라고, 당신이 설거지나 바닥을 쓸어주는 등의 착한 일들을 행한 것을 상대가 알아주길 바라는 마음이 바로 이러한 예입니다. 우리는 언제나 기대를 놓아버리고 평화를 느끼겠다고 선택할 수 있습니다.

더 온전하고 의식적인 존재가 된다는 것은 상대방에게 내 기대치를 강요하려 하지 않고, 관계가 더 깊어질 수 있도록 내게 영감을 주는 핵심 가치들을 상대방과 공유하는 일입니다. 가치(value)의 어원은 '강해지다' 또는 '잘 지내다'입니다. 자신만의 핵심 가치를 바탕으로 삶을 살아가는 한 당신은 직장, 가정, 친밀한 인간관계 등 삶의 모든 영역에서 성공할 수 있습니다. 다음 장에서는 당신만의 가치가 무엇인지, 그리고 당신 삶의 이 특정한 단계에서 당신의 선택을 이끄는 것이 무엇인지를 알아볼 것입니다.

기억해야 할 것들

- 때때로 우리의 기대는 아주 엄격하거나 비현실적인데, 이는 자기 보호의 한 방법입니다.

- 더 큰 자신감과 힘을 가질수록 건강한 방식으로 기대의 균형을 맞추기가 쉬워집니다.

- 건강한 파트너 관계라 할지라도 여전히 합이 잘 맞지 않을 때가 있습니다. 이러한 순간에도 수용하는 마음을 내려면 성숙함이 필요합니다.

- 당신이 원하는 것을 원해도 괜찮습니다. 파트너에게 사랑, 안전, 신뢰, 존중, 헌신을 기대하는 것은 비현실적인 게 아닙니다.

- 당신이 치유되고 성숙해짐에 따라, 기대치도 바뀌거나 더 낮아질 수 있습니다. 당신은 일이 계획대로 정확히 일어나지 않을 때 그것을 그냥 놓아주는 것이 더 쉬운 길임을 알게 됩니다.

- 당신의 모든 요구와 기대를 충족시킬 사람은 아무도 없습니다. 하지만 헌신적이고 인간적인(즉, 당신과 언제나 합이 잘 맞지는 않는) 사람과 딱 봐도 자신을 진실하게 드러내는 데 관심이 없는 사람 사이에는 차이가 있습니다.

우리의 상처는 우리가 부족한 존재라고 말할 것입니다.

우리의 가치(worth)는 우리가 항상 온전했음을 상기시켜줄 것입니다.

우리의 상처는 거부당한다는 것이

곧 우리가 망가졌다는 뜻이라고 말할 것입니다.

우리의 가치는 거부당한다는 것이 곧 방향의 전환임을 보여줄 것입니다.

우리의 상처는 사랑받기 위해서는 열심히 해야 한다고 말할 것입니다.

우리의 가치는 사랑이 우리의 타고난 권리라는 것을 알고 있습니다.

4장

나의 핵심 가치 찾기

'핵심 가치'란 우리가 따라서 살고 있는 신념과 지침들을 말합니다. 존경, 성실, 정직, 충직, 관대함 등과 같이 우리에게 가장 중요한 특성들이 이러한 핵심 가치들이지요. 이러한 가치들은 우리의 '최상의 모습'은 무엇이며, 관계 속에서 무엇을 얻고 싶은지에 대한 확실한 지침이 됩니다.

스스로 무엇을 가치 있게 여기는지 잘 알고 있으며 그러한 가치관을 변함없이 고수한다면 내 주변 사람들은 자연스럽게 나의 경계선을 알게 됩니다. 나의 진실을 알면 그 진실에 대해 소통하기도 훨씬 쉬워지기 때문입니다. 나만의 가치관이 있다는 것은 나의 진실과 동조되려면 무엇이 필요한지를 잘 알고 있다는 말입니다. 다시 말해, 주변 사람들의 가치관을 무의식적으로 받아들이거나 자신이 누구이고 무엇을 믿고 살아야 하는지 말해줄 사람을 찾아 헤매지 않는다는 말입니다.

반복되는 삶의 패턴 속에 갇혀버렸다고 느끼는 상태는 사실 우리의 핵심 가치와 단절된 상태일 때가 많습니다. 이럴 때 우리는 다른 사람들을 과하게 신경 쓰거나, 인정받으려 하거나, 자기 자신을 완전히 방치하고 내버리기도 합니다. 우리가 갈망하는 관계를 끌어당기는 능력도 이와 연관이 있습니다. 자신만의 핵심 가치를 주장하는 일이 어쩌면 큰 위험을 감수하는 일처럼 느껴질 수도 있겠지만, 이렇게 함으로써 우리는 자신의 에너지에 걸맞은 환경과 사람, 상황들을 불러오고 또 걸러내게 됩니다.

나와 맞는 사람을 만날 수 있다는 가능성 열어두기

이혼 후, 저는 다시는 저 자신을 방임하고 버리지 않겠다고 다짐했습니다. 너무 오랫동안 제 가치관과 맞지 않는 관계를 지속해왔기 때문이었습니다. 저는 그때부터 제가 열망하는 것을 따라 살고 싶다고 생각했고, 이러한 생각 덕분에 관계를 맺을 때 힘 있는 사람이 된 느낌이 들었습니다. 이 힘은 외부에 휘두르는 힘(power over)이 아닌, '내적 힘'(power in)이었지요. 저는 스스로에게 100퍼센트 진실해야 한다고 느꼈으며, 제 가치를 똑똑히 인지하면서 거절을 두려워하지 않았습니다. 저는 외로운 밤을 지새울 준비가 되어 있었습니다. 만일 그래야만 한다면, 오랜 세월 동안 독신으로 지낼 준비까지도 되어 있었습니다.

어느 날 밤, 저는 제 가치관에 맞는 파트너 관계는 어떤 모습일지 적어보기로 했습니다. 그래서 파트너에게 어떤 느낌을 느끼고 싶은지, 파트너에게 어떤 특성이 있으면 좋겠는지, 무얼 하며 함께 시간을 보낼지, 그리고 우리의 미래는 어떨지를 마음속으로 그려보았습니다. 저는 심지어 파트너와 갈등을 겪는 방식까지도 미리 그려보았습니다. (세상일이 다 그렇듯, 이 또한 항상 계획대로 되지만은 않았죠.) 저는 그것을 모두 종이에 쓴 다음, 일기장 사이에 끼워 넣었습니다.

제가 쓴 가장 구체적인 묘사 중 하나는, 상대가 술을 마시지 않는다는 것이었습니다. 술을 마시는 파트너는 저에게 큰 부담이 되었습니다. 자라면서, 저는 음주가 어머니와 제가 사랑하는 다른 사람들에게 어떤 영향을 미치는지를 여러 번 목격했습니다. 저의 핵심 가치 중 하나는 영적, 정서적, 신체적 건강이었습니다. — 저는 이러한 가치관이 잘 맞는 파트너를 원했습니다. 제가 이를 친구에게 말하자 친구는 이렇게 말했습니다. "그건 좀 지나치다고 생각하지 않아? 술을 안 마시는 사람을 만나고 싶다면 누구를 만나기가 힘들 것 같은데. 만약 상대방이 여행을 가서 친구들이랑 밖에서 술을 몇 잔 마시고 싶다고 하면 어떻게 할 건데?" 그래서 저는 이렇게 대답했습니다. "나는 그런 사람하고는 데이트하고 싶지 않아. 단순하잖아. 그럼 나랑은 안 맞는 사람인 거지. 술을 마시지 않는 파트너를 만나고 싶어." 저는 제가 정한 기준을 계속 고수

했습니다. 그러다 저 자신의 치유에 깊이 집중하게 되면서 한동안은 아무도 만나지 않았습니다. 비록 누군가와 만나볼 몇 번의 기회는 있었지만, 저는 상대가 저와 맞지 않는다는 사실을 꽤 빨리 감지할 수 있었습니다. 그러다 저는 벤을 만났고, 제 안의 어떤 것이 그와의 관계를 바로 허락했습니다. 몇 번의 데이트 후, 벤은 자신이 열다섯 살 때 중독 치료를 받은 적이 있으며, 술을 마시지 않는다는 이야기를 해주었습니다. 우리가 처음 만난 이후로 몇 년간, 저는 자신이 진정으로 원하는 것을 확고하게 유지하는 것이 얼마나 큰 힘을 지녔는지를 새삼 깨닫게 되었습니다. 비록 다른 사람들은 제가 술을 마시지 않는 사람만 만나겠다고 고집한다면 누군가를 만나는 게 힘들어질 것이라고, 너무 엄격한 기준이 아니냐고들 말했지만 저 자신에게 충실하겠다는 저의 꺾이지 않는 다짐으로 인해 마침내 벤이 저의 인생 속으로 들어올 수 있었습니다.

저는 그 누구에게도 변화하라고 요구하지 않았습니다. 저는 그저 저의 인생철학과 잘 맞는 사람들만을 제 인생 속으로 들여왔습니다. 우리는 데이트나 기타 인간관계에 이런 식으로 접근해야 합니다. 제가 진행하는 코스에서 사람들은 종종 이렇게 말하곤 합니다. "글쎄요, 그러면 선택권이 너무 줄어드는 것 같은데요." 그러면 저는 이렇게 말합니다. "잘됐네요. 딱 한 사람만 찾으면 되는 거잖아요?"

마음속 바리케이드

우리 인간은 참 복잡한 존재입니다. 사랑에 관해서라면, 우리는 온갖 교활한 방법을 다 써서라도 바리케이드를 설치할 겁니다. 저의 경우, 술을 마시는 파트너는 원하지 않는다고 말했었지만 한편으로는 벤의 과거 때문에 그를 만나지 않겠다고 결정할 수도 있었습니다. 그러니까, 이렇게 말할 수도 있었던 겁니다. "음, 나는 재활원에 갔었던 사람은 별로야." 자기 가치관에 딱 맞는 사람하고만 만나고 싶은 마음이 너무 강하면 도가 지나칠 수도 있습니다. 그래서 우리는 가끔 사람들이 우리의 비현실적인 기준에 맞춰 살아주길 바라기도 하지요.

저는 지금 중독 문제를 겪고 있는 사람과 데이트하라고 말하는 것이 아닙니다. 현재 자신이 겪고 있는 중독 문제의 해결을 최우선에 두고 있는 사람이라면 그 사람은 상대에게 연약한 모습을 드러내기도, 솔직한 모습을 보이기도 힘들 것이기 때문입니다. 하지만 제 경험상, 12단계의 중독 치료*를 거치고 완전히 회복된 사람과 사귀거나 결혼하는 일은 대단히 가치 있는 일이 될 수 있습니다. 왜냐하면 그런 사람은 매우 어려운 일을 해낸 사람, 치유를 선택한 사람이기 때문입니다. 이혼 후 다시 데이트를 시작한 사람

---

* 12단계 중독 치료는 '익명의 알코올 중독자들'(Alcoholics Anonymous) 모임에서 1935년 처음 사용된 이후 중독을 극복하는 방법으로 입증된 회복 과정이다. 중독을 인정하는 1단계부터 출발하여 신과 자기 자신, 다른 사람 앞에서 자신의 병을 고백하고, 치유를 통해 사회로 복귀하게 되기까지의 12단계 과정을 거쳐 치료한다.

들도 마찬가지입니다.

어떤 사람들은 이혼 후 자신의 처지를 억울해합니다. 그들은 끝나버린 전 배우자와의 관계에서 무언가를 배우기보다는 과거의 실수를 되풀이하곤 합니다. 보통 이런 사람들은 전 배우자에 대해 할 말이 엄청나게 많고, 자신이 다하지 못한 책임이나 이전 결혼 생활로부터 얻은 통찰 같은 것은 별로 말하지 않기 때문에 누가 이런 유의 사람인지 분간하기는 아주 쉽습니다. 제가 벤을 만났을 때, 벤은 자신이 이혼한 여자와 결혼할 것임을 알고 있었다고 합니다. 이혼을 해본 사람은 이미 마음의 상처와 상실을 경험해보았으며, 보통 그런 사람들은 헌신이 얼마나 중요한지, 노력이 얼마나 중요한지를 알기 때문에 자신의 훌륭한 파트너가 되기에 적합하다고 생각했던 것이죠.

자신이 원하는 것이 무엇인지를 확고하게 세워두는 것도 괜찮지만, 가끔은 예외적인 일이 일어날 수 있도록 살짝만이라도 열려 있는 마음을 남겨두세요. 자신의 핵심 가치를 나침반 삼아 살아가면 다른 사람들이 과거에 저지른 실수나 세부적인 정보들을 면밀히 검토하지 않고도 스스로의 선택을 신뢰하는 게 더 쉬워집니다. 예를 들어, 어떤 사람이 과거에 바람을 피웠고 그것이 이혼으로 이어졌다고 해봅시다. 그 사람은 이혼 후 치유에 몰두하며 자신의 어린 시절 상처들을 알게 되었습니다. 그리고 그렇게 행동하게끔 자신을 무의식적으로 몰아갔던 것이 무엇이었는지에 대해 많은 것을 배우게 되었습니다. 이런 상황이라면 이 사람은 성장에 초점을 맞춘 사고방식, 자기 인식, 자신이 져야 할 책임 등을 가치 있게 생각하는 사람입니다.

때로는 마음고생을 많이 해본 사람들이 가장 세심하고 헌신적인 파트너가 되기도 합니다. 이들은 자신의 어두운 모습을 아는 사람들, 위기와 고통을 겪고 상실을 견뎌낸 사람들입니다. 이 모든 걸 겪었음에도 불구하고, 그들은 치유와 성장을 선택했습니다. 이들은 관계를 맺으려면 참을성이 필요하다는 것을 알고 있습니다. 사람을 과거로 판단하지 마세요. 그들이 성장하고, 솔직해지고, 진정한 자신을 나타낼 — 다시 시작해볼 — 용기와 의지가 있는지를 알아보세요.

전설적인 러브레터

내가 나의 가치를 알게 되면, 관계는 더 이상 다른 사람들이 나를 선택해주느냐 그렇지 않느냐의 문제가 아니게 됩니다. 내가 상대를 선택하는 것이죠. 우리는 "그 사람이 나를 좋아할까? 나를 괜찮다고 생각할까?"와 같은 생각의 틀에서 "이 관계가 나에게 맞는 것일까?"라는 생각의 틀로 옮겨갑니다. 우리는 원하는 것을 원해도 된다는 사실을 믿습니다. 그리고 에너지를 외부에 쏟는 대신, 내면의 메신저가 길을 안내하도록 합니다.

벤과 처음 데이트를 시작했을 때는 제가 거의 1년 동안 내면 치유 작업에 깊숙이 빠져 있던 때였습니다. 관계가 시작된 지 약한 달이 지났을 때, 저는 우리 관계의 방향성에 대해 좀더 명확한 설명이 필요하다고 느끼기 시작했습니다. 그래서 저는 제 모든 생각을 털어놓고 싶으니 편지를 써도 괜찮겠냐고 그에게 물었고, 그후에 우리는 직접 만나서 이야기를 나누게 되었습니다. 치유 여정의 이 단계에서, 저는 그 어떤 감정도 억누르고 싶지 않다는 생각이 아주 분명했습니다. 저는 그와 처음부터 온전한 감정 표현을 하고 싶었습니다. 어떤 면에서, 저는 그가 저와 얼마나 깊은 관계까지 가고 싶어하는지 보기 위해 그를 시험하고 있었던 것입니다. 한편, 그 역시 자신만의 방식으로 저를 시험하고 있었습니다. 이는 건강한 일입니다. (싸움을 걸거나 상대가 나의 기분을 추측하게 만드는 것과 같은 무의식적인 방법으로 상대를 시험하기보다는 의식적으로 상대를 시험한다면 말입니다).

그래서 저는 그에게 제가 지금까지 경험했던 일들과 벤을 어떻게 생각하고 있는지에 대해 편지를 썼습니다.

그리고 어떤 것들을 내면적으로 작업하고 있는지 편지에 모두 적었습니다. 또, 저의 과거 트라우마를 촉발시키는 상황에 대해서도 적었습니다. 저는 버려짐의 상처가 제가 책임지고 치유해야 할 상처임을 인정했고, 그가 제 상처를 치유해줄 것이라고는 기대하지 않았습니다.

그리고 나서 이러한 내면 작업을 하는 동안 저를 지지해줄 수 있는 방법, 제가 안심할 수 있도록 도와줄 수 있는 방법도 적어주었습니다.

저는 파트너 관계에서 무엇을 얻고자 하는지, 함께 만들어가고 싶은 것은 무엇인지, 상대에게 어떻게 해주고 싶은지, 그리고 저자신이 어떤 모습이 되었으면 좋겠는지에 대해 편지를 썼습니다.

그리고 그에게 그 편지를 보냈습니다.

저는 이 모든 과정에서 마음이 참 편했는데, 당시에 친했던 여자 친구들에게 이 상황을 말해주자 그들은 이렇게 말했습니다. "진짜로? 만난 지 한 달밖에 안 됐잖아. 그런 행동을 하다니 믿을 수가 없네!" 하지만 저는 저 자신을 믿었습니다. 저는 벤과의 기류를 잘 읽을 수 있었기 때문에 이런 식으로 진전을 만들어도 괜찮다는 것을 알았습니다. 나중에 제가 여성 그룹들을 도와 일하기 시작하고, 또 벤과 제가 결혼을 하게 되자 우리 공동체에서는 저의 편지가 전설적인 편지가 되었습니다. 모두가 그것이 매우 대담한 일이라고 생각했기 때문입니다. 그리고 어떤 면에서는 실제로 그것이 대담한 일이기도 했습니다. 저는 상처받을 가능성을 기꺼이 받아들였고, 제가 원하는 것을 일찍이 요구하면서 정말로 위험을 무릅쓴 것이었습니다. 그는 '예스' 또는 '노'라고만 말할 수 있었습니다. **그리고 그 대답이 '노'일 수도 있었지요.**

그는 편지를 받고 나서 좀더 자세한 대화를 나누기 위해 저를 초대했습니다. 그는 제가 써둔 모든 말에 대해 일일이 답변을 쓴 편지를 미리 써두었습니다. 우리는 촛불이 켜진 방 안 침대에 함께 누워 있었고, 그는 자신의 편지를 소리 내어 읽다가 잠시 멈춰 저의 눈을 바라보았습니다. 저는 그때 '이 사람, 정말 대단하다'라고 생각했습니다. 그는 우리 관계에 무엇을 내어주고 싶은지, 어떤 것들을 함께 해보고 싶은지 모두 말해주었습니다. 우리 관계가 열린 마음으로 소통하고, 진솔하고, 서로 존중해야 한다는 저의 가치관과 너무나 잘 어울린다는 사실을 알게 된, 정말 아름다운 순간이었습니다. 저는 그의 눈을 똑바로 바라보며 말했습니다. "알다시피, 나는 과거에 큰 상처를 받았어요. 이혼도 겪었고요. 나는 더 이상 시간을 낭비하고 싶지 않아요. 당신이 어떤 생각을 가지고 있든 전적으로 존중해요. 그러니 나와 의식적인 관계를 만들어갈 생각이 없다면, '노'라고 말해도 정말로 괜찮아요."

벤의 대답은 '예스'였습니다. 하지만 여기서 중요한 점은 제가 제 힘을 지키면서 기꺼이 그에게 거절의 자유를 줬다는 것, 또한 그런 상태에서 그를 사랑했다는 점이었습니다. 우리는 마음이 서로 통했기 때문에 결국 잘 됐습니다. 하지만 때로는 그렇지 않을 때도 있습니다. 자신에게 꼭 맞는 길을 찾을 수 있는 유일한 방법은 자신이 이루고자 하는 바가 무엇인지 세심하게 관찰하는 것입니다. '노'라는 대답을 듣는 것 역시 당장은 그렇게 느껴지지 않을지라도 당신이 원하는 삶을 향해 나아가는 데 도움이 될 수 있습니다.

핵심 가치 되찾기

핵심 가치를 되찾으려면 자신이 가족의 집단적인 사고방식, 행동 양식을 기반으로 하여 채택한 신념이나 행동들을 재고해보아야 합니다. 또, 진짜 나의 가치관이 무엇인지 주장할 수 있도록 외부에서 주입받은 가치들을 무시할 줄도 알아야 합니다. 우리가 부모님과 문화권으로부터 물려받은 가치들 중 어떤 것들은 정말로 귀중합니다. 그런 가치들은 우리에게 정체성과 소속감을 확실히 제공합니다. 하지만 우리 중 많은 이들은 그 가치에 따라 별생각 없이 자동적으로 살아갑니다. 즉, 자신도 모르게 부모와 문화권으로부터 물려받은 가치관에 따라 살아가면서 자신의 선택이 진정한 나 자신을 반영하고 있는지에 대해서는 전혀 생각하지 않고 있습니다. 우리는 부모님과 개별화된 존재가 됨으로써 진정으로 온전해지기 시작합니다. 또, 그런 존재가 됨으로써 생생히 살아 있다는 느낌을 주는 가치, 나 자신의 진실이라고 느껴지는 가치, 내가 살고 싶어하는 삶과 연결되어 있다고 느껴지는 가치들을 우선시하게 됩니다.

의식 수준이 높아지면서 우리 윗세대들의 우선적인 가치였던 자기보존, 복종, 통제, 터프함, 사회적 지위 같은 가치들은 이제 수면 위로 떠올라 재고의 대상이 되었습니다. 우리의 조상들은 공동체 의식, 투명성, 평등보다 개인주의, 위계, 자본주의를 우선시하는 식민주의의 가치를 물려받았습니다. 우리의 핵심 가치를 되찾는 일은 우리의 인간성을 되찾는 일이기도 합니다. 다시 말해, 우리 각자가 무엇을 하기 때문에 가치 있는 사람이 아니라 우리 자신이기 때문에 가치 있는 인간임을 아는 것입니다.

과거의 가치관 써보기

돌이켜보면, 저는 열아홉 살 때 '성적 표현'과 '재미'라는 핵심 가치를 가지고 있었는데 이러한 핵심 가치가 학대적인 관계를 계속 이어나가는 원인이 되기도 했습니다. 그때 사귀었던 남자는 매우 장난기가 많았고, 우리는 속궁합이 정말 잘 맞았습니다. 하지만 진정성이 없었습니다. 우리에게는 정직함, 책임감, 존중이 없었습니다. 또한 공감, 정서적 친밀감, 내적 성장과 자기 자신에 대한 깊은 헌신 — 제가 지금 제 삶에서 중요하게 여기는 것들인 — 이 없었습니다. 저는 여타의 가치들이 충족되지 않는 상황에서 재미와 훌륭한 섹스만을 바탕으로 파트너를 선택한다면 만족스러운 관계를 맺을 수 없음을 깨닫게 되었습니다.

핵심 가치는 우리가 변화함에 따라 함께 달라질 수 있습니다. 우리는 자신의 가치 중 어떤 것이 '자주적인 표현'(empowered expression)이고 어떤 것이 '어두운 표현'(shadow expression)인지 재고해볼 필요가 있습니다. 예를 들어, 관대함이 어둡게 표현되면 남에게 퍼주거나 남을 과하게 돌봐줄 수 있습니다. 충실함 역시 훌륭한 자질이지만 충실함이 어둡게 표현되면 자신을 좀먹거나 순교자적인 고통을 겪게 되며, 용납될 수 없는 행동을 너무 오랫동안 참게 될 수 있습니다. 과거 경험을 탐구하면 무엇이 우리를 과거의 상대에게 이끌리게 만들었는지를 이해할 수 있습니다. 또, 가족 또는 양육자로부터 어떤 신념을 배웠는지 알아내고, 그 신념을 재고해볼 수 있습니다. 어느 나라든 대부분은 관계를 시작하기 전에 자신의 가치관이 무엇인지 생각해보는 시간을 갖지 않기 때문에, 자신만의 가치관을 생각해보는 것이 이번이 처음이라 해도 당신은 여전히 시대에 앞서 있는 사람입니다. 과거를 돌아보고 과거의 가치관 목록을 작성해보세요. 이러한 활동은 과거의 당신에 대한 연민 어린 탐구 활동이 되며, 이를 통해 현재 당신의 진정한 가치관은 무엇인지를 알아갈 수 있습니다.

글쓰기 세션: 나의 핵심 가치 정의하기

내가 부모님에게서 물려받은 핵심 가치 중 나의 진실과 일치하는 가치는(혹은 가치들은) ＿＿＿이다.

가족들에게 주입받았던, 지금까지 충실하게 따라왔지만 나의 진실과 일치하지 않는 가치는(혹은 가치들은) ＿＿＿이다.

가족 분위기에 충실하기 위해 지금까지 내가 부인해온 나의 핵심 가치는(혹은 가치들은) ＿＿＿이다.

나는 관계에서 어떤 핵심 가치들을 우선시하는 경향이 있는가?

나는 어떤 핵심 가치들을 등한시하는 경향이 있는가?

과거에 내가 선택했던 파트너는 내가 _____를 가치 있게 생
각했음을 보여준다.

이러한 선택들이 나와 내 관계에 어떤 영향을 미쳤었는가?

나에게 앞으로도 계속 중요할 핵심 가치들은 무엇인가?

앞으로도 타협하고 싶지 않은 핵심 가치들은 무엇인가?

지금 내게 중요한 것

가치관은 외부의 여러 영향을 받아 형성되기도 하므로, 삶의
다양한 단계를 통틀어 무엇이 당신에게 가장 중요한지 확실히 기
억하려면 자신의 가치관을 스스로 자주 점검해보는 것이 중요합
니다. 16장에서, 저는 당신이 자신만의 '러브 맵love map'을 만들 수
있도록 도울 것입니다. 러브 맵이란 자신의 삶이 어떻게 펼쳐지면
좋을지, 미래의 관계를 통해 어떤 것들을 만들어나가고 싶은지를
나타내는 비전 보드vision board와 비슷한 것입니다. 당신이 최우선으
로 여기고 싶어하는 핵심 가치가 무엇인지를 파악하는 것이 이러
한 러브 맵 만들기 과정의 일부가 될 것입니다.

핵심 가치의 종류는 너무나 많아서, 아래의 목록에 포함되어
있지 않은 핵심 가치도 있을 수 있습니다. 하지만 온라인 검색으
로 조금만 찾아보면 더 많은 핵심 가치 목록들을 만나볼 수 있을
겁니다. 다음의 목록은 자기 발견을 촉진하는 용도, 즉 당신 내면
에 있는 진정한 가치들을 일깨워주기 위한 용도입니다. 목록을 읽

으면서 어떤 핵심 가치가 당신의 마음을 환하게 밝혀주는지 잘 관찰해보세요. 어떤 핵심 가치에 공명하는 느낌이 드나요? 밑줄을 쳐도 좋고, 문득 떠오르는 단어들을 적어봐도 좋습니다. 이 목록은 시작에 불과합니다. '비커밍 더 원'의 길을 계속 걸어가면서 당신은 자신의 핵심 가치들을 더 많이 발견하게 될 것이고, 갖고 싶은 자질을 더 많이 알게 될 것입니다.

가족	수용	재능
가족과의 시간	시간 엄수	재미
감사	신뢰	정직
건강	아름다움	존중
겸손	안전	종교와 신앙
공동체	안정감	진솔함
공헌	애정	창의성
관능	영감	책임
관대함	영성	청결
균형	우정	친밀함
낙관	위험의 감수	통합
도전	유머	파트너 관계
독립성	의식	풍요로움
모험	인정	함께하기
목적	인지	헌신
민감성	자기 수용	혁신
변화	자기 인식	현존
선택	자기 존중	화합
성장	자기 표현	희망
소속감	자유	
솔직함	자율성	

핵심 가치 체현하기

나의 가치관에 따라 산다는 것은 내가 가장 중요하게 여기는 자질들을 체현한다는 의미입니다. 우리는 외부를 살펴보고 다른 사람들에게 이것저것을 요구하지만, 자신의 가치관을 직접 체현하며 살기 위해서는 내면으로 들어가 자신의 진실과 어긋난 지점이 없는지 생각해봐야 합니다.

우리 자신의 진실과 어긋나버린 가치들에는 여러 가지가 있겠지만, 그중에서도 '헌신'이라는 가치가 가장 공통적입니다. 만약 당신이 다른 사람의 헌신을 간절히 바라고 있다면, 자기 자신을 먼저 돌아보면서 스스로가 헌신을 체현하고 있는지를 솔직하게 살펴봐야 합니다. 우리가 타인에게 갈망하는 모든 자질들은 우리의 내면에서 먼저 체현되기를 기다리고 있습니다. 자신의 가치관을 체현한다는 것은 "나는 이런 자질들을 원한다"가 아니라 "나는 이런 자질들이다"라고 말할 수 있는 수준이 되는 것입니다.

그 자질들 자체가 되는 연습을 하면 우리는 자성을 띠게(magnetic) 됩니다. 우리의 삶을 보완해주는 사람들, 비슷한 가치관을 공유하는 사람들을 삶 속으로 끌어당기는 것입니다. 이뿐 아니라, 진정한 내적 자유와 만족을 경험할 수도 있습니다. 우리가 스스로 창조한 이 세상은 깊은 중심에서부터 우리 자신이 누구인지를 반영하기 때문입니다.

자신의 가치관을 체현하는 일은 매일의 연습입니다. 만약 당신이 연민 어린 소통이 중요하다는 것을 느꼈다면, 다른 사람에게 연민 어린 소통을 어떻게 체현할 수 있을까요? 만약 당신이 헌신을 중요하게 여긴다면, 삶 속에서 헌신을 더 실천하기 위해서 어떻게 해야 할까요? 만약 당신이 재미와 모험을 중요하게 여긴다면, 어떻게 더 많은 재미와 모험을 불러올 수 있을까요? '비커밍 더 원'은 혼자 하는 것이 아닙니다. '비커밍 더 원'은 자기 자신과의 관계를 끊임없이 펼쳐지는 마법, 진실, 헌신의 길로서 대하는 일입니다.

기억해야 할 것들

- 핵심 가치는 최상의 버전으로 표현된 당신의 모습 — 최고의 자기 존중과 진정성을 지닌 당신의 일부 — 에 대한 로드맵입니다.

- 핵심 가치는 당신이 원하는 것에 더 가까이 다가갈 수 있게 해주고, 당신이 원하지 않는 상황, 사람, 환경을 제거하는 데 도움이 됩니다.

- 핵심 가치를 주장하려면 용기가 필요합니다! 어떤 사람들은 당신이 겪고 있는 과정을 온전히 이해해줄 수 없을지도 모르지만, 그래도 괜찮습니다.

- 핵심 가치를 주장하는 것을 두려워하는 마음 이면에는 자신이 가치가 없는 사람이거나 훌륭하지 않은 사람이라는 두려움이 숨어 있습니다. 당신의 두려움에 애정 어린 돌봄과 사랑을 쏟아주세요. 당신은 충분히 가치 있는 사람이며, 가슴이 열망하는 그런 관계를 창조할 능력 또한 당신에게 있다는 것을 기억하세요!

- 당신의 몸은 무엇이 옳고 그른지를 안내해줍니다.

5부

관계 속에서
내가 원하는 바를
얻기

관계에서의 성숙은 곧,

내면 작업에는 끝이 없음을 알아차리는 것입니다.

파트너와 나 자신에게 완벽함을 기대하지 않으면서

관계 속의 밀물과 썰물을 타는 법을 배우는 것입니다.

15장

의식적인 관계 만들기

관계라는 것은 영적 진화를 위해 우주적으로 설계된 것입니다. 관계 속에서 어떤 일을 겪든 우리는 항상 그 속에서 교훈을 얻을 수 있습니다. 관계는 우리의 패턴이 무엇인지를 명확하게 알려주고, 잠들어 있던 우리의 한 부분을 가끔은 좀 거칠게 깨우기도 합니다. 치유하겠다는 의도와 의지를 가지고 관계를 맺으면, 즉 변화의 불길 속에 들어앉아 있을 수 있는 용기를 지닌 사람이라면 관계는 강력한 치유를 일으킵니다.

치유는 내면의 일일 뿐 아니라, 가슴을 활짝 열고 다른 이들과의 연결 속에서 약동하는 공동창조적인 과정이기도 합니다. 모든 것을 다 알지 못하더라도, 사랑을 받아들이세요. 모든 것을 다 아는 날은 절대 오지 않으니까요. 옳다는 확신이 들 때까지 기다리지도 마세요. 당신은 이 한 번의 인생에서도 천 번을 죽었다가 다시 태어날 수도 있으니까요. 치유는 영원히 계속됩니다. 삶은 지금 이 순간 일어나고 있습니다. '나 자신'과의 관계를 돈독히 하고 '비커밍 더 원'의 과정에 몰두하는 것은 유대감에 대한 욕구나 파트너를 찾고 싶다는 열망을 근절하려는 목적이 아닙니다. 그것은 오히려 몸, 마음, 영혼 속에서 편안함을 느낄 수 있는, 적절한 안식처를 찾으려는 목적입니다.

진정한 변화는 우리의 몸이 마침내 억눌려 있던 감정적 기억을 놓아줄 만큼 안전하다고 느낄 때 일어납니다. 이런 변화가 일어나려면 건강하고 안정적인 신경계와 따뜻한 마음씨를 지닌 사람들이 주변에 있어야 합니다. 세상을 치유하기 위해서는 자기 자신을 치유해야 한다는 것을 인식하려면 확실히 개인주의적인 치유 작업과 영적 가르침도 중요하긴 하지만, 관계 — 친구 관계, 로맨틱한 파트너 관계, 공동체와의 관계 등 — 가 가진 치유의 힘 없이는 온전한 치유가 일어날 수 없습니다. 관계는 정말로 중요합니다.

우리의 발목을 잡는 패턴을 풀어내는 일은 곧, 아직 알지 못하는 행복과 지복을 선택하기보다 이미 익숙해진 고통을 선택하는 우리의 상처를 돌보는 일입니다. 이 책 전반에서 우리는 무엇이 우리의 패턴에 영향을 주는지, 또 무엇이 삶의 고통을 만들어내는지 밝혀냈습니다. 그러니 이제는 관계가 우리에게 가져다줄 수 있는 이점을 알아보고, 앞으로 다른 사람들과의 관계를 어떻게 맺을지에 대한 선례를 만들 때입니다. 이번 장은 관계 그리고 관계의 목적에 대한 새로운 시각을 가지는 것이 주요 주제입니다.

나는 누군가를 만날 준비가 됐는가?

다른 사람과 관계를 맺을 때, 우리는 자신만의 진실을 찾아가는 상대방의 여정을 어느 정도 떠맡게 됩니다. 따라서 누군가와 관계를 맺기 전에 혼자만의 치유 여정을 떠나거나 자기만의 시간을 갖는 것이 매우 현명한 선택일 때도 있습니다. 우리가 자기 혐오에 빠져 있거나 누군가를 만나고 싶은 마음이 너무 간절하면 영양가 없는 만남에도 그럭저럭 만족하게 될 가능성이 큽니다. 저는 이런 상황을 '사랑을 찾기 위한 쓰레기통 뒤지기'라고 표현하고 싶습니다. 우리는 심신이 안정되고 또렷한 상태에서 파트너 관계를 선택하기를 원하지만, 우리의 패턴은 그저 형태만 달리해서 나타날 뿐 쉬이 사라지지 않습니다. 하지만 끝까지 함께 갈 수 있는 사람을 만났을 때 치유 작업이 완전히 새로운 국면을 맞이하는 경우도 종종 있습니다.

제가 진행하는 프로그램에 참여한 사람들은 자신이 관계를 맺을 준비가 충분히 되지 않았을까 봐 걱정하거나 누군가를 만나기 전에 완전히 치유되어야 하는 게 아닐까 하고 두려워하곤 합니다. **치유 작업을 완벽히 끝마친 사람은 아무도 없습니다.**

어쩌면 당신은 마침내 모든 상처를 다 치유하고 자기 내면의 모든 것을 다 알았다고 느낄 수도 있습니다. 하지만 파트너 관계를 맺는 순간, 모든 게 원래대로 돌아갑니다. 혼자서 모든 것을 해결할 수는 없습니다. 짝을 만나면 탐구할 수 있는 것들이 더 많아집니다. 만약 당신이 누군가를 만날 준비가 되었는지 잘 모르겠다면 '얼마나 치유되었는지'를 스스로 평가하려 하기보다는(이것이 바로 치유 과정의 함정입니다) 자기 자신에게 다음의 질문들을 물어보세요. "나는 나와 맞지 않는 것에 '노'라고 말할 힘이 있는가?" "나는 공허한 마음을 구태여 채우려 하지 않으면서도 스스로 행복할 수 있는가?" 두 질문 모두 대답이 "그렇다"라면, 당신은 누군가를 만날 준비가 된 것입니다. 만약 대답이 "아니다"라면, 자신이 원하는 바를 자신 있게 주장할 수 있도록 스스로를 돌보는 행동들에 조금 더 많은 시간을 투자해보세요.

두 가지 유형의 관계: 소모적인 관계와 생산적인 관계

우리 중 많은 이들은 자기 자신에 대해 더 많이 알아가겠다는 의도나 의지를 갖고 관계를 맺기보다는 별생각 없이 관계를 맺는 것에 익숙해진 채로 자라왔습니다. 당신에게 있어 관계란 무엇을 의미하는지 다시 정의해보는 일은 다음에 나올, 이 책의 마지막 리추얼인 '러브 맵'의 토대가 됩니다. 오래된 관계 모델을 잊고 더 주체적인 버전의 관계 모델을 체현하려면 소모적인 관계(관습적인 관계, 성장을 지향하지 않는 관계)와 생산적인 관계(의식적인 관계, 성장 지향적인 관계)의 차이를 알아야 합니다.

무엇이 관계를 '의식적'으로 만들까요? 첫째로, 각 파트너는 스스로와 투명한 관계를 맺고 있어야 합니다. 이것은 자신의 모든 생각에 반응하는 것이 아니라, 자신의 마음과 생각을 관찰하는 법을 배움으로써 시작됩니다. 관계 속에서 시종일관 완전히 의식적인 사람은 없지만, 큰 기쁨과 편안함을 경험하는 사람들은 자신의 감정과 행동에 대해 스스로 높은 수준의 책임을 지고 있는 사람들입니다. 이런 사람들은 스스로를 충분히 신뢰하기 때문에 가끔은 자신이 틀릴 수도 있으며 남에게 자신의 생각을 투영하기도 한다는 것을 알고 있고, 아니면 오늘이 자신의 마음 상태가 별로 좋지 않은 날임을 인지하기도 합니다. 우리는 머리와 가슴 사이에 다리를 놓아야만 합니다. 그래야만 자신의 마음을 점검할 수 있고 몸의 지혜를 신뢰할 수 있으며, 속도를 늦춰야 할 때가 언제인지를 배울 수 있습니다.

'소모적인 관계'는 외로움이나 불편한 감정을 해결하기 위해 존재합니다. 뭔가가 빠진 느낌을 채우고 싶다는 갈망에서 생겨난 관계지요. 반면, '생산적인 관계(의식적인 관계)'는 다른 목적 없이 그 자체만으로 존재하는 관계입니다. 이런 관계는 관습적인 관계가 해줄 수 없는 방식으로 영혼 차원에서 우리에게 자양분을 공급해 줍니다.

우리가 맺고 있는 관계들의 에너지를 잘 돌보려면, 그리고 그 에너지에 도움이 되려면 호혜성(reciprocity)에 입각하여 관계를 맺어야 합니다.

소모적인 관계에서, 모든 에너지는 사랑받고 인정받고 싶다는 욕구를 충족시키는 데 빨려 들어갑니다. 이런 관계는 순간적으로 우리를 기분 좋게 만들어주지만 그 좋은 기분이 지속되지 않으면 우리는 파트너를 비난하거나 또 다른 권력 싸움에 다시 빠져버리기도 하고, 어디서부터 잘못된 건지 모르겠다는 생각이 들기도 합니다. 한쪽 혹은 둘 모두 끊임없이 에너지를 빼앗는 데만 초점을 맞추면 결국 우리는 상대에게 줄 것이 아무것도 없어집니다. 그렇게 우리는 우리의 문제를 해결해주고 고통을 없애줄 '운명의 상대'를 찾기 위해 끝없이 다른 파트너를 찾아 떠납니다.

반면, 생산적인 관계는 우리의 목적의식을 북돋아주고, 우리가 세상과 공동체에 기여할 수 있도록 힘을 실어주는 호혜적인 에너지의 원천이 됩니다. 생산적인 관계는 영적, 감정적으로 성장하는 데 도움이 되지만 그렇다고 해서 이런 관계가 항상 쉽지만은 않을 것입니다. "관계란 모름지기 어떠해야만 한다"는 식의 오래된 관념들을 놓아주기 위해서는 우리 자신의 깊은 의식 속을 자세히 고찰해야 할 필요가 있습니다.

관계의 단계

모든 관계는 여러 단계들을 거칩니다. 그중에서도 로맨틱한 관계는 영향력이 가장 큰 관계이기 때문에 이러한 단계들이 더 뚜

소모적인 관계의 사고방식	생산적인 관계의 사고방식
파트너는 내 모든 문제의 해결책이다.	파트너가 나를 위해 내 문제를 고쳐줄
파트너가 내 고통을 덜어줄 수 있다.	필요는 없다. 나는 내 문제를 인식하고,
내가 '운명의 상대'를 찾게 되면 나의	그것을 스스로 해결한다.
모든 과거의 관계 패턴들은 자연스럽게	내가 '운명의 상대'를 찾게 되더라도 나는
사라져버릴 것이다.	여전히 내 패턴을 탐구해야 할 것이다.
파트너가 없다면 나는 온전할 수 없다.	나는 나 자체로 온전하고 완전하다.
파트너는 나의 모든 요구사항을	파트너가 나의 모든 요구를 충족시켜줄
충족시켜줘야 한다.	수 있다고 생각하는 것은 비현실적이다.
갈등이 생겼다면 누군가는 맞고	갈등은 나와 내 파트너에 대해 배울 수
누군가는 틀린 것이다.	있는 기회다.
나는 이 불행한 관계 문제에 대해 아무	나는 내 행복을 책임진다.
관련도 없다.	나는 파트너에게 나의 요구사항을 말하고
내 파트너는 굳이 말하지 않아도 내가	내가 원하는 것을 요구할 책임이 있다.
무엇을 원하고 필요로 하는지 알아야	파트너의 말과 행동이 나나 나의 가치를
한다.	정의할 수는 없다.
파트너가 나를 오해한다면 그것은 그가	투명성은 관계의 핵심이다. 나는 내
나를 신경 쓰지 않는다는 뜻이거나 나를	파트너를 내 안으로 깊숙이 들인다.
사랑하기 어렵다는 뜻이다.	도움을 요청하고 지지를 바라도 괜찮다.
무언가를 상대에게 말하지 않는다고	나는 이해하기 위해 상대의 말을 듣는다.
해서 거짓말을 하는 것은 아니다. 그저	
상대에게 모든 것을 다 말하지 않는	
것뿐이다.	
상담 치료를 받는다는 것은 우리에게	
문제가 있다는 뜻이다.	
나는 대응하기 위해 상대의 말을 듣는다.	

렷하게 나타나는 경향이 있습니다.

관계의 단계에 대해 알아봄으로써 당신은 자신의 과거 또는 현재의 관계를 이 단계들에 비추어 생각해볼 수 있을 것입니다. 특히 권력 싸움 단계는 우리 대부분이 머물러 있는 단계입니다. 이 단계에서는 똑같은 문제에 계속해서 부딪히다가 마침내 패배를 인정하고 '운명의 상대'를 계속 찾아 헤매게 되거나, 자신이 가진 패턴 때문에 진이 다 빠져버렸다가 끝내는 마음의 준비를 단단히 하고 내면 작업을 하게 됩니다. 이렇게 하여 내면 작업을 시작하게 된 우리는 악순환을 끊고, 스스로가 에너지의 원천이 되고, 완전히 새로운 방식으로 관계를 맺습니다.

모든 커플은 자신들의 관계 주기 안에서 이 단계들 중 거의 모든 단계를 여러 번 겪습니다. 우리 모두는 관계 초반의 설레는 단계(봄 계절)를 원하도록 프로그램되어 있습니다. 새로움이나 이제 막 싹트고 있는 어떤 신선한 느낌, 열정, 알듯 말듯 한 느낌을 정말 좋아하지요. 우리는 지구상의 다른 생명체들처럼 장기적인 관계에도 여러 단계와 주기가 있다고 배우지 못했습니다. 그래서 관계에 가을과 겨울이 닥치면 종종 패배감을 느끼고, 방황하고, 혼란스러워합니다. "그 사랑은 다 어디로 갔을까? 왜 열정이 사라졌을까? 아마 사랑이 식은 거겠지" 하면서 말입니다. 우리가 저지르는 중대한 실수 중 하나는, 계절이 바뀌었다고 해서 관계도 다 끝났다고 생각하는 것입니다. 그러나 이렇게 생각하기보다는 변화를 받아들이고, 놓아버려야 할 것은 놓아줌으로써 관계 속에 새로운 에너지를 만들어내야 합니다.

관계는 원래 변화, 전환, 탈피, 교체되어야 하는 것입니다. 우리는 결국 관계에 가을, 겨울이 찾아올 것임을 받아들여야 하고, 그 시기를 잘 지나가기 위한 방편과 의사소통 수단을 알아둬야 합니다. 바른 마음가짐을 가지고 있으면 파트너 관계의 여러 단계들을 거쳐가는 이 과정 속에서 관계 초반에 경험한 설렘과 짜릿함보다 훨씬 더 좋은 기분을 느낄 수 있습니다. 다음에 나오는 단계들은 파트너 관계를 맺는 모든 사람들이 어떤 형태로든 경험하게 되는 단계들입니다. 다만, '만년 싱글 단계'는 고정되어 있는 관계의 어떤 단계라기보다는 패턴에 가깝다고 할 수 있습니다.

설렘 단계, 권력 싸움 단계, 황혼 단계, 의식적인 관계는 직선적이거나 고정적인 단계들이 아닙니다. 우리는 관계 속에서 한 단계만 경험할 수도, 또는 모든 단계들을 다 경험할 수도 있고, 파트너와 함께 새로운 문제에 직면하고 성장함에 따라 여러 단계들을 왔다 갔다 할 수도 있습니다. 궁극적으로 우리는 의식적인 관계에 안착하길 원하는데, 이 책 역시 이를 목표로 쓰였습니다.

만년 싱글 단계

만년 싱글 단계는 흔한 관계 패턴 중 하나이지만, 다른 단계와는 달리 모든 사람이 이 단계를 경험하지는 않습니다. 저는 자신이 이 단계에 있다고 말하는 여성들과 함께 작업한 적이 있는데, 그들은 하나같이 상대방과의 관계를 깊은 관계까지 발전시키지 못했습니다. 그들은 상대와 친구 관계 이상으로 진전하지 못하거나, 여러 사람과 데이트를 많이 해봤지만 딱히 끌리거나 친밀한 관계가 되고 싶은 사람을 찾지 못합니다. 아니면 자신과 잘 맞는 것처럼 보이는 누군가를 만나긴 했지만 금방 중요한 부분들이 잘 맞지 않는다는 사실을 발견하거나, 자신의 관계에 부정할 수 없는 적신호가 켜졌음을 알게 됩니다.

한편, 데이트를 할 때 상대에 대해 그 어떤 감흥도 느끼지 않으려고 애쓰는 사람들도 있습니다. 다른 사람들에게 관심을 거의 갖지 않고 항상 그 사람에게서 '잘못된' 점을 찾는 이런 태도는 만년 싱글 단계에서 벗어나지 못하는 사람들이 흔하게 가지고 있는 태도입니다. 이 악순환을 끝내기 위해서는 몸으로 돌아가겠다는, 안전하다는 느낌에 초점을 맞추겠다는 새로운 의지가 필요합니다. 그러면 우리의 가슴은 더 부드러워질 수 있고, 진정으로 활짝 열릴 수 있습니다.

설렘 단계

설렘 단계는 아주 즐겁고 신납니다. 이 단계에서 우리는 어떤 사람을 처음 알게 되고, 옥시토신이 쏟아져 나오는 동안 서로에게 더 많은 에너지와 관심, 칭찬을 주고받습니다. 설렘 단계는 확실히 즐겁지만, 몇 가지 주의해야 할 점도 있습니다.

이 단계에서 우리는 종종 파트너를 이상화합니다. 상대가 어떤 말과 행동을 하든 다 좋게 보이는 것이죠. 우리는 상대를 새로 알아가는 흥분에 너무 사로잡혀 있어서 적신호를 무시하거나, 자신과 약간(약간이 아닐 수도 있습니다) 안 맞는 부분이 있더라도 별생각 없이 넘어가거나, 그 당시 느껴지는 강한 끌림 때문에 내면의 안내를 무시할 수도 있습니다. 결국 우리가 상대에게 더 가까이 다가가기 시작하면서 우리의 에고는 깊은 상처에 반응하고, 상대의 잘못된 부분을 조목조목 따지고, 말썽을 피웁니다. 아니면 불안에 떨면서 상대에게 집착하거나, 상대를 피하거나, 갈등을 부추기는 것과 같은 낡은 대처 메커니즘에 다시 빠져버립니다. 설렘 단계는 가장 열정적이고 '로맨틱한' 단계지만 많은 환상을 상대에게 투영하고 그 상상이 우리를 장악하게 되는, 불안정한 경험을 할 때가 많은 단계이기도 합니다. 당신은 이 책에서 기분이 붕붕 떠 있을 때도 몸과 연결되고, 마음을 관찰하고, 명석한 판단력을 유지할 수 있는 다양한 방편과 연습법을 배웠습니다. 그러니 이 단계를 온전히 즐기되, 자기 자신을 가장 먼저 보살피고 자신의 가치관에 충실하세요.

권력 싸움 단계
이 단계에서 우리는 관계 속으로 더 깊이 들어가기 시작합니다. 이 시기에는 행복을 느끼게 해주는 호르몬이 줄어들기 시작하고, 관계가 우리의 일상적인 현실이 됩니다. 이제 우리는 호르몬이나 신체적 욕구의 지배를 받지 않기 때문에 상대방을 처음과는 다르게 바라보기 시작할지도 모릅니다. 이 과정에서는 우리의 에고가 발현될 수 있으며, 친밀감에 대한 두려움 때문에 우리의 가장 깊은 상처가 활성화될 수 있습니다. 거의 모든 사람들은 어떤 형태로든 자존감과 관련한 문제를 가지고 있고, 어린 시절의 심한 트라우마나 부모를 잃은 경험, 또는 버려짐의 상처가 있는 사람들은 자신이 사랑을 받을 가치가 없다거나 망가졌다는 믿음을 어느 정도 가지고 있는 경우가 많습니다. 에고는 이러한 두려움에 대한 반응으로 무의식적으로 사랑을 밀어내기도 합니다. 권력 싸움 단계에서, 파트너들은 서로를 가슴에 품어 안기보다는 상처와 두려움으로 반응할 수 있습니다. 이 단계에서 벗어나기 위해서는 두 사람 모두 내면 작업에 전념해야 하고, 자신의 치유를 스스로 책임져야 합니다.

황혼 단계

황혼 단계에서는 관계가 생명력을 잃기 시작합니다. 둘이 함께 지내기는 하지만 서로 노력을 하지 않을 때 이 단계로 들어가게 됩니다. 이 단계에서는 지루함 또는 원망을 느낄 수 있고, 무사안일주의에 빠져 있다고 느낄 수도 있습니다. 이 단계의 커플들은 헤어지거나 평범한 일상에 그럭저럭 안주합니다. — 상황을 뒤흔드는 어떤 일이 생길 때까지는 말입니다. 이런 일은 바람이나 큰 위기가 될 수도, 영적 깨어남이 될 수도 있습니다. 아니면 단순히 어느 한쪽이 이런 상황에 진절머리가 나버려서 상황이 뒤바뀌기도 합니다. 이 단계를 하빌 헨드릭스^{Harville Hendrix}와 그의 아내인 헬렌 라켈리 헌트^{Helen LaKelly Hunt}*는 '평행선(parallel)'이라고 불렀고, 예전에 저를 가르쳐주었던 저의 선생님 P. T. 미슬버거^{Mistlberger}는 이 단계를 '데드 존'(the dead zone)**이라고 불렀습니다. 물론 장기적인 관계를 맺다 보면 서로 단절되는 순간이 있기 마련이지만, 어떤 사람들은 서로에게 열린 마음을 가지려고 노력하고 관계 개선에 신경을 쓰기 때문에 모든 사람들이 황혼 단계를 겪는다고 말할 수는 없습니다. 황혼 단계에 들어간 커플은 둘 다 변화하고 싶다는 욕망을 가져야 이 단계를 지나 더 나아진 관계를 만들 수 있으며, 즐거움과 재미를 우선시해야 관계에 다시 생기를 불어넣을 수 있습니다. 또, 에너지가 그들 사이에서 다시 자유분방하게 흐를 수 있도록 과거에 대한 원망을 풀고, 서로에게 근본적으로 정직하려 노력해야 합니다. 만약 성공적으로 이렇게 할 수 있다면 그 커플은 황혼 단계를 뛰어넘어 의식적인 관계를 만들 수 있습니다.

---

* 헨드릭스 박사는 헌트 박사와 함께 부부치료 분야에서 널리 알려져 있는 이마고 부부치료(Imago Relationship Therapy, IRT)를 공동으로 개발했다.

** 아무 일이 일어나지 않는 장소 또는 시기.

의식적인 관계(생산적인 관계)

의식적인 관계에 들어서면, 파트너 관계는 서로 주고받는 우정 관계가 되기도 합니다. 두 사람이 서로의 에너지를 뺏어가지 않으면서도, 각자의 내적 진실을 찾고 영적 진화를 이루고자 하는 헌신적인 마음을 공유하는 관계가 되는 것이죠. 이 단계로 넘어가면 두 파트너 모두 성숙한 모습을 보입니다. 이 단계에서의 관계란 더 이상 무언가를 확인받거나 인정받기 위한 것이 아니라 이미 잘 기능하고 있는 인간, 이미 온전한 상태인 분별력 있는 인간을 보완해주는 것입니다. 의식적인 관계에서의 파트너 관계는 의존 또는 도피처를 의미하지 않습니다. 오히려 자신의 빛을 더 밝게 밝혀주고 확장시켜주는 관계, 내면을 성장시키고 살찌울 수 있는 장이라고 할 수 있지요.

글쓰기 세션: 뒤돌아보기

9장 '관계 패턴 변화시키기'의 연습들을 되돌아보고, 관계의 여러 단계에서 알게 된 점을 그것과 연관지어보세요. 당신의 과거 관계들과 가장 닮아 있는 단계는 무엇인가요? 당신은 의식적인 관계를 경험해본 적이 있나요? 만약 그런 적이 있다면 당신과 당신의 파트너는 무엇을 변화시켰었나요?

당신이 데이트하고 싶어하는 그런 사람이 되세요

저는 예전에 한 멘토와 작업을 하곤 했는데, 그 멘토는 강의실 앞에 있는 큰 화이트보드에 이런 질문을 적은 적이 있습니다. "당신은 당신과 데이트하겠습니까?" 이 질문에 킥킥거리는 웃음이나 헉 소리가 잇달아 들려오긴 했지만 강의가 끝났을 때, 우리는 진정으로 자기 자신과 데이트하고 싶은지 깊이 생각하면서 그 강의실을 떠나게 되었습니다. 이 질문에 답하기 위해서는 연민 어린 자기 인식 그리고 책임지기 작업이 필요합니다.

스스로에게 근본적으로(radically) 정직해지면 나를 나타내는 방식들 중 어떤 것은 나의 최고선에 도움이 되지 않는다는 것을 알게 됩니다. '근본적(radical)'이라는 단어는 근원(root)이라는 뜻의 라틴어에서 기원했습니다. 이를 잘 생각해보면, 진정한 정직함이란 외부를 탓하는 것을 넘어 내 경험의 핵심으로 들어가야 한다는 것을 상기할 수 있습니다. 저 역시 근본적으로 정직하게 말하자면, 우리 모두는 근본적인 책임을 질 필요가 있습니다. 스스로를 방해하는 나의 내적 모습을 의식하는 일에는 용기와 성숙함이 필요합니다. 이를 의식함으로써 우리는 스스로가 내적으로 더 안정되어야 할 필요가 있음을 명확하게 알게 됩니다.

물론, 당신은 정말로 당신과 똑 닮은 사람과 데이트하고 싶지는 않을 겁니다. 아마 그런 데이트는 지루할 것이고, 상대방도 당신도 서로에게 배울 것이 별로 없을 테니까요. 우리는 바로 이런 이유로 인해 우리를 보완해주거나 우리와 반대되는 자질을 가진 파트너 또는 친구들에게 끌립니다. 이런 사람들은 우리가 기존에 해왔던 방식과는 좀 다른(아니면 완전히 다른) 방식의 세상살이를 경험할 수 있도록 도와줍니다. 정말 좋은 일이 아닌가요! 더 확장될 수 있는 기회이자 배우고 성장할 기회가 되니 말입니다.

아무튼, "당신이 데이트하고 싶어하는 그런 사람이 되라"는 말을 문자 그대로 받아들이지는 마세요. 이는 그저 현재 당신이 풍기는 분위기 그리고 당신이 체현하고 있는 바를 한 번 더 환기시키기 위한 목적이니까요.

계속 비참한 기분에 빠져 있고, 삶에 마음이 닫혀 있으며, 부정적이고, 남을 심판하는 느낌의 패턴 또는 습관을 가진 사람 옆에 있으면 어떤 기분이 드는지를 우리 모두는 잘 알고 있습니다. 우리 중 어떤 이들은 잘못된 생활 방식을 택하거나 자기 관리를 소홀히 함으로써 서서히 스스로를 해하는 가족들 사이에서 자랐고, 그 영향력이 얼마나 큰지를 느껴봤습니다. 또한 우리는 깨어 있기 위해 노력하고, 세상에 봉사하려 하며, 진정으로 타인을 생각해주고 그들의 가치를 이해해주는 사람 곁에 있는 것이 어떤 느낌인지도 알고 있습니다. 우리는 닫힌 마음과 부드럽게 열린 마음의 차이를 알고 있습니다. 다른 사람에게서 원하는 자질을 스스로가 직접 체현함으로써 당신이 데이트하고자 하는 유형의 사람이 되세요.

의식적인 데이트 연습하는 법

새로운 관계를 맺을 때 정직함과 열린 마음을 가진 채 그 순간에 온전히 존재하는 것이 바로 의식적인 데이트입니다. 본격적인 파트너 관계가 되기 전에 서로를 더 깊이 알아보고, 이 사람과 만나도 괜찮겠구나 싶은 '확신'이 들 정도로 충분히 오랜 시간을 만나보는 것, 즉 속도를 늦추는 것이 바로 의식적인 데이트입니다. 때때로 많은 염려를 하는 바다 유형은 이렇게 하는 것이 불안할 수도 있습니다. 불안감을 없애고 싶을 때, 바다 유형의 사람들은 빨리 안정적인 관계에 들어가고 싶어서 성급히 파트너 관계를 맺으려고 합니다. 반면, 회피 성향이 있는 바람 유형에게는 그런 상황이 좀 무섭습니다. — 이런 상황에서는 바람 유형이 독자적인 안정감을 추구할 수 없고, 서로가 깊은 사이가 되었음을 받아들여야 하기 때문입니다. 어쩌면 당신은 이 책에 나온 연습들 중 하나를 완전한 자신의 것으로 만들면서 자연스럽게 새로운 원소 유형의 특성을 나타내기 시작할 수도 있고, 개선에 힘써야 할 완전히 새로운 과제를 얻게 될 수도 있습니다. 만약 이런 일이 생긴다면 그런 일이 생겼음을 축하하세요.

의식적인 데이트란

- 진정성 있는 것
- 자신의 몸에 귀를 기울이는 것

- '노'라는 대답을 더 자주 듣게 되더라도 나 자신에게 진실하게 살겠다는 마음
- 누군가를 깊이 있게 알아가기 위해 시간을 들이는 것
- 관계와 인생에 대한 중요한 질문들을 물어보고 상대방에 대해 궁금해하는 것
- 나의 성격과 나 자신의 정체성을 보여주며 데이트하는 것
- 함께 산책하고, 차를 마시고, 앉아서 이야기를 나눌 때 상대방과 함께 있는 나의 기분이 어떤지 지켜보는 것
- 경계선을 지키는 연습을 하는 것

이 관계가 나에게 적절한지 확인하기: 스스로 물어볼 질문들

- 그 사람이 나와 다른 사람들에게 말하는 방식이 마음에 드는가?
- 그 사람이 정확히 어떤 사람이며 어떤 과거를 살아왔는지, 사랑과 친밀감에 관한 그 사람의 핵심 가치가 무엇인지 알고 있는가?
- 그 사람과 친한 친구 관계까지만 가능할 것 같다고 느끼는가? 또는 그 사람에게 그저 성적 매력만을 느끼는 것은 아닌가?
- 그 사람에게 무의식에서부터 올라온 무언가를 원하고 있지는 않은가?
- "너는 지금 이대로 충분해"와 같은, 내가 가치 있는 사람임

을 확인해주는 말을 그 사람에게서 원하고 있는가? 상대가
어떤 형태로든 나를 인정해주길 바라는가?

- 그 사람과 함께 있으면 몸과 마음이 편안해지는가? 나 자
  신을 이 사람에게 표현해도 괜찮다는 느낌이 드는가?

- 그 사람과 즐기고, 웃고, 장난칠 수 있는가? 속을 터놓고 얘
  기할 수 있겠다고 느껴지는 관계인가?

사랑에 빠지다

처음 만난 우리.

서로 눈이 마주치고, 심장은 콩콩 뛰고, 엔도르핀이 흘러요.

아직 가까운 사이는 아니지만 당신은 내가 항상 원했었던,

하지만 결코 찾을 수 없었던 바로 그것이네요.

당신이 내 운명의 상대가 아닐까요?

아마 당신은 나의 모든 패턴과 벽을 녹여버릴 사람이겠죠.

아마 당신은 내가 어머니에게 받지 못했던 그 사랑이자

나에게 헌신하는 아버지의 느낌일 거예요.

내 눈에는 당신이 신으로 보여요.

당신이 완벽하게만 보여요.

나는 내가 보고 싶은 것만 보고 있어요.

하지만 잠깐만요, 당신이 가까이 다가올수록…

뭔가가 더 있네요.

지금 이 느낌은 뭘까요?

오래된 나의 두려움과 익숙한 패턴들이

슬금슬금 되살아나는 것 같아요.

이 사람은 누구죠?

'가면 뒤의 나'는 내가 제일 멋진 가면을 썼을 때

다 사라진 줄 알았는데,

우리 둘 다 새롭게 찾아온 사랑의 열정을 즐기고 있었는데.

내가 바라던 그 사람이 아니라면, 당신은 누구죠?

우리가 어디를 가든, 패턴도 같이 따라올 거예요.

우리가 누구를 만나든, 스스로 했던 치유 작업만큼만

진전할 수 있어요.

서두르지 마세요. 성숙한 사랑을 하려면 시간이 걸리니까요.

우리의 상처는 안정적인 것을 추구하고,

빠르게 움직이면서 거짓된 안정을 찾지만

의식적인 사랑을 하려면 인내심이 필요해요.

머리로만 혹은 가슴으로만 살아가지 마세요.

머리와 가슴의 화합으로 살아가세요.

상대에게 무언가를 베풀 때,

스스로를 사랑하는 마음을 지닌 채 베푸세요.

그리고 언제나 나 자신을 위한 것도 좀 남겨두세요.

만약 베푸는 일이 억울한 감정이나 결핍을 불러온다면,

스스로를 위해서 상대에게 베푸는 일은 뒤로 미뤄두세요.

자신에게 풍부하다고 느껴지는 것만 베푸세요.

성숙한 사랑은 실적을 요구하지 않아요.

새로운 사랑이 탐구, 발견, 가능성의 장이 되도록 하세요.

또, 그럴 필요가 있다면 기꺼이 새로운 사랑을 놓아주세요.

때로는 그것이 서로에게 가장 좋은 행동이고,

그렇게 됐다고 해서 누가 뭘 잘못한 건 아니니까요.

당신은 스스로 온전하고 완벽해요.

당신이 먼저 자기 자신의 연인이 되어주세요.

사랑은 언제나 당신 곁에 있어요.

관계 보살피기

씨앗을 처음 심었을 때는 매일 물을 줘야 합니다. 그 씨앗에 싹이 트려면 당신의 관심과 보살핌이 더 필요하지요. 만약 관심과 보살핌을 주지 않는다면 씨앗은 절대로 싹을 틔울 수 없을지도 모릅니다. 씨앗이 싹을 틔우고 점점 더 튼튼하게 자라기 시작하면 물을 조금 적게 줘도 괜찮습니다. 그래도 여전히 새싹 주변의 잡초를 뽑고 물을 줘야만 열매를 얻을 수 있습니다. 식물이 건강하고 싱싱하게 자라게끔 관리하고, 영양을 잘 흡수할 수 있게 노력하면 식물의 영양분도 그만큼 풍부해집니다. — 물론 햇빛, 토양의 질, 날씨 같은 환경적인 요인들도 한몫하지요. 반면 식물을 오랫동안 방치하거나 식물이 자라기 힘든 환경에 놓여 있다면, 그것은 시들어버릴 겁니다. 우리가 보살피거나 키우는 것들 대부분이 거의 이런 식입니다. 관계라고 예외는 아닙니다.

관계를 보살펴야 우리도 그 관계 속에서 자양분을 계속 얻을 수 있습니다. 정원에 뿌려진 씨앗 중 어떤 씨앗은 전혀 싹이 트지 않기도 한다는 것을 기억하세요. — 인생도 마찬가지입니다. 인생의 모든 관계들이 죽을 때까지 계속되지는 않습니다. 어떤 관계는 시작되지 않기도 하고, 어떤 관계는 끝이 난다는 것을 받아들여야 합니다. 당신의 삶 속으로 들어온 각각의 사람들에게는 배울 점이 있습니다. 그 관계가 얼마나 길었는지 혹은 짧았는지는 중요하지 않습니다. — 의식적인 관계를 연습한다는 것은 바로 이런 겁니다.

우리 사회는 관계라는 것을 밖으로 나가서 찾아야 하는 어떤 것으로 생각합니다. 또, 파트너는 우리의 기분을 좋게 만들어주기 위해, 우리를 온전하게 만들어주기 위해 존재한다고 생각합니다. 관계를 있는 그대로 바라보는 사람은 거의 없습니다. 다시 말해, 관계를 그만의 고유한 에너지와 주파수를 가지고 있는 어떤 신성한 것으로 바라보지 않는다는 말입니다. 처음에는 관계를 보살피는 게 쉽지만, 점차 그 관계가 편안해지면 계속해서 관계에 에너지를 쏟아야 한다는 사실을 잊습니다. 관계가 정체되고, 서로에게 끌림을 느끼지 못하고, 같이 있기만 하면 권력 싸움을 벌이고, 사랑이 끝난 건 아닐까 고민하게 되는 게 바로 이런 이유 때문입니다. **만약 당신이 관계에서 계속 에너지를 얻고 싶다면, 당신도 그 관계에 에너지를 쏟아야 하는 것이 맞습니다.**

의식적인 파트너 관계란

- 상대를 열린 가슴으로 대하겠다고 매일 다짐하는 것
- 자기 인식에 힘쓰고, 자신이 져야 할 책임을 기꺼이 지는 것
- 과거의 상처들을 치유하는 과정
- 가끔 실수를 저지르거나 잘못된 말을 뱉기도 하는 것
- 오래된 상처에서 기인한 반응을 보이고* 연민을 연습하는 것
- 나의 두려움과 판단을 상대에게 투영하고 있음을 알아차리는 것
- 기꺼이 사과하는 것
- 갈등 중에 스스로를 더 잘 인식하는 법을 배우는 것
- 수용과 용서를 배우는 것

---

* 의식적인 파트너 관계에서조차 오래된 상처에서 기인한 반응을 보일 수 있는데, 그래도 괜찮다는 의미다. 여기서의 목표는 알아차림과 연민을 연습하는 것이지, 완벽해지는 것이 아니다.

기억해야 할 것들

- 소모적인 관계는 받기만 하고 주지 않는 관계, 상대방을 인정과 에너지의 원천으로서 바라보는 관계입니다.
- 생산적인 관계는 호혜성이 기본이며 목적, 봉사, 사랑을 기반으로 하는 관계입니다.
- 로맨틱한 관계뿐 아니라 친구 관계나 공동체와의 관계 역시 의식적인 관계를 연습할 수 있는 장이 됩니다.
- 의식적인 관계에는 정직, 책임, 내적 인식에 대한 끊임없는 노력이 필요합니다.
- 모든 관계에는 주기와 계절이 있습니다. 우리는 더 힘든 시기에 더 많은 것을 배우고 강해집니다.
- '비커밍 더 원'은 주체적으로 살고, 빛을 체현하고, 자신의 진실을 존중하는 일입니다.

용기를 내세요...

떠나야 할 때가 오면 떠날 수 있는,

미안하다고 말할 수 있는,

사랑한다고 말할 수 있는,

놓아줄 수 있는,

다시 사랑할 수 있는

그런 용기를요.

용기를 내세요...

혼자가 될 수 있는,

나 자신을 믿을 수 있는,

내면의 작은 속삭임을 들을 수 있는

그런 용기를요.

더 원(the One)은 항상 그 자리에 있다는 걸

당신도 알고 있잖아요.

용기를 내세요.

내 삶을 있는 그대로 존중할 수 있는,

내 힘을 주장할 수 있는,

나의 두려움을 끌어안을 수 있는

그런 용기를요.

혼란스러운 상황이 알아서 명확해지기를 기다리거나
'원래 이런 거'라며 뒤쪽으로 물러나 있지 마세요.
더 많은 것들을 원한다면…
깨어나세요, 그리고 당신의 권리와 힘을 되찾으세요!
야생의 인간이여, 날아오르세요.

가족을 비롯한 다른 사람들이 당신의 삶을,
당신의 화력을, 당신의 모든 가능성을
대신해서 찾아줄 수는 없어요.
위로 솟아오를 수 있는
용기를 내세요.

16장

진정한 사랑을 향한 길

자연의 품 안에 있는 소박한 집에서 직접 먹을 음식을 기르고, 가정을 꾸리고, 조용한 삶을 사는 게 당신의 꿈이라면, 그렇게 살 수 있습니다. 당신의 꿈이 여행을 하며 인습에 얽매이지 않는 삶을 사는 것이라면, 그렇게 살 수 있습니다. 만약 당신이 구도자이고 영계와 물리계 사이에 존재하는 미지의 차원에 대해 깊이 있게 배우길 원한다면, 그렇게 살 수 있습니다.

자신의 꿈과 가치관에 따라 살겠다고 마음먹으면, 우리는 영혼 깊은 곳에서 자신의 가치를 이해하게 됩니다. 자기 주장이 확실한 사람은 누구도 막을 수 없으며, 사람들에게 영감을 주기도 합니다. 이는 우리 사회에서 자신의 욕망을 감추고, 자기 자신을 맨 뒤로 제쳐두고, 주어진 것에 만족하는 사람들이 더 많기 때문입니다. 그리고 당신은 이런 사람이 아닙니다.

미디어에서 보는 것과는 달리, 우리 자신에 대해 그리고 우리의 꿈에 대해 자신감을 가지려면 굳이 시끄럽게 굴거나 대담하게 굴 필요도 없습니다. 그저 고요한 자신감만 있으면 됩니다. 이러한 자신감은 "나는 내가 원하는 삶을 살 자격이 있다"는 내적인 앎과도 같습니다. 또한 이 자신감은 "나는 타인의 허락이나 인정이 필요치 않다"는 너무나도 깊은 앎, 영과 연결된 그런 앎이라고도 할 수 있습니다.

여기서 놀라운 점은, 우리가 자기 자신과 이런 강력한 관계를 맺게 되면 다른 사람들도 우리와 같이 변화한다는 것입니다. 타인의 판단과 기대에 휘둘리지 않고 살아감으로써, 우리는 매일의 일상과 관계 속에서 상처가 아닌 진정한 자아를 반영할 수 있는 길을 닦아나가고 있습니다. 우리의 삶은 우리가 행하는 내면 작업의 반영입니다.

의식적인 러브 맵 만들기

67세인 로즈는 심리치료사로, 저의 '비커밍 더 원' 프로그램 수강생이었습니다. 그녀는 이혼한 지 20년쯤 되었을 때, 자신에게 정말 잘해주는 한 남자를 만났습니다. 그는 그녀를 위해 모든 데이트 계획을 짰고, 그녀가 보살핌을 받고 있다고 느끼게 해주었습니다.

둘이 다섯 달 정도 교제했을 때, 그는 갑자기 잠수해버렸고 로즈는 큰 충격을 받았습니다. 그녀는 프로그램을 수강하는 동안 아픈 마음을 추스르고 다시 회복되었습니다. 그녀는 이렇게 말했습니다. "저는 예전에도 내면아이 작업을 한 적이 있었지만 그 아이와 이런 식으로 대화를 나눠본 적은 지금까지 한 번도 없었어요. 제 안의 그 작은 소녀가 가장 원하는 것이 아빠였다는 사실이 가장 놀라웠죠." 로즈는 내면과의 대화를 통해 그 다섯 달 동안의 관계가 너무나 좋았던 이유가 아버지의 보살핌을 받는 듯한 느낌 때문이었음을 깨달았습니다.

로즈는 그룹에게 이런 이야기를 해줬습니다. "저는 내면아이와의 데이트를 계획하기 시작했고, 내면아이의 말을 귀 기울여 들어줬어요. 한 번은 그 아이를 데리고 쇼핑을 가서 이렇게 말했죠. '우리가 신을 새 샌들을 네가 골라봐.' 그래서 우리는 당연히 반짝이로 장식된 샌들을 골랐죠!" 그녀는 미소를 지으며 자신의 긴 은빛 머리칼을 귀 뒤로 넘겨 정리했고, 이어서 말했습니다. "마침내 저는 남자가 아닌 저 스스로가 저의 상처받은 부분을 안전하게 지켜주고, 또 보살펴줘야 한다는 것을 알게 되었어요." 로즈는 색연필로 내면아이를 그리고, 의식적인 러브 맵 — 미래의 관계에 대한 열망과 기대, 자신의 핵심 가치 등을 나타내는 그림 — 도 그렸습니다. 이 그림은 그녀가 스스로에게 너그럽고 다정해야 하며, 자신의 열망에 충실해야 한다는 사실을 시각적으로 상기시켰습니다.

러브 맵이 완성된 후 얼마 지나지 않았을 때, 로즈는 스탠이라는 멋진 남자를 만나게 되었습니다. 그녀는 이렇게 말했습니다. "우리는 자신의 내면아이를 존중하고 안전하게 지켜주는 것이 얼마나 중요한 일인지에 대한 얘기를 나눴어요." 둘은 친밀감을 느끼며 몇 시간 동안 얘기를 나눴습니다. 그리고 두 번째 데이트에서 스탠은 로즈에게 당신을 좋아하는 마음이 생겼다고, 그래서 두렵다고 고백했습니다. 이에 그녀는 자신 역시 두려운 마음을 느꼈지만 스탠을 정말로 좋아한다고 고백했습니다. "그날 밤늦게, 저는 저번 관계에서 잠수 이별을 당했다는 것을 그에게 알려주었어요. 그리고 만약 깊은 관계를 맺을 준비가 되지 않았다면 직접적으로 말해주면 좋겠다고 부탁했죠." 이틀이 지났을 때, 스탠은 그녀에게 전화를 걸어 아직 마음의 준비가 되지 않은 것 같다고, 이 관계를 그만두는 것이 좋겠다고 말했습니다. 그는 30년간 결혼 생활을 했고, 싱글이 된 지는 고작 2년밖에 되지 않았기 때문에 시간이 더 필요했습니다.

"그는 제가 러브 맵에 적었던 자질들을 거의 다 갖추고 있었어요." 로즈가 말했습니다. "그는 개인적인 성장과 안정감을 중요하게 여기는, 정직한 사람이에요. 그는 약속을 지켰고 저는 제가 원하는 바와 필요로 하는 바를 명확히 요구할 수 있는, 그런 힘 있는 사람이었어요. 이별을 알리는 전화를 끊고 나서 저는 그에게 감사했어요. 그로 인해 많은 것을 배울 수 있었으니까요. 스탠은 제게 건강한 관계를 연습할 기회를 주었어요. 비록 짧은 만남이긴 했지만, 저는 67년을 살면서 처음으로 (로맨틱한 쪽으로) 의식적인 관계를 경험해봤어요. 이제 저는 제가 본격적으로 관계를 맺을 준비가 되어 있다는 걸 알아요." 이렇게 말하는 동안, 그녀의 녹색 눈동자에는 행복한 눈물이 글썽였습니다.

"저는 데이트 중일 때나 다음 데이트를 준비할 때 이 의식적인 러브 맵을 사용해요. 순간순간 어떤 결정을 내려야 할 때마다 저를 안내하는 도구로 쓰는 거죠. 사랑하는 사람과의 관계에서 내가 원하는 바와 필요로 하는 바가 뭔지 명확히 하고 싶을 때도 이 맵을 이용하고요. 가보지 않은 길일수록, 길을 안내해주는 맵이 있으면 여행이 더 쉬워져요!"

로즈의 이야기는 자기 자신과의 관계에 충실할 때 일어날 수 있는 일들을 훌륭하게 보여줍니다. 그녀는 마음을 열기에 너무 늦은 때라는 것은 없으며, 관계가 영원히 지속되지 않더라도 그 관계를 통해 어떤 통찰을 얻을 수 있고, 미래에 대해 여전히 열린 마음을 가질 수 있음을 우리에게 보여줍니다.

저와 함께 작업한 사람들은 러브 맵을 만드는 과정이 자신의 경계선을 굳건히 하고, 기존의 파트너 관계에 안주하는 악순환을 끊는 데 아주 큰 도움이 되었다고 말합니다. 러브 맵은 상처에서 기인한 사랑이 아닌, 자신만의 고유한 가치에서 기인한 사랑을 선택하도록 돕는 나침반 역할을 해줍니다.

이제 당신만의 의식적인 러브 맵을 만들 시간입니다. 이 창조적인 과정은 당신이 자신의 가슴, 본질 그리고 당신이 진정으로 원하는 것과 연결될 수 있도록 고안되었습니다. 책을 읽으면서 거쳐온 지금까지의 모든 여정을 이 러브 맵에 반영해보세요. 러브 맵은 당신의 삶과 미래의 관계를 위해 세운 의도를 상기시키는 물건입니다.

1단계: 내가 원하는 사랑을 그려보기

마음이 차분하고 안정되었을 때 아래의 질문들에 답하며 글쓰기를 해보세요. 초를 켜고, 차를 마시고, 좋은 음악을 틀어둔 다음 몸과 마음을 흘러가는 대로 내맡겨보세요. 만약 어떤 질문에 확실히 답하기가 힘들다면 시간을 좀 갖고 14장에서 알아냈던 핵심 가치들을 되돌아보세요.

- 만족스러운 관계에 대한 당신의 비전은 무엇인가요? 무엇이 당신에게 만족감, 편안함, 유대감, 친밀감을 느끼게 하나요?
- 만약 당신이 사랑을 통해 얻고자 하는 바가 무엇인지 확고히 말하는 것을 더 이상 두려워하지 않게 되었다면, 무엇을 원할 건가요? (망설이지 말고, 원하는 그것을 가질 수 있다고 상상해보세요.)
- 어떤 사람을 파트너로 만나고 싶나요? (마음속에 떠오르는 대

로, 미래의 상대에게 바라는 모든 특성들을 다 써보세요.)

- 당신은 파트너 관계 속에서 어떤 사람이 되고 싶나요? 그 관계에서 어떤 느낌을 느끼고, 어떻게 행동하고 싶나요? 파트너가 당신을 어떤 사람으로 느꼈으면 좋겠나요?

- 파트너와 함께 건강하고 만족스러운 관계를 만들어가기 위해 무엇을 할 건가요? 당신은 의식적인 관계에 어떻게 이바지하고 싶나요?

- 관계가 힘들어졌을 때, 갈등이 생겼을 때, 오래된 상처와 과거의 트라우마가 촉발되었을 때 어떻게 할 건가요? (갈등을 어떻게 처리할 건지, 어떤 조치를 취할 건지, 시련이 찾아왔을 때 나 자신과 파트너 관계에 어떤 도움을 줄 수 있을지 진지하게 생각해 보세요.)

- 어떤 사랑을 하고 싶나요? 누군가를 사랑한다는 것은 당신에게 있어 어떤 모습이며 어떤 느낌일까요?

- 당신의 경계선을 어떻게 알리고 싶나요? (상대방에게 당신의 경계선에 대해 언제, 어떻게 얘기할지 자세하게 써보세요.)

- 당신은 사랑을 따를 건가요? 아니면 두려움을 따를 건가요? 사랑을 따르는 것은 어떤 모습이며, 두려움을 따르는 것은 어떤 모습일까요?

- 만약 꿈에 그리던 파트너가 당신 앞에 나타났다면 당신은 그걸 어떻게 알 수 있을까요? (눈을 감고 이런 상황을 상상해보

445

글을 다 썼으면, 적은 글을 스스로에게 읽어주세요. 내가 어떤 사람이며 무엇을 원하는지 정확히 알고 있다는 확신에 익숙해지세요.

2단계: 미래의 일상 써보기

이 단계에서는 당신이 꿈꾸는 관계와 삶이 어떤 모습일지 써볼 것입니다. 우리는 1단계에서 글쓰기를 위한 준비를 이미 마쳤습니다. 이미 그런 삶을 살고 있는 것처럼, 원하는 모든 것을 다 가지고 있는 것처럼 현재형으로 적으세요. 상상력을 발휘해서 아주 상세하게 적어보세요. 당신의 미래를 마치 소설처럼 묘사해보세요. 이 미래의 삶 속에서 보내는 하루는 어떤 모습이고, 또 어떤 느낌일까요? 글을 다 적었으면 종이를 접어서 당신만 알고 있는 안전한 장소에 보관하거나 제단 위에 올려두세요.

3단계: 시각적인 러브 맵 만들기

이제, 1, 2단계에서 적은 내용들을 통해 당신의 가슴이 가장 진실하게 원하는 열망들을 시각적으로 구현할 준비가 다 되었습니다. 이 마지막 단계를 하나의 리추얼이라고 생각하면서 진행해보세요. ― 당신의 마음과 온몸이 참여할 수 있는 그런 리추얼 말입니다. 저는 전 세계 사람들의 온갖 창의적인 러브 맵들을 많이 봐왔습니다. 그러니 당신도 당신이 원하는 대로 러브 맵을 만들어보세요! 다른 사람들이 만든 러브 맵은 sheleanaaiyana.com/love-maps에서 볼 수 있습니다.

당신의 러브 맵은 당신이 꿈꾸는 관계 그 이상의 것입니다. 그것은 당신 자신과의 관계, 주변 세상과의 관계를 나타내는 것이기도 합니다. 어떤 사람들은 로맨틱한 파트너 관계에 주로 초점을 맞춘 맵을 만들기도 하는데, 이것도 좋습니다. 하지만 다른 테마를 가진 맵을 만들고 싶다면 그래도 괜찮습니다. 이 활동은 당신이 논리 중심적인 두뇌에서 벗어나 풍부한 감성과 상상력을 가질 수 있도록 도우려는 목적으로 만들어졌습니다. 제 프로그램 수강생들처럼, 당신도 이 맵을 액자에 넣어 방에 걸어놓거나, 냉장고에 붙이거나, 제단에 올려놓으세요.

러브 맵 만들기는 수년 전, 제가 이혼했을 때 만들어낸 활동입니다. 저는 벤과의 파트너 관계를 준비할 때 이 활동을 활용했습니다. 러브 맵은 새로운 삶의 방식을 개척하는 당신에게 영감을 주고, 당신을 격려해줄 것입니다.

1단계와 2단계에서 적은 글, 그리고 지금까지 배운 모든 것들을 참고해서 의식적인 러브 맵을 만들어보세요. 또, 다음의 질문들도 참고해보세요.

- 당신은 어떤 사람이 되고 싶나요?

- 파트너가 어떤 사람이길 원하나요?

- 새로 알게 된 당신의 핵심 가치는 무엇인가요?

- 관계에서 가장 원하는 것은 무엇인가요?

- 상대와 어떤 에너지를 주고받고 싶나요?

- 당신이 삶 속으로 들여오고 싶은 큼직한 테마는 무엇인가요?

당신이 '더 원'입니다

당신과 함께 '비커밍 더 원'을 향한 여정을 마치게 되어 영광입니다. 저는 내면 작업에 대한 당신의 열의를, 그리고 당신이 이 여정 속에서 새로 알아내고, 치유하고, 변화시킨 모든 것들을 스스로 축하하길 바랍니다. 저는 고통스러운 패턴을 깨고, 가슴으로 살아가겠다는 굳은 의지를 가진 한 사람 한 사람에게서 끊임없이 영감을 받습니다.

당신이 자신의 마음을 치유하기 위해 하는 작업은 당신 주변의 모든 것과 모든 이들에게 영향을 끼칩니다. 지금은 그 어느 때보다도 우리 모두가 진정으로 중요한 것들에 연결되어야 할 때입니다. 그러면 우리는 미래 세대를 위해 더 안전하고 연민 어린, 더 사랑 가득한 세상을 만들 수 있습니다.

지금쯤이면 당신도 잘 알겠지만, 당신은 여전히 영적인 면, 감정적인 면, 기타 다른 면들에서 당신과 잘 맞지 않는 사람들에게 가끔 끌릴 수도 있습니다. 하지만 이제는 그런 순간이 찾아올 때마다 이 책에서 알게 된 여러 도구들을 통해 넘어서는 안 되는 선을 확실하게 긋고, 자기 자신을 위한 선택을 할 수 있는 힘이 당신에게 생겼습니다.

이 책에 나온 신체적 연습과 심상화를 거듭할수록, 자기 자신으로 존재하는 것이 점점 더 편안해질 겁니다. 우리에게 앞으로 어떤 일이 닥쳐올지 예측할 수는 없지만, 딱 한 가지만큼은 확실

합니다. 바로, 삶은 기다려야 하는 어떤 것이 아니라는 겁니다. 삶은 바로 지금, 이 순간 일어나고 있습니다.

나의 길 축하하기

삶은 당신과 영의 합작품입니다. 당신은 자신의 인생길을 전적으로 통제할 수 없습니다. 서방 사회 그리고 전 세계의 많은 지역에서 다른 관계들보다 훨씬 더 가치 있다고 여겨지는 관계가 하나 있습니다. — 그것은 바로 죽을 때까지 지속되는, 헌신적인 일부일처제 결혼입니다. 하지만 이는 로맨틱한 관계를 경험하는 방법 중 하나일 뿐이고 모든 사람들이 정확히 이 틀에 맞춰 살아가도록 운명 지어진 것은 아닙니다.

에너지가 우리를 통해 표현될 수 있는 방법은 수도 없이 많습니다. 세상을 향해 나아갈 때, 이 세상에는 어느 정도의 미스터리가 존재한다는 사실도 기억해두세요. 꼭 결혼을 하거나 가족을 이뤄야만 당신의 길이 영적인 길로 인정받는 것은 아닙니다. 또, 이 생에서 모든 사람이 전통적인 형태의 관계를 경험해야만 하는 것은 아닙니다. 우리 중에는 결혼 생활에서 배움을 얻는 이들, 부모가 됨으로써 더욱더 성장하는 이들, 전통적이지 않은 관계를 맺으면서 배움을 얻는 이들이 있을 수 있습니다. 또, 탄트라 수행자가 되거나 싱글로 살면서 친구들과의 의식적인 관계를 배우는 이들도 있을 수 있습니다. 심지어 이 모든 독특한 길들을 삶의 각 단계에서 모두 경험하겠다고 선택하는 이들도 있을 수 있습니다. 간절히 바라고 있는데도 불구하고 삶 속에서 로맨틱한 파트너 관계를 맺을 수 없을 때, 당신은 뭔가 잘못됐다거나 내면 작업을 더 열심히 해야 할 필요가 있다는 생각에 빠질 수도 있습니다. 하지만 모든 삶의 길은 타당하므로 스스로에게 제한을 두지 않도록 유념하세요.

우리가 할 수 있는 것은 그저 자연, 우정, 공동체와의 연결을 통해 모든 형태의 사랑을 받아들이는 일뿐입니다. 만약 파트너 관계를 맺게 되었다면, 당신이 바로 '더 원'이라는 것을 기억하면서 그 사실이 당신을 인도하는 에너지가 되게 하세요.

감사의 말

끝없는 지지와 격려를 보내준 남편 벤저민^{Benjamin}에게 깊은 감사와 사랑을 표합니다. 저는 이 책을 쓰는 내내 당신에게 큰 지지를 받았고, 당신이 없었다면 이 책은 완성될 수 없었을 겁니다. 열성적으로 저를 축하해주고, 제가 책을 집필하는 동안 기타 자질구레한 일들을 도맡아주어서 고맙습니다. 당신과의 관계를 통해 저는 사랑에 대한 많은 가르침을 얻을 수 있었습니다.

제가 크나큰 고마움을 느끼고 있는 편집자 에바^{Eva}에게도 감사의 말을 전합니다. 이 책 전체에 당신의 기여가 녹아들어 있습니다. 당신이 저와 함께 책 작업을 하며 쏟아준 엄청난 에너지와 관심, 제게 보내준 정서적 지지, 꼼꼼한 교정 작업에 깊은 감사 인사를 올립니다. 이번 프로젝트는 우리 둘 모두에게 강력한 작업이었습니다. 기록 팀의 세실리아 산티니^{Cecilia Santini}, 테라 킬립^{Tera Killip}, 베스 웨버^{Beth Weber}, 패멀라 게이스마^{Pamela Geismar}, 미셸 트리언트^{Michelle Triant}에게 감사합니다. 그리고 책이

452

감사의 말

끝없는 지지와 격려를 보내준 남편 벤저민[Benjamin]에게 깊은 감사와 사랑을 표합니다. 저는 이 책을 쓰는 내내 당신에게 큰 지지를 받았고, 당신이 없었다면 이 책은 완성될 수 없었을 겁니다. 열성적으로 저를 축하해주고, 제가 책을 집필하는 동안 기타 자질구레한 일들을 도맡아주어서 고맙습니다. 당신과의 관계를 통해 저는 사랑에 대한 많은 가르침을 얻을 수 있었습니다.

제가 크나큰 고마움을 느끼고 있는 편집자 에바[Eva]에게도 감사의 말을 전합니다. 이 책 전체에 당신의 기여가 녹아들어 있습니다. 당신이 저와 함께 책 작업을 하며 쏟아준 엄청난 에너지와 관심, 제게 보내준 정서적 지지, 꼼꼼한 교정 작업에 깊은 감사 인사를 올립니다. 이번 프로젝트는 우리 둘 모두에게 강력한 작업이었습니다. 기록 팀의 세실리아 산티니[Cecilia Santini], 테라 킬립[Tera Killip], 베스 웨버[Beth Weber], 패멀라 게이스마[Pamela Geismar], 미셸 트리언트[Michelle Triant]에게 감사합니다. 그리고 책이

출간될 수 있도록 묵묵히 수고해준 라이터스 하우스^{Writers House} 에이전트 요하나^{Johanna}에게도 감사합니다.

우리 회사 라이징 우먼에 태양 에너지를 가져다주고 우리 모두를 지지해준 앤디^{Andy}에게 감사합니다. 친애하는 제 친구이자 라이징 우먼의 최고 운영책임자인 앤드리아^{Andrea}, 그리고 팀원으로서 충실하게 일해준 알리사^{Alissa}, 타티아나^{Tatiana}, 게오르지안나^{Georgianna}, 주노^{Juno}는 회사를 운영해주고 이 책이 나올 수 있도록 도와주었습니다. 첼^{Chel}, 당신은 세심한 성격으로 제 작업물을 보완해주었고, 당신과 함께했던 책 작업은 정말 즐거웠습니다. 작업을 위해 일찍 기상하고, 또 늦게까지 남아있어준 당신의 그 모든 날들에 감사합니다. 저의 책을 읽어주신 모든 독자 여러분, 그리고 자신의 이야기를 책에 수록할 수 있도록 관대하게 허락해주고 프로그램의 가르침을 자신의 삶 속에 담대하게 체현해낸 '비커밍 더 원' 멤버들께 고개 숙여 인사드립니다. 과거에 저를 도와주었던 사회복지사 및 위탁 가정 부모님들, 특히 자닌^{Janine}, 리사^{Lisa}, 알레인^{Alayne}이 기억납니다. 그 어두웠던 시기에 저를 지켜준 것은 여러분이었습니다. 저를 안전하게 보호해주려 했던 여러분의 사랑과 헌신에 영원히 감사하겠습니다.

책 작업을 지지해준 엄마, 제게 이런 삶을 주셔서 감사합니다. 우리가 함께한 여정은 영혼을 충만하게 하는 작업을 하도록 저를 이끌어주었고, 저는 과거의 그 어떤 것도 바꾸고 싶지 않습니다.

P. T. 미슬버거, 니키아 시즈^{Nikiah Seeds}, 마크 월린^{Mark Wolynn}, 하빌 헨드

릭스와 헬렌 라켈리 헌트, 다이앤 풀 헬러 Diane Poole Heller 박사님은 현재 저를 가르쳐주시고 있거나 과거에 가르쳐주신 선생님, 멘토, 안내자입니다. 여러분께 깊은 경의를 표합니다. 그리고 여러분이 이 세상에서 이루신 업적과 나눠주신 그 모든 지혜에 진심으로 감사드립니다. 작업에 참여하진 않았지만, 음악가 네시 고메스 Nessi Gomes와 다닛 Danit에게도 감사합니다. 저는 이 책을 집필할 때 이 두 사람의 음악을 주로 들었습니다.

추 천 도 서

《감정이 서툰 어른들 때문에 아팠던 당신을 위한 책》, 린지 C. 깁슨Lind-say C. Gibson 지음, 박선령 옮김, 지식너머, 2019.

《몸은 기억한다》, 베셀 반 데어 콜크Bessel Van Der Kolk 지음, 제효영 옮김, 김현수 감수, 을유문화사, 2020.

《향모를 땋으며》, 로빈 월 키머러Robin Wall Kimmerer 지음, 노승영 옮김, 에이도스, 2020.

《The Dance of Anger》, Harriet Lerner.

《Getting the Love You Want》, Harville Hendrix, Helen LaKelly Hunt.

《아이의 손을 놓지 마라》, 고든 뉴펠드Gordon Neufeld, 가보 마테Gabor Maté 지음, 김현아 옮김, 북라인, 2018.

《트라우마는 어떻게 유전되는가》, 마크 월린Mark Wolynn 지음, 정지인 옮김, 심심, 2016.

《The Journey from Abandonment to Healing》, Susan Anderson.

《The Power of Attachment》, Diane Poole Heller.

《The Sexual Healing Journey》, Wendy Maltz.

《늑대와 함께 달리는 여인들》, 클라리사 에스테스Clarissa Estés 지음, 손영미 옮김, 이루, 2013.

국내 출간된 도서는 한국어 제목으로 표기하였습니다. ― 편집부 주.